深い学びを紡ぎだす

教科と子どもの視点から

グループ・ディダクティカ [編]

勁草書房

まえがき

　グループ・ディダクティカという舌を嚙みそうな名前で私たちが本を出すようになって、もう25年になる。『学びのための授業論』（1994年）、『学びのためのカリキュラム論』（2000年）、『学びのための教師論』（2007年）、『教師になること、教師であり続けること―困難の中の希望―』（2012年）、そして今回の『深い学びを紡ぎだす―教科と子どもの視点から―』（2019年）である。

　書名を見ていただければわかるように、私たちが一貫してこだわってきたのは「学び」である。いまでは当たり前のように使われるようになったこの言葉も、90年代初めは、それを冠すること自体が、1つの立場や視点を表すものだった。子どもたちの学びやそれを支える授業・カリキュラム・教師が、いまどんな状況に置かれているのか、そこにどんな問題があり、それをどう切り拓くことができるのかを、学校や教室に入り、関連するさまざまな理論にあたりながら分析し、ほかにとりうる方法（オルターナティブ）を提案するというのが、私たちの一貫したスタンスだ。

＊　　　　　＊

　今回の本で取り上げたのは「深い学び」である。2017・18年の学習指導要領改訂では、審議の始まった当初、これからの学びのあり方として「アクティブ・ラーニング」が提唱され、大学教育や高大接続での提言とも相俟って、アクティブ・ラーニングの一大ブームを引き起こした。だが、審議途中から、「主体的・対話的で深い学び」という言葉が使われ始め、学習指導要領では「アクティブ・ラーニング」に代わって主役の座を占めることとなった。

　「深い学び」は今や政策用語になった。だが、学びに「深さ」を求める系譜は、日本の教育政策とは関係なく学習論の中に存在してきた。たとえば、「深い学習」（単に教えられたことを暗記しはき出すだけでなく、推論や論証を行いながら意味を追求しているか）、「深い理解」（事実的知識や個別のスキルだけでなく、

まえがき

その背後にある概念や原理を理解しているか)、「深い関与」(いま学んでいる対象世界や学習活動に深く入り込んでいるか)などである。

一方、日本の教育実践でも、「深さ」を取り立てて標榜するかどうかは別にして、深い学びを実現しようとする努力は営々として行われてきた。テストのために暗記しテストが終わればすぐ忘れてしまうような知識ではなく、子どもたちが学びに熱中して、深く考え、学校の外や学校を卒業した後でも、その子の血となり肉となるようなものを身につけてほしい。それは多くの教師の願いだったはずだ。「学びひたり　教えひたろう　優劣のかなたで」──日本の代表的な国語教師である大村はまは、深い関与をそんなふうに表現している。

本書では、政策としての「深い学び」の分析も行っているが、それに振り回されることなく、これまでの日本の教育実践の蓄積や関連する理論をふまえて、私たちが大切だと考える深い学びをどう紡ぎだすかを、教科と子どもという2つの視点から描き出した。

私たちは、これまでも、授業、カリキュラム、教師教育などの問題を、各教科や領域の固有性に着目して扱ってきたが、教科という視点は深い学びにおいてはとりわけ重要になる。というのも、アクティブ・ラーニングが学習の形態に焦点をあてるのに対して、深い学び(ディープ・ラーニング)は学習の質や内容に焦点をあてるからだ。実際、新しい学習指導要領でも、「各教科等の特質に応じた見方・考え方」を身につけさせることが強調されている。

とはいえ、子どもの頭や心や体は教科によって区切られているわけではない。教科による学びの固有性を捉えるだけでなく、学び手としてのそれぞれの子どもを捉えるという視点が不可欠である。本書の執筆者の多くは大学教師だが、毎日子どもと向き合って実践を行っている2人の小学校教師に加わってもらったことで、子どもという視点はよりリアルで豊かなものになった。

　　　　　　　　　＊　　　　　　　　　＊

本書は大きく3部に分かれる。第Ⅰ部は資質・能力、第Ⅱ部は授業と学び、第Ⅲ部はカリキュラムが主なテーマである。

第Ⅰ部に置かれてはいるが、第1章は、第Ⅰ部と第Ⅱ部のイントロダクション的な役割を持つ章である。ここでは、「アクティブ・ラーニング」に深さが加えられた背景や意味を明らかにし、「主体的・対話的な学び」と「深い学

び」を同時に実現するための学習プロセスを提案するとともに、「資質・能力の3つの柱」の問題点とその代替案を描き出している。つづく第2章から第6章は、いくつかの教科や領域を取り上げ、それぞれの教科・領域において「資質・能力」とは何を意味するのか、「資質・能力」を育てるという目標を立てたときにどんな問題や課題が生じるのかを論じている。第2章では、国語科で「資質・能力」を育成する鍵となる「見方・考え方」のうち、学習指導要領では取り入れられなかった「言葉を用いて世界を切り分けているという見方」の重要性を、教科書教材の比べ読みの実践をもとに指摘している。第3章では、中学校社会科の授業「気象災害は防げないのか？」を事例として用いながら、「資質・能力の3つの柱」とは異なる知識・スキルと思考力・判断力・表現力の関係性を具体的に明らかにしている。第4章の扱う教科は体育科である。ここでは、運動技能を知識とは別の要素として立てることの必要性が述べられるとともに、「社会的合意技能」や「学習集団への参加態度」など、社会的情意的な側面まで含めた「資質・能力」育成の課題が論じられている。第5章で議論されているのは道徳科である。「資質・能力の3つの柱」では「人間性」が「学びに向かう力」と1つにまとめられているが、本章では、道徳性（人間性）を「資質・能力」の基底的な要素とする改訂案が提示されている。一方、総合学習では、育成すべき「資質・能力」を各学校がどう明確化・具体化していくかが課題になる。第6章では、子どもが新たな文脈の中で知識を再構築しながら、1つの文脈に閉じない学びを生成していくさまが叙述されている。

　第Ⅱ部は、「主体的・対話的で深い学び」を問い直す4つの章からなる。第7章では、教育内容研究を通じて学びの対象となる「意味のネットワーク」を創り出すことが深い学びの要になるというメッセージが、高校の和歌の授業の事例をふまえて、発信されている。第8章が問題にしているのは、現在、日本の学校の授業に普及している「めあてやねらいの提示」である。ここでは、「めあて」自体を否定するのではなく、教育内容を問わない形式主義が批判される。第9章は、アクティブ・ラーニングそのものに批判を投げかける章である。この章では、よい授業にとって必要なのは、アクティブ・ラーニングという教育方法を強制することではなく、教材研究によって「意外性」（へーっ）と「ストーリー性」（なるほど）を生み出すことだという主張がなされている。

まえがき

つづく第10章も、現在の「主体的・対話的で深い学び」が教育現場に混乱をもたらしていることを指摘し、本来の「主体的・対話的で深い学び」を実現するためには、身体知や暗黙知に支えられた豊かな知識とそれを揺り動かす出会いの機会が不可欠であることを論じている。

第Ⅲ部には、カリキュラムの開発とマネジメントに関する4つの章が収められている。第11章は、第Ⅲ部のイントロダクション的な章である。「カリキュラム・マネジメント」は、「資質・能力の3つの柱」と「主体的・対話的で深い学び」と並んで、2017・18年版学習指導要領のキーワードとなっている。本章では、90年代末以降の「カリキュラム・マネジメント」概念の変遷と拡張を描きつつ、政策的提起を自校の文脈に引き寄せてカリキュラム開発を行うすべが語られている。第12章は、若い教師が、トマトという地域の題材を通じて、地域の実践や地域の人々と出会いつくりあげたカリキュラムの開発とマネジメントの記録である。「教育課程の実施に必要な学校内外の人的・物的リソースの確保」ということの内実を知ることができる。一方、第13章は、アクティブ・ラーニングという協働的な学習方法、全人的な資質・能力の育成、社会に開かれた教育課程などが、困難を抱える子どもを排除してしまう危険性を指摘し、そうした危険性を自覚した上での包摂がカリキュラム・マネジメントの課題となることを示している。最後の第14章は、子どものつまずきに見られるような教室での子どもの学習の事実、さらには発達課題や生活経験など、総体としての子ども理解がカリキュラム・マネジメントの起点になることを、教室での一人ひとりの子どもの姿を通して描き出している。

＊　　　　　＊

私たちは、2017年の夏から3回合宿を開き、原稿を持ち寄って検討してきた。それでも、資質・能力、授業と学び、カリキュラムについての見方は完全に一致しているわけではない。ただ、上からの政策をそのまま受け止めていかに具体化するかに力を注ぐのではなく、それを日本の教育実践や関連する理論をふまえて批判的に組み替え、自分たちの学校・教室や目の前の子どもたちにあわせながら再文脈化するという態度は共通している。とくに学びの対象である教育内容・教材に対するこだわりは私たちのグループのアイデンティティともいえる。

まえがき

　最後に、私たちの仕事をいつも応援してくださり、今回も本書を世の中に送り出すお手伝いをしてくださった勁草書房編集部の藤尾やしおさんに心からお礼を申し上げたい。

　2018 年 12 月

執筆者一同を代表して　松下　佳代

深い学びを紡ぎだす
——教科と子どもの視点から——

目　次

目　次

まえがき　*i*

第Ⅰ部　「資質・能力」を考える

第1章　資質・能力とアクティブ・ラーニングを捉え直す……… 3
　　　　──なぜ、「深さ」を求めるのか──

　　　　　　　　　　　　　　　　　　　　　　　　　　松下　佳代

1. 資質・能力と学習をめぐる政策の展開　*3*
2. 「アクティブ・ラーニング」から「主体的・対話的で深い学び」へ　*6*
　　──その背景と意味──
3. 「主体的・対話的な学び」と「深い学び」の関係　*12*
4. 「資質・能力の3つの柱」再考　*19*

第2章　国語科で育てる「資質・能力」と
　　　　「言葉による見方・考え方」……………………………… 26

　　　　　　　　　　　　　　　　　　　　　　　　　　松崎　正治

1. 新学習指導要領国語科における「見方・考え方」の課題　*26*
2. 新学習指導要領国語科の策定過程と「資質・能力」、「見方・考え方」
　　30
3. 新しい「言葉による見方・考え方」　*36*
4. 新しい「言葉による見方・考え方」を働かせて「資質・能力」を
　　育成するために　*37*

おわりに　*42*

第3章　社会科における資質・能力形成の課題……………… 44
　　　　──中学校社会科の事例で考える──

　　　　　　　　　　　　　　　　　　　　　　　　　　鋒山　泰弘

1. 「社会的な見方・考え方」の例示にみる概念的・一般的知識の位置
　　づけ　*45*
2. 中学校地理的分野で「深い学び」にせまる　*47*
3. 社会科で「知識、スキル、態度・価値観」の分析を指導に生かす　*54*

第4章 体育科で育てる「資質・能力」とは何か………………60
木原成一郎・中西　紘士

1. 学習指導要領改訂における体育（運動領域）と保健（保健領域）の目標　*60*
2. 体育科の目標構造と育てる「資質・能力」　*62*
3. スポーツ活動の構造と体育科で育てる「資質・能力」　*65*
4. 体育科で育てる「資質・能力」の全体像：むすびにかえて　*74*

第5章 コンピテンシーの育成と人格の形成………………78
――道徳のコンピテンシーから導かれる〈道徳性〉の再定義――
荒木　寿友

1. 学習指導要領における道徳教育の位置づけ　*79*
2. 道徳教育において資質・能力はどう捉えられたのか　*80*
3. 資質・能力の3つの柱における人間性の位置づけ　*83*
4. 道徳のコンピテンシーとは何か　*86*
5. 資質・能力の観点からみた道徳性の再定義　*90*

おわりに　*93*

第6章 総合的な学習で育てる「資質・能力」と文脈を超えてゆく学び………………97
――いまこそ問われる総合の学びのゆくえ――
吉永　紀子

1. 総合学習を取り巻く現実　*97*
2. 学習指導要領にみる総合学習の探究過程で育成すべき資質・能力　*98*
3. 学び続ける素地をはぐくむ総合学習　*102*
　――科学する共同体における科学的探究への参加を通して――
4. 探究のプロセスにみる子どもの変容　*106*

目 次

第Ⅱ部 「主体的・対話的で深い学び」を捉え直す

第7章 深い学びを生み出すための豊かな教育内容研究 ……………… 119
──高校国語科の授業を中心に──

藤原　顕・荻原　伸

1. 教育内容研究と「主体的・対話的で深い学び」の関係　120
2. 教育内容研究①──テクストの収集とその解釈──　121
3. 教育内容研究②──関連するテクストの解釈から生じる認識の想定──　124
4. 教育内容研究から授業のデザインと実践へ　128

おわりに　132

第8章 授業における目標の構造・機能と授業づくり ……………… 137
──「あらたな形式主義」からの脱却──

森脇　健夫

1. 教室の授業風景の変化　137
2. 行政主導で進められためあてやねらいの提示　139
3. めあてやねらいの提示の意義と課題　141
4. 授業の目標の構造・機能が発現する4つの局面と問題の所在　144
5. めあての戦略──めあてに依拠しつつ「めあて」をこえる授業づくり──　150

第9章 アクティブ・ラーニングの自己目的化に異議あり！ ……… 156
──「先廻りリサーチ」を欠いたアクティブ・ラーニングは必ず空中分解する──

村井　淳志

1. 現場に渦巻く、アクティブ・ラーニングへの懐疑と不審　156
2. 対語を貶める言葉のマジック　158
3. アクティブ・ラーニングとワンマンショー、若い教師にとって難しいのは？　159
4. アクティブ・ラーニングの自己目的化は無惨な授業に終わるだけ　161
5. 私ならこう発問する江戸時代の授業　163

6. 過去30年間で劇的に変化した江戸時代像　*166*
7. 教科書を批判的に読むことは意外性発見の早道　*168*
8. 子どもをワクワクさせるため不可欠なのは、「意外性」と「ストーリー性」　*169*

第10章　「主体的・対話的で深い学び」の計り知れない困難……… *172*
　　　　　――見失われた可能性を求めて――

松下　良平

1. 「主体的・対話的で深い学び」の目的と骨格　*172*
2. 教育のインパール作戦か　*175*
3. まじめな対応がもたらす知識の軽視　*176*
4. 情報流動化社会における知識の重要性　*178*
5. 「思考力・判断力・表現力」と「学びに向かう力・人間性」の形骸化　*179*
6. 異質な学習観の混同――積み上げ型と螺旋型――　*181*
7. 活用や探究を可能にするもの――記号処理から出会いへ――　*184*
8. 学びのコンテクストを耕す　*187*

第Ⅲ部　自律的なカリキュラムの開発とマネジメント

第11章　教育課程政策の中でのカリキュラム・マネジメント…… *193*
　　　　　――政策的提起をくみかえる視点――

山崎　雄介

1. 日本におけるカリキュラム・マネジメントの展開　*193*
2. カリキュラム・マネジメント導入初期の対抗的実践　*195*
3. 2017・18年版学習指導要領等におけるカリキュラム・マネジメント　*197*
4. カリキュラム・マネジメントをめぐる近年の動向　*201*
5. 教職大学院「課題研究」でのカリキュラム開発の事例から　*202*

おわりに　*206*

目次

第12章 学校現場発信のカリキュラム・マネジメントを さあ、はじめよう ………………………………………………… 210
――中津川市立加子母小学校総合学習「トマト大作戦の取り組み」から――

　　　　　　　　　　　　　　　　　　　　　　　　　　　長瀬　拓也

1. 問題意識と学校現場からの提案　*210*
2. 「トマト大作戦」に出会う　*212*
3. 「トマト大作戦」のはじまり　*213*
4. （今までの）カリキュラム（をふくらませる）マネジメント　*219*
5. 実践を終えて　*220*
6. 改めて、カリキュラム・マネジメントを考える　*222*

第13章 インクルーシブ教育における カリキュラム・マネジメント ……………………………………… 226
――包摂と排除の視点から――

　　　　　　　　　　　　　　　　　　　　　　　　　　　杉原　真晃

1. 社会的包摂を目指すインクルーシブ教育　*226*
2. インクルーシブ教育の観点から見たカリキュラム・マネジメントの課題　*228*
3. 包摂を生み出すカリキュラム・マネジメント　*232*

おわりに　*237*

第14章 子ども理解から始まる カリキュラム・マネジメント ……………………………………… 242

　　　　　　　　　　　　　　　　　　　　　　　　　　　石垣　雅也

1. PDCAサイクルの陥穽　*243*
2. カリキュラム・マネジメントの起点としての「子ども理解」　*246*
3. 教科横断的で、生活の姿を通した「子ども理解」　*252*
――学びの履歴の視点から――
4. 「子ども理解」とカリキュラム・マネジメント　*256*

おわりに　*261*

人名索引　*263*

事項索引　*265*

第Ⅰ部

「資質・能力」を考える

第1章

資質・能力とアクティブ・ラーニングを捉え直す
――なぜ、「深さ」を求めるのか――

松下　佳代

　2017・18年改訂の学習指導要領では、目標を語る言葉として「資質・能力の3つの柱」が、また、方法を語る言葉として「主体的・対話的で深い学び」が使われている。だが、少し前までは「学力の3要素」と「アクティブ・ラーニング」が掲げられていた。このような用語の変化に右往左往せずに日々の実践に取り組むには、その背後にある考え方を知っておく必要がある。

　本章では、「アクティブ・ラーニング」に深さが加えられた背景と意味を明らかにし、もともとルーツの異なる「主体的・対話的な学び」と「深い学び」を同時に実現するための学習プロセスを提案する。さらに、「資質・能力の3つの柱」についても問題点を指摘し、その代替案を描くことを試みる。

1. 資質・能力と学習をめぐる政策の展開

　2014年11月から2017年3月までの期間は、後世の教育史家によって、「アクティブ・ラーニング」ブームの時期と記述されることになるかもしれない。表1-1は、アクティブ・ラーニングをめぐる政策の展開を整理したものである。「アクティブ・ラーニング」という言葉は、最初は大学教育の質的転換のためのキーワードとして政策に導入されたが、学習指導要領改訂に向けた諮問（2014年11月）の中で初等中等教育に取り入れられ、大学入試改革を打ち出した「高大接続答申」（2014年12月）でもキー・フレーズとされたことから、一気にブームに火がついた。だが、当の学習指導要領（2017年3月）では「アク

ティブ・ラーニング」の文言が消えたことから、そのブームも沈静化しつつある。

「アクティブ・ラーニング」に代わって、授業改善の方向性を示すフレーズとして打ち出されたのが「主体的・対話的で深い学び」である。2016年12月に出された中教審(中央教育審議会)答申では、これらの3つの学びを次のように説明している。

- 学ぶことに興味や関心を持ち、自己のキャリア形成の方向性と関連づけながら、見通しを持って粘り強く取り組み、自己の学習活動を振り返って次につなげる「主体的な学び」
- 子供同士の協働、教職員や地域の人との対話、先哲の考え方を手掛かりに考えること等を通じ、自己の考えを広げ深める「対話的な学び」
- 習得・活用・探究という学びの過程の中で、各教科等の特質に応じた「見方・考え方」を働かせながら、知識を相互に関連付けてより深く理解したり、情報を精査して考えを形成したり、問題を見いだして解決策を考えたり、思いや考えを基に創造したりすることに向かう「深い学び」

(中教審, 2016, pp. 49-50)

アクティブ・ラーニングは当初から、「課題の発見・解決に向けた主体的・協働的な学び」といった形で定義されてきたので、アクティブ・ラーニングと「主体的・対話的な学び」とのつながりはわかりやすい。だが、「深い学び」は、学習指導要領の改訂作業の中で浮かび上がってきたものであり、もともとアクティブ・ラーニングとははっきりと区別される概念だ(松下, 2015)。

「アクティブ・ラーニング」から「主体的・対話的で深い学び」への変更はなぜ生じたのだろうか。それは教育的にどんな意味を持つのだろう。この間の教育課程政策を理論的に主導してきた一人である奈須(2017)は、〈もともと大学教育改革の用語であった「アクティブ・ラーニング」を初等中等教育はすでに必ずしも必要としておらず、「アクティブ・ラーニングという表現を足場に『主体的・対話的で深い学び』という、より適切で豊かな概念の創出に成功したから」だ〉と説明している(p. 145)。

第1章 資質・能力とアクティブ・ラーニングを捉え直す

表1-1 資質・能力と学習をめぐる政策の展開

年・月	諮問・答申等	資質・能力	アクティブ・ラーニングに関する説明
2012.8	中教審答申「新たな未来を導くための大学教育の質的転換に向けて」(=質的転換答申)	(とくに言及なし)	・教員による一方向的な講義形式の教育とは異なり、学修者の能動的な学修への参加を取り入れた教授・学習法の総称
2014.11	文科相から中教審への諮問「初等中等教育における教育課程の基準等の在り方について」	・学力の3要素（学校教育法） ①知識・技能 ②思考力、判断力、表現力等 ③主体的に学習に取り組む態度	・課題の発見・解決に向けて主体的・協働的に学ぶ学習（いわゆる「アクティブ・ラーニング」）
2014.12	中教審答申「新しい時代にふさわしい高大接続の実現に向けた高等学校教育、大学教育、大学入学者選抜の一体的改革について」(=高大接続答申)	・学力の3要素（別バージョン） (i)主体性・多様性・協働性 (ii)思考力、判断力、表現力等 (iii)知識・技能	・学生が主体性を持って多様な人々と協力して問題を発見し解を見出していく能動的学修 ・課題の発見と解決に向けた主体的・協働的な学習・指導方法
2015.8	中教審教育課程企画特別部会「論点整理」	・学力の3要素（学校教育法） ・資質・能力の3つの柱 ①知識に関するもの ②スキルに関するもの ③情意（人間性など）に関するもの	・課題の発見・解決に向けた主体的・協働的な学び（いわゆる「アクティブ・ラーニング」） ・「深い学び」「対話的な学び」「主体的な学び」
2016.8	中教審教育課程企画特別部会「審議のまとめ」	・学力の3要素（学校教育法） ・資質・能力の3つの柱 ①知識・技能 ②思考力・判断力・表現力等 ③学びに向かう力・人間性等	・「主体的・対話的で深い学び」の実現（「アクティブ・ラーニング」の視点）
2016.12	中教審答申「幼稚園、小学校、中学校、高等学校及び特別支援学校の学習指導要領等の改善及び必要な方策等について」	・学力の3要素（学校教育法） ・資質・能力の3つの柱（同上）	・「主体的・対話的で深い学び」の実現（「アクティブ・ラーニング」の視点）
2017.3	学習指導要領（小学校、中学校）	(・学力の3要素) ・資質・能力の3つの柱（同上）	・「主体的・対話的で深い学び」の実現 ＊「アクティブ・ラーニング」の文言は消える

だが、どういう意味でより適切で豊かといえるのか。「主体的・対話的」に「深い」が加わることによって、従来のアクティブ・ラーニングはどう変わるのだろうか。また、その学習プロセスはどのようなものになるだろうか。

ここでもう一度、表 1-1 を見てみよう。「資質・能力」の欄を見ていて気づくのは、「学力の 3 要素」に「資質・能力の 3 つの柱」が加わり、その内容も少しずつ変化していることである。「学力の 3 要素」と「資質・能力の 3 つの柱」の間にはどんな関係があるのか。とりわけ、現在では、「学力の 3 要素」以上に重要な位置づけを与えられている「資質・能力の 3 つの柱」は、どんな理論を根拠にしているのだろうか。はたしてこの考え方は適切といえるのか。

本章では、資質・能力と学習をめぐるこうしたさまざまな問いに答えながら論を進めていくこととする。まず、「アクティブ・ラーニング」から「主体的・対話的で深い学び」への変更の背景と意味について論じる（2 節）。次に、「主体的・対話的な学び」と「深い学び」を同時に追求していくことがどのようなプロセスによって可能になるのかを、小学校の理科の授業を例に明らかにしていく（3 節）。最後に、「資質・能力の 3 つの柱」という考え方の理論的根拠をさぐり、その問題点を示すとともに、それに代わるモデルを提案する（4 節）。

2.「アクティブ・ラーニング」から「主体的・対話的で深い学び」へ
　　——その背景と意味——

(1) 目標としての資質・能力

「資質・能力」が教育政策用語として頻繁に用いられるようになったのは、2006 年の教育基本法の改正以降である。つづく 2007 年の学校教育法改正では、後に「学力の 3 要素」と呼ばれることになる内容が条文に盛り込まれ、さらに新学習指導要領についての中教審答申（2016）では、「資質・能力の 3 つの柱」という形にまとめられた（表 1-1）。

資質・能力は捉えにくい概念であるが、その一因は、資質・能力が知識との関係で見たとき、広狭 2 通りの使われ方をすることにある（図 1-1）。たとえば、国立教育政策研究所の『資質・能力』（2016）では、〈内容知識 vs. 資質・能

図1-1　「資質・能力」の入れ子構造

力〉という形で対立図式が描かれ、両者を学習活動でつなぐことが提唱されている。ここでの資質・能力は知識を含んでいない。一方、中教審答申（2016）では、「教育課程の考え方については、ともすれば、学ぶべき知識を系統的に整理した内容（コンテンツ）重視か、資質・能力（コンピテンシー）重視かという議論がなされがちであるが、これらは相互に関係し合うものであり、資質・能力の育成のためには知識の質や量も重要となる」（p. 30）と述べ、実際に、「資質・能力の3つの柱」の1つとして、「知識・技能」が資質・能力の中に包含されている。

だが、「知識・技能」をまとめて1つの柱とし、技能とは別に「思考力・判断力・表現力等」という柱を立てるという考え方は、コンピテンス（コンピテンシー）研究の中ではやや特異であり、教育現場にも混乱をもたらしている。この問題については、4節で詳しく議論することにしよう。

(2) 方法としてのアクティブ・ラーニング

"active learning"はもともと、いち早くユニバーサル段階（大学進学率が50%を超えて、社会の中で大学進学が半ば当然のように感じられるようになった段階）に入った1980年代のアメリカの高等教育において、〈一方向的な講義形式以外の、能動的な学習への参加を取り入れた教授・学習法の総称〉として使われるようになった言葉である。だが、日本では明確に、資質・能力の育成という〈目標〉を具体化するための〈方法〉として政策的に導入された。表1-1の資質・能力とアクティブ・ラーニングの対応関係を見れば、そのことは明らかだろう。

ただし、これは日本的な歪曲というわけではない。アクティブ・ラーニングはとくに、資質・能力、なかでもスキルや態度を育成するための方法として捉

えられてきたといえるからである。たとえば、アクティブ・ラーニング論の先駆けと位置づけられるボンウェルとアイソンの論文（Bonwell & Eison, 1991）では、アクティブ・ラーニングの特徴として、(a) 学生は、授業を聴く以上の関わりをしていること、(b) 情報の伝達より学生のスキルの育成に重きが置かれていること、(c) 学生は高次の思考（分析、総合、評価）に関わっていること、(d) 学生は活動（例：読む、議論する、書く）に関与していること、(e) 学生が自分自身の態度や価値観を探究することに重きが置かれていること、が挙げられている。

　ここには、アクティブ・ラーニングの目的が、知識伝達よりもむしろ、高次の思考、スキルや態度・価値観——つまり、狭義の資質・能力——の育成にあることが明確に示されている。

(3)「深い学び」導入の背景

　だが、「資質・能力の3つの柱」という広義の資質・能力を目標として、教育課程（とりわけ各教科の内容）を具体的に構想していく段階に入ると、このようなアクティブ・ラーニングの性格はかえって足かせとなる。というのも、各教科の内容知識を習得するための方法が、アクティブ・ラーニングでは十分見えてこないからだ。

　実際、「アクティブ・ラーニング」ブームの中で、内容知識を抜きにした〈学び合い〉や〈個人→グループ→クラス→個人〉のような授業のやり方が、教育現場に広がっていった。2015年8月に出された「論点整理」では早くも、学習・指導方法の「特定の型を普及させること」に対する危機感が表明され、「質の高い深い学び」の必要性が論じられている。

　松下（2015）は、アクティブ・ラーニングが学習の形態に焦点化しがちであることの問題を予見し、学習の内容や質に重点を置くディープ・ラーニングと組み合わせることにより、「ディープ・アクティブラーニング」という概念を提案した[1]。このディープ・ラーニングの概念が出されたのは1970年代半ばだが（Marton & Säljö, 1976）、近年、21世紀型スキルなどの汎用的スキルが提唱される中で、この概念の重要性が再認識されるようになってきている。たとえば、全米研究評議会（National Research Council: NRC）では、"deeper learning"という概念を提案し、それを次のような知識とスキルの結びついたコンピテンシー（資質・能力）をもたらすプロセスとして定義している（NRC, 2012; Bellanca, 2015）。

> 深化する学習（deeper learning）のプロダクトは、転移する知識であり、それは、ある領域における内容知識と、問いに答え、問題を解決するために、この知識を、いかに・なぜ・いつ適用するかについての知識とを含んでいる。この知識とスキルの混合物のことをわれわれは「21世紀型コンピテンシー」と呼ぶ。このコンピテンシーは、個々別々の表層的な事実や手続きというよりはむしろ、内容領域についての根本的な原理やその関係性を中心に構造化されている。（NRC, 2012, p. 6）

このように、「深い学び」の導入の背後にあるのは、アクティブ・ラーニングが学習の形態だけに目を向けていることへの危惧、コンピテンシー（資質・能力）の育成における内容知識の重要性の認識、といってよいだろう。一言でいえば、〈コンテンツ（内容）vs. コンピテンシー（資質・能力）〉という二項対立を超えるカギが「深い学び」に託されたのである。

(4) 深さの意味——深さの軸をもった3次元モデル——
では、深い学びはどのようにしてこの二項対立を超えるカギになりうるのだろうか。
松下（2015）では、深さの系譜として、深い学習（単に教えられたことを暗記しはき出すだけでなく、推論や論証を行いながら意味を追求しているか）、深い理解（事実的知識や個別のスキルだけでなく、その背後にある概念や原理を理解しているか）、深い関与（いま学んでいる対象世界や学習活動に深く入り込んでいるか）の3つに整理した。上の二項対立を超える上で重要になってくるのは、とくに深い学習と深い理解である。
アメリカのカリキュラム研究者マクタイとウィギンズ（McTighe & Wiggins, 2004）は、深い理解をもたらす「知の構造（structure of knowledge）」を図1-2のように描き出している。この「知の構造」のアイディアはもともと、エリク

【単元】第二次世界大戦（アメリカ史）

```
┌─────────────────┬─────────────────┐
│   事実的知識    │  個別的スキル   │
│ （例）          │ （例）          │
│ ・ヒトラーの台頭│ ・年表の作成    │
├─────────────────┼─────────────────┤
│ 転移可能な概念  │ 複雑なプロセス  │
│ （例）          │ （例）          │
│ ・戦争における手│ ・歴史的な探究  │
│   段と目的      │                 │
│   （e.g. 原爆） │                 │
├─────────────────┴─────────────────┤
│         原理と一般化              │
│ （例）                            │
│ ・戦争の中には"正義の"戦争と      │
│   主張されるものがある            │
└───────────────────────────────────┘
```

図 1-2　知の構造

（出典）McTighe & Wiggins（2004, p. 66）をもとに作成。

ソン（Erickson, L.）が1990年代半ばに提案したもので、彼女はそれを「概念にもとづく3次元デザインモデル」とも呼んでいる（Erickson, 2012）。また、この3次元モデルは、国際バカロレアのカリキュラムの理論的基盤の1つにもなっている。

あらためて図1-2に目を移そう。この「知の構造」の特徴は、第1に理解の深さの軸を組み込んでいる点、第2に知識とスキルの関係を示している点にある。最も浅いレベルには、事実的知識と個別的スキルが、より深いレベルには、転移可能な概念と複雑なプロセスが、そして最も深いレベルには、原理と一般化が位置づけられている。転移可能な概念や複雑なプロセス、原理と一般化が「永続的理解（enduring understandings）」を構成する。永続的理解とは、「これから数年たって、生徒が詳細を忘れ去った後に、何を理解しておいてほしいか、何を活用できる能力があってほしいか？」という問いへの答えとなるような理解であり、「その分野の中心にあり、新しい状況に転移可能なもの」である（Wiggins & McTighe, 2005, 邦訳 pp. 389-390f）。

このような深さの軸を持った3次元の知の構造が必要になるのには、2つの理由がある。

①知識量の増加への対応

1つは、科学技術の発展により、教えるべき知識の量が増加する中で、事実的知識や用語を詰め込むより、重要な内容を絞り込み、概念や原理・一般化の理解を重視する指導が求められるようになったことである。たとえば、日本学術会議生物科学分科会（2017）は、現行の高校の生物教科書で扱われる用語が2,000語を超えるまでにふくれあがることによって、生物学が暗記を求める学問であるという誤解を与え、大学入試の受験科目としても敬遠されるなど、深刻な影響を及ぼしていることを指摘する。その上で、学習すべき主要な概念とのつながりを重視して512語を選定し、「知識ではなく思考で取り組むべき学問であるという認識を取り戻す必要がある」としている。この提案は、高校の新学習指導要領にも反映され、「500語から600語程度までの重要用語を中心に、その用語に関わる概念を、思考力を発揮しながら理解させるよう指導すること」という文言が入ることになった。

②アクティブ・ラーニングの導入に伴う時間的制約への対応

もう1つは、アクティブ・ラーニングの導入に伴って生じた理由である。「アクティブ・ラーニングを導入すると、グループワークやディスカッションなどに時間がかかって、カバーできる知識の量が減ってしまう」という声をよく耳にする。このような意見に対し、アクティブ・ラーニングを推進する人たちは、例の「ラーニング・ピラミッド」を持ち出して、「ディスカッションや教え合いをやれば講義よりはるかに知識の定着率が高まるから、カバーする量は減っても、身につく知識は増えるはずだ」と反論する。確かに、アウトプットすることによって定着が高まるというのはそのとおりだろう。だが、この反論では不十分だ。反対派も推進派もともに、知の「2次元モデル」に立って、知識量を競い合っているにすぎないからである。必要なことは、2次元モデルから3次元モデルへの転換である。2次元モデルが、扱う事実的知識や個別的スキルの範囲の広さに関心を向けるのに対して、3次元モデルは、事実的知識と個別的スキルを支える概念や原理・一般化の深さに関心を向ける。

ここで重要なのは、どれだけ内容をカバーし記憶できたかではなく、事実的知識や個別的スキルと概念・原理・一般化との間をつないで考えることである。たとえば、「戦争の中には"正義の"戦争と主張されるものがある」（図1-2）と

いう一般的な命題を理解しておけば、第二次世界大戦だけでなくベトナム戦争、湾岸戦争、テロとの戦いにいたるまで、さまざまな歴史的事象の細かな事実の違いを超えて、その根底にある共通のロジックを見抜くことができるだろうし、将来生じる戦争に対して自分の意見を持ち判断するときの手がかりにもなるだろう。

このように、「深い学び」によって、事実的知識と概念・原理・一般化との間を行き来しながら、カバーする事実的知識（事例）の範囲を広げていくこと（=転移）ができれば、知識量の増加や時間的制約に対応することが可能になる。

以上のプロセスでは分析・総合・評価などの高次のスキルが求められるが、それは実際にやってみることを通してでなければ身につかない。また、一人で取り組むのは困難であったり、他者との間で議論しながら最適解・納得解を得るしかない場合も少なくない。そうであればこそ、協働で行うアクティブ・ラーニングが必要になるのである。

3.「主体的・対話的な学び」と「深い学び」の関係

(1) なぜ、「主体的」「対話的」「深い」なのか

以上では、「深い学び」の導入の背景とその意味を見てきたが、現在、求められていることは、「主体的」「対話的」「深い」を同時に実現することである。それはどうすれば可能なのだろうか。そもそも、そうすることに意味はあるのだろうか。

認知科学の学習論や、学校教育以前の学び（たとえば江戸期の学び）や学校教育外での学び（たとえば路上算数）に関するさまざまな知見を受けて、「教えから学びへの転換」が唱えられた1990年代の前半に、佐藤(1995)は「学びの三位一体論」を提唱した。この理論では、学びを〈学習者と対象世界との関係、学習者と他者との関係、学習者と彼／彼女自身（自己）との関係、という3つの関係を編み直す実践〉と定義する。その上で、佐藤(1997)は、目指すべき学びの姿を「活動的で、協同的で、反省的な学び」と表現した。

このように、学び（学習）を対象世界との関係、他者との関係、自己との関係の3軸で捉えるという考え方は、たとえばカリキュラム研究者ヘンダーソン

(Henderson, 1992) の「教科学習（subject learning）」「社会的学習（social learning）」「自己学習（self learning）」など、他の研究にも見られるものである。さらに、前述のNRCの21世紀型コンピテンシーやOECD-DeSeCoのキー・コンピテンシー（第4節参照）などの能力論でも用いられている（松下, 2016a, 2016b）。

「主体的」「対話的」「深い」は、本章の冒頭の説明を見ればわかるように、それぞれ、自己との関係、他者との関係、対象世界との関係について、より豊かなものにする方向性を示したものであり、さらに、佐藤にはなかった「深さ」という視点を加えたものということができる。

(2) ある小学校の実践から
①単元「てこのはたらき」

では、「主体的」「対話的」「深い」を同時に実現しようとした場合、授業はどんな形をとることになるだろうか。京都市立葵小学校（2017）の実践を事例として考えてみよう。葵小学校では、2016年度の研究主題に「主体的・対話的な学びを生み出すAL型授業の実践」を掲げ、全校あげてアクティブ・ラーニングに取り組んできた。研究主題には、「主体的・対話的な学び」しか書かれていないが、『ディープ・アクティブラーニング』も参考にして、「深い学び」もあわせて追求されていた。

ここで検討対象とするのは、卒業を1か月あまり先に控えた、6年生のクラス（32名、樫原貴博教諭）の理科「てこのはたらき」の授業である。「てこ」という教材は、「自然界の数学的法則の見事さ」（仮説実験授業研究会・板倉編, 1988, p. 14）を教えやすいという点で教育的価値の高い教材とされている。

この授業では、単元目標として「てこの仕組みや働きを調べ、てこの規則性について推論する能力を育てるとともに、てこの規則性についての考えを持つことができるようにする」が掲げられ、全10時間で単元が構成されていた（表1-2）。以下に紹介するのは、第6時の授業である。

第6時の授業は、「身近な道具の中で、てこのしくみはどのように利用されているのだろう」という問いの提示から始まった（「学習のめあて　確認」）。教室の一番前には進行係の子どもが座り、最初にきょうの授業の流れが確認され、

第Ⅰ部 「資質・能力」を考える

表1-2 「てこのはたらき」の単元構成（全10時間）

時	内　　容
1	ぼうを使って重いものを持ち上げてみよう。
2・3	小さな力で重いものを持ち上げるには、てこをどのように使えばよいのだろうか。
4	支点の位置を変えて、調べてみよう。
5	てこのはたらきを利用した道具には、どのようなものがあるだろうか。
6	身近な道具の中で、てこのしくみはどのように利用されているのだろう。
7	実験用てこを使って、うでのかたむきを調べよう。
8・9	実験用てこのうでがつり合うときには、どのようなきまりがあるのだろうか。 ＊てこの規則性 　（左腕）支点からの距離×おもりの重さ＝（右腕）支点からの距離×おもりの重さ
10	てこのはたらきやきまりを使ったおもちゃや道具を作ろう。

図1-3 「てこのはたらき」の授業（第6時）の導入部分

子どもたちの合意で時間配分が決まる。電子黒板にはストップウォッチが映し出され、進行係の子どもはそれを使ってタイムマネジメントを行うことになっている。

前時までに、子どもたちは、各班（4名ずつの8班）に割り当てられた道具について「てこのはたらき」を調べ、新聞形式のポスターを作成している（図1-4）。本時の授業の目標は、各班が調べた8つの道具（裁断機、バール、ペンチ、はさみ、栓抜き、穴開けパンチ、糸切りばさみ、ピンセット）をもとに、てこの仕

組みについて考えることだった。授業は次のように進んだ。

〈1〉 グループ間交流：ワールドカフェ方式で、各班とも2人はほかの班の説明を聞きに行き、あとの2人は残って説明する。これを2回。
〈2〉 グループ内活動：ほかの班からの情報も取り入れて、8つの道具のてこの仕組みをミニホワイトボードにまとめる。
〈3〉 全体交流：8つの班のミニホワイトボードを教室前方のホワイトボードに並べる。子どもたちは前に出ていって各班のまとめを見比べる。
〈4〉 個人発表：全体交流で得た気づきを個々に発表し、教師がホワイトボードにまとめる（「支点・力点・作用点の位置が道具によって違う」「力を小さくするてこもある」など）。
〈5〉 学習のふり返り：きょうの授業で学んだことを各自、ノートに文章化する。

図1-4　1班のポスター（裁断機）

②単元のリデザイン──深い理解に注目して──

さて、この授業では、「主体的・対話的で深い学び」が実現されているといえるだろうか。子どもたちは学習のめあてと時間配分によって見通しを持って授業に参加し、ふり返りによって次の時間の学びにつないでいたという点では「主体的」であったし、また、子ども同士の協働によって、道具の中のてこの仕組みや働きを見出し、表現していたという点では、「対話的」であったといえる。とはいうものの、ここでの学習活動は、時間においても関係性（教師-子ども間や子ども同士）においても高度に構造化されていて、その枠内での「主体的・対話的な学び」であることは指摘しておかねばならないだろう。

以下では、「深い学び」についてもう少し検討してみたい。この授業の単元構成の特徴は、(a)「てこの規則性」までの助走が長い点（全10時間のうち8時間）、(b)「推論能力」のうち帰納的推論（＝事例から規則を発見すること）に

【単元】てこのはたらき

事実的知識	個別的スキル
・支点・力点・作用点の位置が道具によって違う ・力を小さくするてこもある	・それぞれの道具の支点・力点・作用点を見つける ・実験用てこをつりあわせる
転移可能な概念	複雑なプロセス
・てこ ・支点・作用点・力点	・8つの道具を比較して、共通点・相違点や規則性を見つける
原理と一般化	
【1】(左腕)支点からの距離×おもりの重さ 　　=(右腕)支点からの距離×おもりの重さ 【2】支点と力点の距離×力A 　　=支点と作用点の距離×力B	

図 1-5 「てこのはたらき」の知の構造

重きが置かれている点、にある。このような特徴は、規則性（原理）を子どもたちに発見させたいという問題解決型授業にしばしば見られる特徴である。

だが、その結果、「てこの規則性」の理解そのものにかける時間や、「てこの規則性」を事例（身の回りの道具など）に適用しながら理解を深め広げていく時間が足りなくなってしまった。「知の構造」モデルを使って表すと（図1-5）、事実的知識や転移可能な概念のレベルまでの〈下り〉にはたっぷりと時間がかけられているが、肝心の「原理と一般化」のところがおろそかになっていることがわかる。「てこの規則性」は実験用てこの言葉で表現されているが（【1】）、子どもたちが使ってきたのは支点・力点・作用点という表現であり（【2】）、この２つを結びつけることは十分行われていないのである。

また、「原理と一般化」から事実的知識に向かう〈上り〉の時間もわずかしかない。「推論能力」というのであれば、演繹的推論（=規則を事例にあてはめること）も重要な推論であり、子どもたちは、このあてはめ（活用）を行いながら、規則性についての理解を深め広げていくはずである。「てこの規則性」をいったん習得してから、その規則性が、一見ばらばらに見えるてこの道具のすべてに貫かれていること、逆にいえば、その規則性を人間が巧みに利用して——小さい力で大きなものを動かしたり、逆に力を小さくコントロールできる

ようにしたりして（ピンセットなど）――さまざまな道具をつくり出してきたことを発見していくのは、子どもたちにとってスリリングな時間になるはずだ。

(3) 深い学びに誘う学習サイクル―CIERモデル―

このあたりでこの授業を離れて、「主体的・対話的で深い学び」に誘う学習サイクルをもう少し一般的な形で表現してみたい。松下（2015）では「ディープ・アクティブラーニング」を生み出す学習活動のプロセスとして、〈動機づけ→方向づけ→内化→外化→批評→コントロール〉というサイクルを挙げた。国語教育研究者の佐藤（2017）は、この学習サイクルをわかりやすく、〈コンフリクト→内化→外化→リフレクション〉の4ステップに整理している。ここでは、その4ステップの説明を少し変えて、以下のようにまとめてみた。

- **コンフリクト**：コンフリクト（ズレ、葛藤、対立）を通じて学習への動機を持つ
- **内化**：コンフリクトの解決を図る知識やスキルをいったん習得する
- **外化**：習得した知識やスキルを活用して問題解決を行う
- **リフレクション**：学びを振り返って、学んだ知識やスキルのよさや限界に気づき、次の学びにつなげる

〈コンフリクト（Conflict）―内化（Internalization）―外化（Externalization）―リフレクション（Reflection）〉からなるこのサイクルを「CIERモデル」と呼ぼう。このステップは、一方向的に進むものではない。とくに〈内化〉と〈外化〉の間には行ったり来たりがある。コンフリクトの解決を図る知識やスキルは文化の中にあり、子どもたちはそれを、教師を通して／教科書や本やウェブサイトなどから／他の生徒との学び合いによって、いったん習得する（内化1）。ただ、それだけではまだ自分のものになったとはいえない。その後に、そのいったん習得した知識やスキルを活用しながら他者と共に問題解決を行うことを通して、自分のものにしていくのである。つまり外化を通して、さらなる内化（内化2）が行われる。

この〈内化1→外化→内化2〉のプロセスを、森（2015）は反転授業の事例

をもとに、「〈わかったつもり〉から〈わかり直し〉へ」と表現している。私は、それを、「〈借りもの〉から〈我がもの〉へ」とも表現したい。いったん習得しただけの知識・スキルはまだ〈借りもの〉だ。それを使いながら、〈我がもの〉にしていくのである[2]。

このサイクルを用いて、先ほどの単元「てこのはたらき」のリデザインを説明すると、下記のようになる。

> 〈1〉実験用てこから入り、子どもたちの間にコンフリクトを生じさせるようないくつかの問題をやった後、「てこの規則性」をいったん習得する【コンフリクト、内化1】
> 〈2〉てこの規則性を使って、実験用てこでさまざまなバリエーションの問題を解く【外化】
> 〈3〉実験用てことてこの道具(支点・作用点・力点)を結びつけ、てこの道具が「てこの規則性」を利用していることを理解する【内化2】
> 〈4〉身の回りのさまざまなてこの道具で、「てこの規則性」がどのように利用されているかを発見して、まとめる【リフレクション】

〈1〉でコンフリクトを引き起こすのに用いるのは、たとえば「D点におもり1こを下げたときに、右腕におもり2こを下げてつりあうのはどこか」(図1-6)といった問題である(仮説実験授業研究会・板倉編, 1988)。子どもたちの中には、

A．てこの規則性を理解している
B．てこの規則性を、言葉では知っているが、十分理解してはいない。
C．てこの規則性を理解していない(おもりと距離の一方だけに注意が向く、〈距離×おもりの重さ〉ではなく〈距離＋おもりの重さ〉で考えてしまう)

といった意見が混在していて、子どもたちの間にコンフリクトが生じる(たとえば、かけ算で考えた子は2の位置、たし算で考えた子は

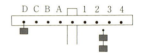

図1-6 てこの問題

(出典) 仮説実験授業研究会他編, 1988, p. 27.

3の位置を選ぶだろう）。

　現在の教室では、子どもたちは、授業以前に、授業で学ぶべき知識を習って知っていることがある（小6ともなれば中学受験を目指して塾に通う子どもが少なくないのでなおさらだ）。「いったん習得」して教室の中で知識ベースをなるべくそろえた上で、使いながら理解を深め広げていくという方法は、そうした教室の現状にも対応しうるものである。

4.「資質・能力の3つの柱」再考

　最後に、「資質・能力の3つの柱」について取り上げよう。1節で述べたように、「資質・能力の3つの柱」は、2016年8月の「審議のまとめ」で登場し、2016年12月の答申では「学力の3要素」以上に大きな位置づけを与えられている。「資質・能力の3つの柱」の理論的根拠となっているのは、ボストンにあるカリキュラム・リデザインセンター（Center for Curriculum Redesign: CCR）の提案した枠組み（Fadel et al., 2015）である（表1-3）。

　CCRやOECD（2016）の枠組みをはじめ多くの資質・能力の枠組みは、一般的にKSA（Knowledge, Skills, Attitudes：知識、スキル、態度）によって構成されているが、CCRの枠組みは、KSAにメタ学習を加えた「4次元の教育」を標榜している。「資質・能力の3つの柱」では、「人間性」と「メタ学習」をまとめて、第3の柱「学びに向かう力・人間性等」としている（松下, 2016b）。「学びに向かう力」と「人間性」という異なるカテゴリーが1つの柱にまとめられたのは、「学力の3要素」とあわせて「3つの柱」とするためだろう。ただし、ここで問題にしたいのはそのことではなく、第1の柱である「知識・技能」と第2の柱である「思考力・判断力・表現力等」の関係についてである。

　「思考力・判断力・表現力」が教育政策において重みを持つようになったのは、OECDのPISA調査の始まった後、とくにPISA 2003における順位の低下のもたらした「PISAショック」以降である（松下, 2014）。従来の「知識・技能・態度」に「思考力・判断力・表現力」が割って入る形でできあがったのが、「学力の3要素」だ。たとえば、全国学力・学習状況調査では、「知識・技能」はA問題、「思考力・判断力・表現力」はB問題、「態度」は質問紙で測

第Ⅰ部 「資質・能力」を考える

表1-3 資質・能力の枠組み

	要素1	要素2	要素3	要素4
学力の3要素（学校教育法, 2007）	知識・技能	思考力・判断力・表現力等	主体的に学習に取り組む態度	
資質・能力の3つの柱（中教審, 2016）	知識・技能（何を理解しているか、何ができるか）	思考力・判断力・表現力等（理解していること・できることをどう使うか）	学びに向かう力・人間性等（どのように社会・世界と関わり、よりよい人生を送るか）	
CCRフレームワーク＊（Fadel et al., 2015）	知識（何を知っているか）	スキル（知っていることをどう使うか）	人間性（社会の中でどのように関わっていくか）	メタ認知／メタ学習（どのように省察し学ぶか）
OECD Education 2030 フレームワーク（OECD, 2016）	知識（各分野の知識、分野横断的知識、実践的知識）	スキル（認知的・メタ認知的スキル、社会的・情動的スキル、身体的・実践的スキル）	態度・価値観	

＊カリキュラム・リデザインセンター（CCR）が提案したもの。要素4については、第2回日本・OECD政策対話（2015年6月29日）では「メタ認知」、Fadel et al.（2015）では「メタ学習」とされている。中教審答申補足資料（中教審, 2016, p. 99）では前者が引用され、「資質・能力の3つの柱」の理論的根拠の1つとなっている。

定・評価するという方法がとられている。だが、その結果、日本の教育政策において、スキルは、「知識・技能」の「技能」に押し込められ、「思考力・判断力・表現力」と切り離されることになった。

　このことは単に理論上の問題ではなく、実際、教育現場に混乱をもたらしている。私がこの問題に直面したのは、アドバイザーとしてかかわっているある中高一貫校で、6年間の長期的ルーブリックを作成しようとしたときだった。「知識・技能」と「思考力・判断力・表現力」を切り分けようとしても切り分けられないという意見が先生方から出てきた。たとえば「力の性質を学習し、言葉や図を用いて、身の回りの現象を説明することができる」というのは「技能」なのか「思考力・表現力」なのか。英語の4技能が仮に「技能」だとすれ

第 1 章　資質・能力とアクティブ・ラーニングを捉え直す

図 1-7　OECD Education 2030 フレームワーク

(出典) OECD (2016, p. 2) より抜粋の上、訳出。

ば、「思考力・判断力・表現力」に何が残るのか。体育や美術での「身体的技能や芸術表現のための技能」を「技能」に入れてしまうと (中教審, 2016, p. 28)、それと別立てされた「表現力」にどんな意味があるのだろうか、などなど。

そこで、私たちは、「資質・能力の3つの柱」よりも、OECD Education 2030 フレームワークに依拠することにした (図1-7)。実は、このフレームワークはその後も改訂が加えられ続けており、2018年6月現在、最新のものは「学びのコンパス (learning compass)」と呼ばれる、もっと複雑なモデルになっている (OECD, 2018)。しかし、本章の問題意識からすれば、この 2016 年のモデルで十分である。

このフレームワークの特徴は、①心的リソースを、知識、スキル、態度・価値観の3つの構成要素に分けていること、②スキルには、認知的・メタ認知的スキル、社会的・情動的スキル、身体的・実践的スキルが含まれていること、③コンピテンシーを、「学習のプロセスへの省察的アプローチを用いつつ、知識、スキル、態度・価値観を結集して、世界に関わり世界の中で行為する能力」(OECD, 2016, p. 2) として捉えていること[3]、にある。

このフレームワークでは、思考力・判断力・表現力は、知識、スキル、態度・価値観を組み合わせて形づくられるコンピテンシーとして位置づけられる。このような捉え方をすれば、たとえば、ある子どもが何らかの思考や判断や表現ができない場合、それを単に「思考力・判断力・表現力」という力がないといってすませるのではなく、その具体的な思考や判断や表現に関わる知識、スキル、態度・価値観のどこでつまずいているのか、あるいは、それらを組み合わせるところでうまくいっていないのか、といった形でより具体的・分析的に

把握することが可能になる。

　このフレームワークの前身のOECD-DeSeCoの「キー・コンピテンシー」（ライチェン・サルガニク, 2006）では、「1. 道具を相互作用的に用いる」「2. 異質な人々からなる集団で相互に関わりあう」「3. 自律的に行動する」の3つが、3次元座標のように組み合わさって機能するものとして捉えられていた。この3つは、「対象世界との関係」「他者との関係」「自己との関係」という学びを構成する3つの関係性に対応していると見ることができる。

　第2節で述べたように、「主体的・対話的で深い学び」はこのような3つの関係性をより豊かなものにする方向性を示したものである。「主体的・対話的で深い学び」を繰り返しながら、そのような学びが、知識、スキル、態度・価値観にどんな変容を及ぼしているか、さらに、それらを結集して世界に関わり世界の中で行為する能力をどう育成しているかを捉えることが、教師や教育研究者には求められることになる。

　本章では、そのような「主体的・対話的で深い学び」に向けて、小学校の理科の授業を例に、〈コンフリクト―内化―外化―（内化）―リフレクション〉というCIERモデルを提案した。このモデルは、通常の授業だけでなく、反転授業やPBLなどをさまざまなタイプの授業を構成・再構成していく上でも有効であると考えられる。現在、その事例を積み重ねているところである。

【まとめ】

- 「主体的・対話的で深い学び」のうち、「主体的・対話的（協働的）な学び」はもともとアクティブ・ラーニングの中に含まれていたが、「深い学び」は後から差し込まれた。その背後には、アクティブ・ラーニングが学習の形態だけに目を向けていることへの危惧、コンピテンシー（資質・能力）の育成における内容知識の重要性の認識があった。いわば、〈コンテンツ（内容）vs. コンピテンシー（資質・能力）〉という二項対立を超えるカギが「深い学び」に託されたといえる。
- 「主体的・対話的な学び」と「深い学び」を同時に実現するためには、どんな知を教えるか、どんなプロセスで学びを進めるのかを考える必要がある。

本章では、小6の理科の授業の検討を通して、「知の構造」モデルの有効性を示すとともに、〈コンフリクト―内化―外化―リフレクション〉というプロセスを提案した。内化と外化が繰り返される中で、知識・スキルは、〈借りもの〉から〈我がもの〉になっていくのである。

■「資質・能力の3つの柱」は理論的にも実践的にも問題点をはらんでいる。本章では、「知識」と「スキル」は「態度・価値観」と並ぶ独立した要素としてみなすこと、「思考力・判断力・表現力」は、それらを結集して世界に関わり世界の中で行為する能力（コンピテンシー）の一例として捉えることを提案した。

注

1) そこでの主張は、今回の学習指導要領の「深い学び」にも一定の影響を与えたと考えられる（中教審, 2016, 補足資料, pp. 124-125）。
2) ワーチ（2002）は、内化には、〈習得（mastery）としての内化〉と〈専有（appropriation）としての内化〉があるという。〈習得としての内化〉とは、社会文化的道具（言語、記号など）を使用するための方法を知ることであり、一方、〈専有としての内化〉とは、「他者に属する何かあるものを取り入れ、それを自分のものとする過程」（ワーチ, 2002, p. 59）を意味する。〈借りもの〉と〈我がもの〉の区別は、このワーチの2種類の内化の区別にも通じる。
3) ③のようなコンピテンシーの捉え方は、OECD-DeSeCo のキー・コンピテンシーのときから変わっていない。ただ、DeSeCo のときは心的リソースよりコンピテンシーに焦点化されていたのに対し（松下, 2010）、Education 2030 フレームワークでは心的リソースに焦点化されている。

文献

Bellanca, J. (Ed.) (2015) *Deeper learning: Beyond 21st century skills*. Bloomington, IN: Solution Tree.
Bonwell, C. C., & Eison, J. A. (1991) Active learning: Creating excitement in the classroom. ASHE-ERIC Higher Education Reports. (https://www.ydae.purdue.edu/lct/HBCU/documents/Active_Learning_Creating_Excitement_in_the_Classroom.pdf) (2014. 5. 31 アクセス)
中央教育審議会 (2016) 「幼稚園、小学校、中学校、高等学校及び特別支援学校の学習指導要領等の改善及び必要な方策等について（答申）」.
Erickson, H. L. (2012) Concept-based teaching and learning. International Baccalaureate Organization.

Fadel, C., Bialik, M., & Trilling, B.（2015）*Four-dimensional education: The competencies learners need to succeed.* Boston, MA: Center for Curriculum Redesign.

Henderson, J. G.（1992）*Reflective teaching: Professional artistry through inquiry.* Upper Saddle, NJ: Merrill Prentice Hall.

仮説実験授業研究会・板倉聖宣編（1988）『てこ・滑車・仕事量』国土社.

国立教育政策研究所編（2016）『資質・能力（理論編）』東洋館出版社.

京都市立葵小学校（2017）『「主体的・対話的な学びを生み出す AL 型授業の実践」学習指導案集』.

Marton, F. & Säljö, R.（1976）On qualitative differences in learning I: Outcome and process. *British Journal of Educational Psychology, 46,* pp. 4-11.

松下佳代編（2010）『〈新しい能力〉は教育を変えるか―学力・リテラシー・コンピテンシー―』ミネルヴァ書房.

松下佳代（2014）「PISA リテラシーを飼いならす―グローバルな機能的リテラシーとナショナルな教育内容―」『教育学研究』第 81 巻第 2 号, pp. 14-27.

松下佳代（2015）「ディープ・アクティブラーニングへの誘い」松下佳代・京都大学高等教育研究開発推進センター編『ディープ・アクティブラーニング―大学授業を深化させるために―』勁草書房.

松下佳代（2016a）「資質・能力の形成とアクティブ・ラーニング―資質・能力の「3・3・1 モデル」の提案―」日本教育方法学会編『教育方法 45』図書文化.

松下佳代（2016b）「資質・能力の新たな枠組み―「3・3・1 モデル」の提案―」『京都大学高等教育研究』22 号, pp. 139-149.

McTighe, J., & Wiggins, G.（2004）*Understanding by design: Professional development workbook.* Alexandria, VA: Association for Supervision and Curriculum Development.

森朋子（2015）「反転授業―知識理解と連動したアクティブラーニングのための授業枠組み―」松下佳代・京都大学高等教育研究開発推進センター編『ディープ・アクティブラーニング―大学授業を深化させるために―』勁草書房.

奈須正裕（2017）『「資質・能力」と学びのメカニズム』東洋館出版社.

National Research Council（2012）*Education for life and work: Developing transferable knowledge and skills in the 21st Century.* Washington, DC: The National Academies Press.

日本学術会議基礎生物学委員会・統合生物学委員会合同生物科学分科会（2017）「報告　高等学校の生物教育における重要用語の選定について」.

OECD（2016）*Global competency for an inclusive world.* Paris: OECD.（http://www.oecd.org/pisa/aboutpisa/Global-competency-for-an-inclusive-world.pdf）（2017. 9. 26 アクセス）

OECD（2018）*The future of education and skills: Education 2030.* Paris:

OECD.（http://www.oecd.org/education/2030/E2030%20Position%20Paper%20(05.04.2018).pdf）（2018.4.15 アクセス）
ライチェン，D. S.・サルガニク，L. H.（2006）『キー・コンピテンシー―国際標準の学力をめざして―』（立田慶裕監訳）明石書店.
佐藤学（1995）「学びの対話的実践へ」佐伯胖・藤田英典・佐藤学編『学びへの誘い（シリーズ 学びと文化①）』東京大学出版会.
佐藤学（1997）『学びの身体技法』太郎次郎社.
佐藤佐敏（2017）『国語科授業を変えるアクティブ・リーディング』明治図書.
ワーチ，J. V.（2002）『行為としての心』（佐藤公治・田島信元・黒須俊夫・石橋由美・上村佳世子訳）北大路書房.
Wiggins, G., & McTighe, J.（2005）*Understanding by design*（Expanded 2nd ed.）. Alexandria, VA: Association for Supervision and Curriculum Development. ウィギンズ，G.・マクタイ，J.（2012）『理解をもたらすカリキュラム設計―「逆向き設計」の理論と方法―』（西岡加名恵訳）日本標準.

［謝辞］
　本研究は JSPS 科研費 JP18H00975 の助成を受けたものです.
　授業実践を公開し，本章での紹介を承諾してくださった京都市立葵小学校の市村淳子校長，樫原貴博教諭に心から感謝申し上げます.

第2章

国語科で育てる「資質・能力」と「言葉による見方・考え方」

松崎　正治

　2017年告示の新学習指導要領における小学校国語科の目標は、「言葉による見方・考え方を働かせ、言語活動を通して、国語で正確に理解し適切に表現する資質・能力を次のとおり育成することを目指す。」とされている。

　本章では第1に、この「資質・能力」を育成するために、きわめて重要な「言葉による見方・考え方」が、新学習指導要領では曖昧な概念になっていることを指摘する。

　第2に、新学習指導要領を作成する過程の議論で重視されていたり、提案されていた「資質・能力」や「見方・考え方」に関わる重要なアイデアが、告示された学習指導要領には十分反映されていなかったことを示す。

　第3に、「資質・能力」を育成するために大きな役割を果たす「見方・考え方」について、作成過程で示されていたアイデアを掘り下げて、理論的かつ実践的な提案を行う。

1. 新学習指導要領国語科における「見方・考え方」の課題

(1) 新学習指導要領における「見方・考え方」と深い学び

　新学習指導要領では、小中学校の総則編で、「主体的・対話的・深い学び」の指導上の配慮事項の1つとして、「見方・考え方」の重要性を強調する。

　まず、各教科等の「見方・考え方」の定義は、「『どのような視点で物事を捉え、どのような考え方で思考していくのか』というその教科等ならではの物事

を捉える視点や考え方」であるとされている。その上で、「見方・考え方」こそが、「各教科等を学ぶ本質的な意義の中核」であり、「教科等の学習と社会をつなぐもの」でもあり、「深い学びの鍵」であると強調している。さらには、「児童生徒が学習や人生において『見方・考え方』を自在に働かせることができるようにすることにこそ、教師の専門性が発揮される」とまで述べていることに注目しておこう（文部科学省, 2018a, p. 4）。図式化すると、図2-1のようになる。

```
▼「見方・考え方」とは
 教科等ならではの物事を捉える視点や考え方 （深い学びの鍵）
    ・各教科等を学ぶ本質的な意義の中核
 ↓  ・教科等の学習と社会をつなぐもの
 学習や人生において「見方・考え方」を自在に働かせる （教師の専門性）
```

図2-1 「見方・考え方」と深い学び

(2) 国語科の「見方・考え方」と各教科の「見方・考え方」

では、新学習指導要領の国語科では、「見方・考え方」は、どうなっているか。小学校での教科の目標と「見方・考え方」をあわせて取り上げてみよう。

①国語科の目標

言葉による見方・考え方を働かせ、言語活動を通して、国語で正確に理解し適切に表現する資質・能力を次のとおり育成することを目指す。
(1) 日常生活に必要な国語について、その特質を理解し適切に使うことができるようにする。
(2) 日常生活における人との関わりの中で伝え合う力を高め、思考力や想像力を養う。
(3) 言葉がもつよさを認識するとともに、言語感覚を養い、国語の大切さを自覚し、国語を尊重してその能力の向上を図る態度を養う。

（文部科学省, 2018b, p. 11）

②国語科の「見方・考え方」（小学校・中学校共通）
　言葉による見方・考え方を働かせるとは、児童が学習の中で、対象と言葉、言葉と言葉との関係を、言葉の意味、働き、使い方等に着目して捉えたり問い直したりして、言葉への自覚を高めることであると考えられる（文部科学省, 2018b, p. 12）。

　目標では、まず「言葉による見方・考え方を働かせ、」資質・能力を育成することになっている。これは各教科とも共通の目標の書き方である。つまり、先に述べたように、「見方・考え方」こそが、「各教科等を学ぶ本質的な意義の中核」であり、「教科等の学習と社会をつなぐもの」でもあり、「深い学びの鍵」であると学習指導要領が捉えているからである。

③各教科の「見方・考え方」
　では、国語科の「見方・考え方」の特徴を分析するために、いくつか他教科の「見方・考え方」と比較してみる。次の表2-1は、各教科の小学校学習指導要領（2017年告示）解説から抽出した教科の「見方・考え方」である。

④各教科の「見方・考え方」の特徴
　これらを見ると、「見方・考え方」について、見方としての事象の捉え方（視点）と、考え方としての方法（特に思考方法）が明確な教科と、そうでない教科がある。〈明確な教科〉、〈中間的な教科〉、〈曖昧な教科〉の3つに分類して、説明しよう。
　〈明確な教科〉は、社会科、算数科、理科である。社会科は、空間・時間・関係（視点）に着目して社会的事象を捉え、それを比較・分類・総合・関連づけという方法で考えようとしている。算数科は、数量・図形・関係などに着目して事象を捉え、根拠を基に筋道を立てて考え、統合的・発展的に考えようとしている。理科は、自然の事物・現象を分野ごとに次のような視点から捉える。「エネルギー」＝量的・関係的な視点、「粒子」＝質的・実体的な視点、「生命」＝共通性・多様性の視点、「地球」＝時間的・空間的な視点。これらの視点から捉えた自然の事物・現象を比較、関係付け、条件制御、多面的に考えることとい

第2章 国語科で育てる「資質・能力」と「言葉による見方・考え方」

表2-1 教科の見方と考え方

教科	見方（視点）※事象の捉え方	考え方（方法）
国語科	対象と言葉、言葉と言葉との関係を、言葉の意味、働き、使い方等に着目して捉えたり問い直したりして	言葉への自覚を高めること
社会科	空間・時間・関係に着目して（視点）	比較・分類・総合・関連づける
算数科	数量・図形・関係などに着目して捉え	根拠を基に筋道を立てて考え、統合的・発展的に考える
理科	「エネルギー」量的・関係的 「粒子」質的・実体的 「生命」共通性・多様性 「地球」時間的・空間的な視点で捉える	比較、関係づけ、条件制御、多面的に考える
外国語活動・外国語	外国語やその背景にある文化を、社会や世界、他者との関わりに着目して捉え	コミュニケーションを行う目的や場面、状況等に応じて、情報を整理しながら考えなどを形成し、再構築する

った「考え方」を用いて、問題解決しようとする。

　これら3教科は、事象の捉え方が、対象の認識方法に即して明快であり、事象を分析する思考方法も、はっきりしている。社会科学、自然科学という親学問の成果を活かしながら構成されている。

　〈中間的な教科〉として、外国語活動・外国語がある。「外国語によるコミュニケーションの中で、外国語やその背景にある文化を、社会や世界、他者との関わりに着目して捉え」るという視点は、第2言語教育として、言葉の背景には文化的なものがあるという重要な指摘である。一方、思考方法は、「コミュニケーションを行う目的や場面、状況等に応じて、情報を整理しながら考えなどを形成し、再構築すること」とあり、思考の方向づけといった程度で、具体的な「整理」・「再構築」の仕方には言及していない。表には挙げてはいないが、これは、生活科や音楽科、図画工作科なども同様である。

　〈曖昧な教科〉の最たるものは、国語科である。対象が「対象と言葉、言葉と言葉との関係」に限定され、後述するように「言葉と使う人との関係」は捨象されている。また、捉え方が「言葉の意味、働き、使い方等」というのは1つの視点であるが、考え方は「言葉への自覚を高めること」という曖昧なもの

である。社会科や算数科、理科が具体的な思考方法を打ち出しているのに対して、「自覚」というのは方法として意味をなさない。メタ言語能力のことを指すのであれば、説明ができていない。学習指導要領解説がいうところの「深い学びの鍵」となる「教科等ならではの物事を捉える視点や考え方」になっていないし、「各教科等を学ぶ本質的な意義の中核」としても不十分である。

　藤森（2018）も、「解説が重点的に述べているのは、国語科が学習対象とすることばそのものに対する見方・考え方というより、それをどう『働かせるか』という運用面です」（p. 136）と述べて、「解説ではわからない国語科における『見方・考え方』」（p. 134）という小見出しをつけている。

2. 新学習指導要領国語科の策定過程と「資質・能力」、「見方・考え方」

（1）新学習指導要領における国語科の「資質・能力」と教科の内容構成

　新学習指導要領では、国語科で育成を目指す資質・能力を「国語で正確に理解し適切に表現する資質・能力」（文部科学省, 2018b, p. 6）と規定している。この「資質・能力」を「知識及び技能」、「思考力、判断力、表現力等」、「学びに向かう力、人間性等」の3つの柱で整理し、次のように説明している。

〔知識及び技能〕何を理解しているか、何ができるか。
〔思考力・判断力・表現力等〕理解していることやできることをどう使うか。
〔学びに向かう力・人間性等〕どのように社会・世界と関わり、よりよい人生を送るか。

　これに伴い国語科では、これまでの「話すこと・聞くこと」、「書くこと」、「読むこと」の3領域と「伝統的な言語文化と国語の特質に関する事項」という2008年告示の教科の内容構成が、次の図2-2のように改められている。
　なお、新学習指導要領における〔学びに向かう力・人間性等〕については、「教科及び学年等の目標においてまとめて示し、指導事項のまとまりごとに示すことはしていない。」（文部科学省, 2018b, p. 8）として、内容構成においては、特別に示してはいない。

第2章　国語科で育てる「資質・能力」と「言葉による見方・考え方」

```
▽2008年告示の国語科内容構成        ▽2017年告示の国語科内容構成
  話すこと・聞くこと              〔知識及び技能〕
  書くこと                        (1) 言葉の特徴や使い方に関する事項
  読むこと                        (2) 情報の扱い方に関する事項
  〔伝統的な言語文化と国語の      (3) 我が国の言語文化に関する事項
    特質に関する事項〕            〔思考力、判断力、表現力等〕
                                  A. 話すこと・聞くこと
                                  B. 書くこと
                                  C. 読むこと
```

図 2-2　国語科の内容構成新旧比較

　これらの「資質・能力」は、「言葉による見方・考え方を働かせ」て育成することが大きな目標であった。しかしながら、先に述べたように、「言葉による見方・考え方」は、非常に曖昧である。こういう結論は、新学習指導要領策定途上から導かれていたのだろうか。

　そこで、新学習指導要領が告示されるまでの過程を調べてみたい。新学習指導要領が策定されるまでに、教科のワーキンググループ等がつくられて、そこでの議論を参考にして、学習指導要領が作成されている。その議事録が、文部科学省のホームページで公開されている。ワーキンググループでの議論を辿ることで、新学習指導要領で期待されていたこと、実現したことやされなかったことを明らかにしていこう。

(2) 国語にかかわるワーキンググループ等の成果
①国語にかかわるワーキンググループ等の設置
　中央教育審議会内に国語にかかわって置かれたチームやワーキンググループは、2つある。
　第1は、〈言語能力の向上に関する特別チーム〉である。これは、ロシア文学研究者の亀山郁夫（名古屋外国語大学長）を主査として、国語教育、英語教育、言語学などの研究者や実践家16名が、2015年10月22日から2016年6月23日まで6回の会合を開いている。
　このチームの役割は、次のようなものである。すなわち、中教審・初等中等

第 I 部　「資質・能力」を考える

教育・教育課程部会で、2015 年 8 月に論点整理が策定された。これを受けて、各学校段階、各教科等における改訂等の基本的な方向性を掘り下げて具体的な議論を進めることになった。このチームでは、言語能力の向上という観点から議論をし、国語教育、外国語教育ワーキンググループのそれぞれの検討をつなぐ結節点の役割も託されていた（〈言語能力の向上に関する特別チーム〉第 1 回 [2015 年 10 月 22 日] 議事録における小松初等中等教育局長の発言）。

　第 2 は、〈国語ワーキンググループ〉である。これは、国語学者の北原保雄（新潟産業大学長）を主査として、国語教育の研究者や実践家、国語学者、国文学者、図書館教育研究者、脳科学者、幼児教育研究者など 20 名が、2015 年 11 月 19 日から 2016 年 5 月 31 日まで 8 回の会合を開いている。このメンバーの内、国語教育学者の 3 名が〈言語能力の向上に関する特別チーム〉にも属している。

②ワーキンググループ等の「資質・能力」論

　本章にかかわって注目したいのは、「言語能力を構成する資質・能力が働く過程のイメージ」である。何回かの試案を経て、〈言語能力の向上に関する特別チーム〉が先行しつつ、〈国語ワーキンググループ〉もそれを共有して、〔知識及び技能〕だけ国語科独自のもの（たとえば、書写を入れるなど）にアレンジしていった。最終的な「言語能力の向上に関する特別チームにおける審議の取りまとめ」（2016 年 8 月 26 日）によって、それを見てみよう（次の図 2-3）。

　これを新学習指導要領と比較して気づくのは、「思考力、判断力、表現力等」の内容である。新学習指導要領では、図 2-2 のように、〈話すこと・聞くこと、書くこと、読むこと〉の領域で構成されていた。しかし、この〈言語能力の向上に関する特別チーム〉や〈国語ワーキンググループ〉で最終的にまとめられた「思考力、判断力、表現力等」は、思考や感性、コミュニケーション能力、考えの形成などで、34 ページの表 2-2・表 2-3 のように構成されていた（番号は引用者が付した）。

　これらの「思考力、判断力、表現力等」は、〈認識から思考へ〉、〈思考から表現へ〉という循環する輪の中で、〈構造と内容の把握〉、〈精査・解釈〉、〈考えの形成〉という学習過程を経るものとして構想されている。しかも、これら

第2章 国語科で育てる「資質・能力」と「言葉による見方・考え方」

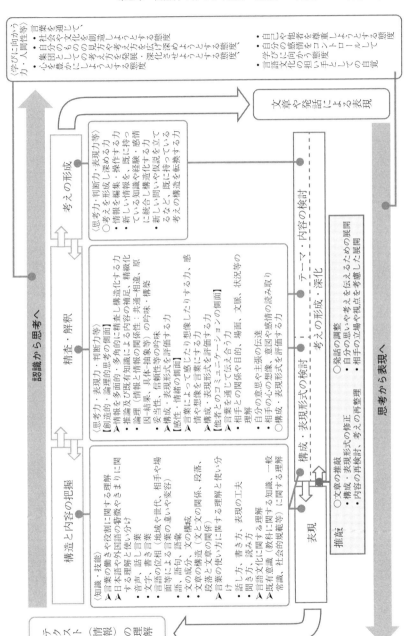

図2-3 言語能力を構成する資質・能力が働く過程のイメージ

第Ⅰ部　「資質・能力」を考える

表 2-2　「思考力、判断力、表現力等」で精査・解釈の方法になるもの

1【創造的・論理的思考の側面】
1-1 情報を多面的・多角的に精査し、構造化する力
　1-1-1　推論及び既有知識・経験による内容の補足、精緻化
　1-1-2　論理（情報と情報の関係性：共通-相違、原因-結果、具体-抽象等）の吟味・構築
　1-1-3　妥当性、信頼性等の吟味
1-2 構成・表現形式を評価する力

2【感性・情緒の側面】
2-1 言葉によって感じたり想像したりする力、感情や想像を言葉にする
2-2 構成・表現形式を評価する力

3【他者とのコミュニケーションの側面】
3-1 言葉を通じて伝え合う力
　3-1-1　相手との関係や目的、場面、文脈、状況等の理解
　3-1-2　自分の意思や主張の伝達
　3-1-3　相手の心の想像、意図や感情の読み取り
3-2 構成・表現形式を評価する力

表 2-3　「思考力、判断力、表現力等」で考えの形成の方法になるもの

4　考えの形成・深化
4-1 考えを形成し深める力
　4-1-1　情報を編集・操作する力
　4-1-2　新しい情報を、既に持っている知識や経験・感情に統合し構造化する力
　4-1-3　新しい問いや仮説を立てるなど、既に持っている考えの構造を転換する力

の過程は矢印で表現されているように、相互に関連づけられている。

　まさしくこれは、善し悪しは別として「思考力、判断力、表現力等」の内容であろう。ところが、新学習指導要領になると、この「思考力、判断力、表現力等」は、かなり形を変えてしまう。

(3) 新学習指導要領における「思考力、判断力、表現力等」の内容と課題

　新学習指導要領では、〈言語能力の向上に関する特別チーム〉や〈国語ワーキンググループ〉の「言語能力を構成する資質・能力が働く過程のイメージ」（図2-3）で、出されていた〈構造と内容の把握〉、〈精査・解釈〉、〈考えの形成〉、〈共有〉の過程を言語活動を通して行うことを取り入れていることがわか

る。

いっぽうで、表 2-2 にあった【創造的・論理的思考の側面】、【感性・情緒の側面】、【他者とのコミュニケーションの側面】は項目としては消えて、領域ごとの指導事項の中にばらばらに配置されている。

このように、〈言語能力の向上に関する特別チーム〉や〈国語ワーキンググループ〉の段階では、明確に打ち出されていた【創造的・論理的思考の側面】、【感性・情緒の側面】、【他者とのコミュニケーションの側面】などのスキルを、国語科では領域の指導事項にばらばらに配置したために、「思考力、判断力、表現力等」として、まとまったものとなっていない。したがって、次の「言葉による見方・考え方」とうまく連接できていないのである。

(4) ワーキンググループ等における「言葉による見方・考え方」への提言

「言語能力の向上に関する特別チームにおける審議の取りまとめ」(2016 年 8 月 26 日) では、「言葉による見方・考え方」が、次のように説かれている。

> 言葉には、固有の特徴に支えられた世界を切り分ける力（分節する力）があることを理解する必要がある。私たちは、言葉の習得とともに、言葉が持つ概念によって分節化しながら世界を認識している。このため、使用する言語が異なれば、世界の認識の仕方も異なることが知られており、このことは、言語の習得に当該言語を生み出した文化の理解が欠かせないことを示している。(p. 4)

また〈言語能力の向上に関する特別チーム〉の今井むつみ委員（言語認知発達・言語心理学）は、次のように言う。

> ほかの言語で、自分の母語と違う概念の切り分けをしているということを理解するのはなかなか難しくて、そこが外国語を学習するときの非常に大きな障害になっていると思うんですよね。……子供を見ていて気付くのは、自分の母語の切り分けがどの世界でもユニバーサルだというふうに思ってしまうこと。(〈言語能力の向上に関する特別チーム〉第 3 回（2016 年 1 月 13 日）議事

録)

このように、「言葉には、固有の特徴に支えられた世界を切り分ける力(分節する力)がある」こと、自分の切り分け方が「ユニバーサル」だと思い込む陥穽にはまらないようにメタ認知する必要性が、強調されている。

(5) ワーキンググループ等の提言で学習指導要領に引き継がれなかったもの

以上のように、策定過程を見ると、ワーキンググループ等の提言で学習指導要領に引き継がれなかったものが、次のような事項であることがわかった。

①言葉には世界を切り分ける力(分節する力)があること［見方・考え方］
②【創造的・論理的思考の側面】、【感性・情緒の側面】、【他者とのコミュニケーションの側面】が思考力・判断力・表現力等の項目としては消えて、領域ごとの指導事項の中にばらばらに配置されている。

その結果、①の「世界を切り分ける力」を基盤として、②の論理的思考、感性・情緒、コミュニケーションの側面から、言語事象を深く学ぶことが十分できない構造になっている。

3. 新しい「言葉による見方・考え方」

(1) 言語学の進展を踏まえて

ワーキンググループ等の提言である「世界を切り分ける力」は、言語学の歴史をふまえると、「言葉による見方・考え方」として根本的な発想であるといえる。

19世紀まで多くの人は、きちんと区分され、分類されている事物や普遍概念を言葉という道具で写し取り、名づけるのだと考えてきた。しかし、20世紀になるや、近代言語学の祖フェルディナン・ド・ソシュール (Ferdinand de Saussure, 1857-1913年) は、言葉が混沌とした連続体を非連続化し、概念化す

ること、言葉があって初めて概念が生まれることを唱えた。つまり、言葉は世界を切り取り、差異化して概念を構成するものである。

　ソシュール以降、「対象と言葉」との関係を扱う意味論（semantics）、「言葉と言葉」との関係を扱う統語論（syntax）、「言葉と使う人や文脈」との関係を扱う語用論（pragmatics）の研究が発展した。その結果、「言葉による見方・考え方」は、言葉を使う人がどういう民族や文化に属し、いかなる立場や観点に立っているか、どういう状況や文脈に即しているかによって、まったく違う見方や考え方になってくることが明確になってきた。

　今井委員の先の発言は、母語教育と第２言語教育を比較しての観点からの発言である。情報発信者の立場や見方が異なれば、概念の切り分け方や表現の仕方が変わってくる。自分の切り分け方が「ユニバーサル」だと思い込むところから離れて、自己の言語の見方を相対化したり、ずらしていくことが必要である。このような立場に立ってこそ、外国語活動・外国語と国語科との連携も基礎を得ることができよう。

　こういう言語の本質を知ることから、言語活動のメタ認知が図れ、それがメタ言語能力として定着していく。

(2) 新しい「言葉による見方・考え方」の提言
　次のように、新しい「言葉による見方・考え方」を提言したい。
　まず、「言葉による見方・考え方」の中心に、言葉には世界を切り分ける力（分節する力）があるという視点を据えることが必要であろう。この視点で、「対象と言葉」との関係、「言葉と言葉」との関係、「言葉と使う人や文脈」との関係に注目して、言葉の意味、働き、使い方等を分析していく。

4. 新しい「言葉による見方・考え方」を働かせて「資質・能力」を育成するために

(1) 世界を切り分ける力を育成する教材の開発
　母語話者の中でも、情報発信者の立場や見方が異なれば、概念の切り分け方や表現の仕方が変わってくる。このような「言葉による見方・考え方」として

の世界を切り分ける力を育成する教材を開発した。開発したといっても、小学校2年生の教科書の説明的文章教材で、たんぽぽについて書かれた東京書籍と光村図書のものを比較対照する簡便なものである。

筆者が、たんぽぽという同じ対象を観察して、その成長の具合を記録して、種を各所に飛ばして仲間を増やすという同じ結論に導くという、どちらも10段落構成の文章である。

似通っているが、筆者の立場や認識の仕方、表現方法はずいぶん違っている。対照的な教材である。図式化したのが、次の表2-4である。

筆者がそれぞれの視点から、言葉を用いて世界を切り分けている【見方】。切り分け方は、筆者と表現対象（たんぽぽ）、読者との三項関係の中で、【表現意識】を働かせて具体化される。たとえば、たんぽぽを「じょうぶな草」と表現するか、「きれいな花」と表現するか（「言葉と使う人や文脈」との関係）。また、空間の順序で述べるか、時間の順序で述べるか（「言葉と言葉」との関係）。そして、かたや実証的態度で説明し、かたや擬人法等の比喩的な表現で説明して、豊かな意味世界を表現して見せている（「対象と言葉」との関係）。

(2) この教材を使った実践
①授業プラン
これをもとに、ある先生が学習プランを次のように構想してくださった。

(1) 単元名：やさい絵本のための「とらのまき」をつくろう～じゅんじょに気をつけて読もう～
(2) 教材：「たんぽぽ」（東京書籍2上）、「たんぽぽのちえ」（光村図書2上）
(3) 単元設定の理由
本単元は、まとまりや順序に気をつけて説明文を読むことをねらいとする。さらに、生活科の学習との関連を持たせながら簡単な説明文を書くために、読み取りから学んだことを生かしてまとめていく学習である。「とらのまき」とは、学習したことをまとめた児童自作の学習の手引きである。手引きを作成させることで、説明文学習でつけたい力を客観的に捉えさせていきたい。
(4) 単元の目標

第2章 国語科で育てる「資質・能力」と「言葉による見方・考え方」

表 2-4 たんぽぽに関する2種類の説明的な文章の対照

題名	たんぽぽ	たんぽぽのちえ
教科書	東京書籍　二年上	光村図書　二年上
筆者	ひらやま　かずこ	うえむら　としお
構成	尾括型（はじめ→中→まとめ）	尾括型（はじめ→中→まとめ）
全段落	十段落（①〜⑩段落）	十段落（①〜⑩段落）
書き出し	①たんぽぽはじょうぶな草です。	①春になると、たんぽぽの黄色いきれいな花がさきます。
順序	［空間（事柄）の順］ ①［全体］たんぽぽは ②［部分］ね（根） ③〜⑥花 ⑤〜⑦み（実） ⑧〜⑨わた毛 ⑨　　たね（種） ⑩［全体］たんぽぽは	［時間の順］ ①春になると ②二、三日たつと ④やがて……そのあとに ⑥このころになると ⑧よく晴れて、風のある日には ⑨しめりけの多い日や、雨ふりの日には ［因果関係の順］様子と理由
述べ方の特徴（1）	［数値］ ②百センチメートル以上 ⑤百八十、一つずつ	［色彩語］ ①黄色い、②くろっぽい、④白い
述べ方の特徴（2）	［実証的態度］ ②ねをほってみました。 ④花をよく見てみましょう。 ⑤小さな花をかぞえてみたら ［因果関係］ ⑥花がしぼむと→みがそだっていきます ⑦みがじゅくすと→高くのびます ⑨わた毛が土におちると→めを出します	［擬人法等の比喩と四つのちえ］ 題＝たんぽぽのちえ ▼②ぐったりとたおれてしまいます。 　③じくを休ませて、たくさんのえいようをおくっている……太らせる ▼⑤らっかさんのように……たねをふわふわととばす ▼⑥せのびをするように、ぐんぐんのびて……たねを遠くまでとばす ▼⑨雨降りの日には、……らっかさんはすぼんでしまいます
結論	⑩このようにして、たんぽぽは、いろいろなところに生え、なかまをふやしていくのです。	⑩このように、たんぽぽは、いろいろなちえをはたらかせています。そうして、あちらこちらにたねをちらして、新しいなかまをふやしていくのです。
見方・考え方	客観的・自然科学的	物語的
語り方	科学者が、たんぽぽの仲間の増やし方について観察したことを報告しているような語り方	たんぽぽが主人公で、仲間を増やすために、知恵を働かせる物語のような語り方

- まとまりや順序に気をつけて、たんぽぽの仕組みや仲間の増やし方など、説明されている事柄を読み取ることができる。
- 説明文で構成する野菜絵本のための書き方をまとめることができる。

(5) 指導計画（総時間数10時間）
- 第1次　単元のめあてを知り、学習への見通しを持つ。（1時間）
  第1時　やさい絵本づくりの免許皆伝への虎の巻づくりの計画を立て、「たんぽぽ」を通読し感想を書き、書かれていることの大体を捉える。
- 第2次　段落ごとに書かれていることの様子や順序を読み取る。（5時間）
  第1時　まとまりごとに書かれていることの大体を捉える。
  第2時　たんぽぽが丈夫な草であるといわれる理由や、根の様子を読み取る。
  第3時　時間の経過を表す言葉を見つけ、花の開閉の様子を読み取る。
  第4時　挿絵と対応させながら、たんぽぽの花の仕組みについて読み取る。
  第5時　たんぽぽの実が熟し、綿毛が飛んでいく様子を事柄の順序に気をつけて読み取る。
- 第3次　「たんぽぽのちえ」と比べ読みをして、絵本作りに生かす。（4時間）
  第1時　「たんぽぽ」と「たんぽぽのちえ」の内容を対応させて読む。
  第2時　「たんぽぽ」と「たんぽぽのちえ」の書き表し方の違いを話し合う。
  第3時　野菜絵本のための虎の巻の下書きをする。
  第4時　虎の巻を完成させる。

②授業の様子

保護者への通信から、授業の様子を紹介したい。

> 　生活科で野菜を種から育てています。ミニトマトは一人一鉢で、学年園には枝豆やキュウリなどをまき、毎日水やりと観察をしているところです。この野菜作りの学習と関連させて、国語科では説明文の学習を行っています。
> 　学習後、野菜が育ってくる7月には「野菜絵本」を書く計画をしています。その「野菜絵本」の書き方の大きな参考となるのが教科書に載っている『たんぽぽ』です。説明文の書き方を筆者から学びつつ、

第2章 国語科で育てる「資質・能力」と「言葉による見方・考え方」

> 学んだことを『虎の巻』の形にしてまとめていきます。毎時間の学習を修業と称して、楽しんで学習をしています。修業は一から十までであり、今のところ修業六まで終了しました。修業七と修業八は、秘密の修業だと話しています。何をするかは、明日まで子ども達には秘密なのですが、保護者のみなさんには内緒でお知らせします。別の説明文『たんぽぽのちえ』と比べ読みします。別の筆者による、たんぽぽについて書かれた説明文です。
> 　毎時間の学習で学んだこととして、虎の巻に書いていくことをノートにメモしていっています。今のところ次のようなことを学びました。以下のもの以外にも、説明文の書き方から学んだことを個別に書いている子どもたちもいます。
> 1　だんらくを考える。
> 2　話だいていじ、せつめい、まとめにわけて書く。
> 3　長さをはかって書く。
> 4　いつとか、じかんをあらわすことばをつかう。
> 5　ようすを書く。
> 6　やさいのしくみをよく見て書く。
> 　小さな花のしくみについて学習した後に、児童の振り返りを少し紹介します。
> ○一つめは、ぼくがせつめい文を書いた人だったら、①②③だんらくをまねして書きます。もう一つまねして書きたいところがあります。④だんらくもまねして書きたいです。
> ○ひらやまかずこさんみたいに、しくみをよく見て書くということをまねしたり、数をかぞえたりすることをまねしたいです。あと、くわしく書いたり、やさい絵本をつくるとき2のことを考えたりして書きたいです。
> ※ラップのしんに色紙、半紙、色画用紙を巻き付け、学習してわかったことや、使いたい言葉などを書いていきました。これをもとにして、後日、野菜絵本を書き上げていきます。

　ここに挙がっている児童の感想、例えば「ひらやまかずこさんみたいに、しくみをよく見て書くということをまねしたり、数をかぞえたりすることをまねしたいです。」は、次のような思考過程であるといえようか。

まず、この児童は、説明的文章「たんぽぽ」の筆者（ひらやまかずこ）の「見方・考え方」（【見方】）が、客観的・自然科学的であるという言葉では表現できていないが、小学校２年生なりに、「たんぽぽのちえ」の筆者の【見方】とは異なっていることを分かっている。その上で、この児童は「しくみをよく見て書くということをまねしたり、数をかぞえたりすること」として文章に表れていること（【表現意識】）を理解している。それを『虎の巻』にまとめることで自覚し、野菜絵本の表現に活かそうとしたことが分かる。この『虎の巻』を使った自覚の過程が、メタ認知の芽生えであるといえよう。このような過程が、筆者の「見方・考え方」を自分の表現に活かしていく深い学びになっている。これは、自分の外にある他者の「見方・考え方」を自分のものとして適応させ内化していく過程でもある。

図式化すると、次の図2-4のようになる。

| 「たんぽぽ」「たんぽぽのちえ」の文章→ | 筆者の【見方】・【表現意識】 |
| →（虎の巻）自分の【見方】・【表現意識】 | （メタ認知）→野菜絵本 |

図2-4　文章の理解と表現における児童の思考過程

こうして「言葉による見方・考え方」を通して、思考力、判断力、表現力等の「資質・能力」を育てる深い学びが可能になっている。「見方・考え方」を少しずつ子どもたちに意識させ、小学校中学年ぐらいから、メタ認知させていくことで、学習指導要領でいう「言葉への自覚を高めること」が可能になるだろう。

おわりに

新学習指導要領国語科に見られる「言葉による見方・考え方」の課題を挙げた。確かに国語科の場合、第１に社会科や理科とは違って、対象を説明する言葉自体を学びの対象とする教科の特性があること、第２に親学問の１つである言語学の方法が多様にあることによって、「言葉による見方・考え方」を定義するのが難しい。しかし、その策定過程を明らかにする中で、新しい「言葉に

よる見方・考え方」を提案することを試みた。さまざまな案を出し合いたい。

【まとめ】

- 「資質・能力」を育成する鍵となる「見方・考え方」について、見方としての事象の捉え方（視点）と、考え方としての方法（とくに思考方法）が明確な教科と、そうでない教科がある。社会科・算数科・理科などの〈明確な教科〉、に比べて、国語科は〈曖昧な教科〉である。
- 新学習指導要領国語科の策定過程において、ワーキンググループ等で出されていた重要な「資質・能力」、「見方・考え方」についての重要なアイデアが活かされなかった。
- 活かされなかった重要なアイデアを本章では拾い上げ、新しい「見方・考え方」として、言語学の知見を借りて理論的に提案した。それは、言葉を用いて世界を切り分けるという見方である。
- たんぽぽについて説明した教科書教材二種を筆者のものの「見方・考え方」に注目して比べ読みする実践を試み、「見方・考え方」が「資質・能力」を育成し、深い学びにつながる事例として提言した。

文献

藤森裕治（2018）『学力観を問い直す　国語科の資質・能力と見方・考え方』明治図書.
マルクス・ガブリエル（2018）『なぜ世界は存在しないのか』講談社.
丸山圭三郎（1981）『ソシュールの思想』岩波書店.
丸山圭三郎編（1985）『ソシュール小事典』大修館書店.
文部科学省（2018a）『小学校学習指導要領（平成29年告示）解説　総則編』東洋館出版.
文部科学省（2018b）『小学校学習指導要領（平成29年告示）解説　国語編』東洋館出版.
ソッスュール述、小林英夫訳（1928）『言語學原論』岡書院.
ソシュール、町田健訳（2016）『新訳ソシュール一般言語学講義』研究社.

第 3 章

社会科における資質・能力形成の課題
―― 中学校社会科の事例で考える ――

鋒山　泰弘

　「コンピテンシーの概念は、単に知識とスキルを獲得すること以上のものを意味する。複雑な要請に応えるために知識、スキル、態度・価値観を統合して駆使する（mobilization）ことを含んでいる」（OECD, 2018）。これは OECD の文書におけるコンピテンシー概念の説明であるが、日々の教科教育に携わる教師の関心は、生徒にどのような知識とスキルを、どのように獲得させることが、「複雑な要請に応えるために知識、技能、態度、価値観を統合して駆使」できる「資質・能力（コンピテンシー）」を育成することにつながるのかという問いであろう。

　第 1 章では教科教育を通じての資質・能力の育成の課題が論じられた。1 つは教育内容として、その教科の「事実的知識」や「個別的スキル」の習得のレベルだけでなく、「転移可能な概念」や探究の「複雑なプロセス」を習得し、詳細を忘れ去った後にでも、学習者に「永続的理解」として残るような「原理と一般化」を「深く理解」させることが資質・能力の育成に不可欠ということである。2 つには、日本の「知識・技能」「思考力・判断力・表現力等」「学びに向かう人間性」という資質・能力の 3 つの柱の立て方は、国際的なコンピテンシー研究で独立して位置づけられているスキル（認知的・メタ認知的スキル、社会的・情動的スキル、身体的・実践的スキルなど）の目標を明示することに応えていないのではないかという課題である。3 つには、「思考力・判断力・表現力等」と「知識、スキル、態度・価値観」との関係を具体的・分析的に把握し、指導に生かしていくという課題である。本章ではこれらの課題が、中学校

社会科の授業事例で、どのような形で見られるのかを考えてみたい。

1.「社会的な見方・考え方」の例示にみる概念的・一般的知識の位置づけ

　今回の学習指導要領改訂に向けての作業では、各教科での「見方・考え方」の意義が説明されたが、中央教育審議会における社会科、地理歴史科、公民科ワーキング・グループでは、「社会的な見方・考え方」は、「考えられる視点の例」「社会、地理歴史、公民における思考力、判断力」「視点を生かした、考察や構想に向かう『問い』の例」「考察、構想した結果、獲得する知識の例」の4つの項目の関連として整理された（澤井・加藤, 2017）。

　たとえば、小学校社会科で「考えられる視点例」の欄では、「位置や空間の広がりの視点」として「地理的位置、分布、地形、環境、気候、範囲、地域、構成、自然条件、社会的条件、土地利用など」、「時期や時間の経過の視点」として「時代、起源、由来、背景、変化、発展、継承、維持、向上、計画、持続可能性など」、「事象や人々の相互関係の視点」として「工夫、努力、願い、業績、はたらき、つながり、関わり、仕組み、協力、連携、対策・事業、役割、影響、多様性と共生（共に生きる）など」の概念が挙げられていた。このような「追究の視点」は、社会科の「事実的知識」ではなく、「転移可能な概念」の例を示したものといえる。

　「追究の視点」＝「転移可能な概念」を使って、社会科ではどのような「思考力・判断力」を育成するのかを見ると、「・位置や空間的な広がり・時期や時間の経過・事象や人々の相互関係」に着目して社会的事象を見出し、「比較・分類したり総合したりして」「国民（人々）の生活と関連づけて」（以上が「追究の方法」）、「社会的事象の特色や相互の関連、意味を多角的に考察する力」（考察）と「社会にみられる課題について、社会への関わり方を選択・判断する力」（構想）を育成すると書かれてある。「考察」（力）だけではなく「構想」（力）が、明確に位置づけられている点が新しい特徴であった。

　「追究の視点」（転移可能な概念）を使って、「考察」「構想」という思考に向かうために、「問いの例」も示されている。たとえば、小学校社会科の「位置

第Ⅰ部 「資質・能力」を考える

や空間の広がり」に対応する問いとしては、「どのように広がっているのだろう」「なぜこの場所に集まっているのだろう」「地域ごとの気候はどのような自然条件によって異なるのだろう」が挙げられている。その上で、「考察」から「構想」に向かう「問い」として、「どのように続けていくことがよいのだろう」「共に生きていく上で何が大切なのだろう」といった価値判断を含む「問い」も位置づけられている。

　このような「視点を生かした問い」をもとに「考察、構想した結果、獲得する知識」の例も挙げられている。たとえば中学校の地歴的分野では、「地域には、地域的特色をふまえた、よりよい姿が求められること（具体例：地震や豪雨、台風など自然災害を受けることの多い日本では、被害を最小限に食い止めるため、各地の自然環境に応じた、災害に強いまちづくりを進めることが大切である）」が例示されている。

　以上のような「社会的な見方・考え方」における議論の整理では、「何を教えるのか」といった「コンテンツ（知識内容）・ベース」の学習指導要領から「何ができるのか」という「資質・能力」ベースの学習指導要領に変えるという改革においても、どのような「転移可能な概念」（視点）を使って子どもが「考察」「構想」できるようにするのか、そして「考察」「構想」した結果、次の新しい課題に活用できるどのような「一般化と原理」を子どもに獲得させるのかというコンテンツをより深く検討しなければ具体化できないことが意識されていた。

　問題は、社会科で子どもに深く理解させたい重要な「一般化と原理」とは何かということと、教科内容としての「一般化と原理」を、「教えられたこととして暗記して、再生する」学習では資質・能力の育成にはつながらないということである。第1章で述べられているように、「推論と論証を行いながら意味を追求」する「深い学習」や、「社会的事象に関わる問題や課題への自己」の「深い関与」が伴った「深い理解」（事実的知識や個別のスキルだけでなく、その背後にある概念や原理を理解しているか）が伴うことが、「知識、スキル、態度・価値観を結集して世界に関わり世界の中で行為する能力」（コンピテンシー）の育成につながる。

2. 中学校地理的分野で「深い学び」にせまる

　社会科の授業では、生徒が社会的事象から問題を取り出し、探究していくのが理想であるが、実際には教師があらかじめ教材研究として研究・調査した結果をふまえて、主な問いと資料を構成し、教師が行った探究の過程を授業の場で生徒に追体験させる学習が行われている。追体験という形であれ、社会的事象に関する「事実的知識」に基づいて、「転移可能な概念」を活用して問題を把握し、分析し、関連づけて、社会的事象に関する「原理と一般化」の理解にいたることが目指されている。またその過程で「個別的スキル」と「複雑なプロセス」(探究の方法) を生徒が習得し、活用することが目標とされる。中学校の地理的分野の授業を例に考えてみたい。

(1)「気象災害は防げないか？」の授業

　中学校1年生の地理的分野の単元「日本の自然環境と災害」において、2014年の「広島土砂災害」の学習を位置づけた実践がある (石戸谷, 2016)。自然災害に、被害を拡大させた「人災」としての側面はなかったのか、住民や自治体はそれまで何をしてきたのかを生徒に探究させる意図をもとに取り組まれた。これは社会科地理分野の自然環境の学習が、「地形の成因や気候の分類の知識の獲得」の学習に終わるのではなく、自然災害の被害を拡大させてしまう人間の意思決定の複合的なプロセス (人災の側面) を理解させる学習に広がることで、「自然災害の被害をどうしたら減らせるのかという現代社会の複雑な課題」に対して、生徒が授業後も「知識、スキル、態度・価値観を統合して駆使して考え行動する」ための、「資質・能力」の形成につなげることを意識した授業構想といえるだろう。表3-1のような単元として実施された。

　①「日本の地形」では、映像を使いながら火山活動と地殻変動を繰り返して日本列島ができたプロセスが説明され、日本で火山と地震による災害が頻繁にある最近の事例も取り上げられる。②「日本の気候」では、日本の「温帯湿潤気候」の特色を雨温図から読み取り、日本の周辺にある4つの気団が、季節によって日本の気候にどのように影響を与えるかが説明される。③「地域で異な

表3-1　単元「気象災害は防げないか？」の授業の流れ

①日本の地形が複雑なのはなぜか？
②日本の気候――なぜ四季があるのか？
③地域で異なる気候――気象災害はなぜ？　どこで？
④気象災害は防げないか？（公開授業）
⑤土砂災害を防ぐ・減らすには（公開研後追加）
⑥地震と津波は防げない！――東日本大震災を例に
⑦地形図からわかること――地形図の約束、白馬村
⑧地形図から地域調査へ
　　――白馬村2014年神城断層地震（長野県白馬村は移動教室の行き先）

る気候」では、日本の気候区分とそれぞれの代表的な都市の雨温図を示し、それぞれの特色について資料集で調べて、記入させ、発表させる。そして、気候区分ごとの特徴的な災害について説明される。風水害については全国どこでも起こりうる災害であることが説明された後、集中豪雨による土砂災害の例としてテレビ朝日系「テレメンタリー2014　家はなぜ谷に建ったのか―74人死亡・広島土砂災害―」（2014年11月放送）の冒頭12分を視聴する。この番組から生徒は、「もとは谷だった」「江戸時代にも土石流の跡」があった場所が、1959年から安い土地は行政が開発し、県営住宅が建設され、1980年代に宅地が進んだという事実的知識を獲得する。この授業での板書は図3-1のようなものである。

　このドキュメント番組視聴後に生徒が書いた感想文には、「県営住宅があるので安心して」「谷に住宅が建つようになった」ので「災害の責任は県にある」という声が多かった。また、「過去に土石流があったことを知っていたのか」「知っていたのならなぜ谷に住宅を建てたのか」「危険性を疑わなかったのか」といった、谷に住宅を建てた住民への疑問や、「土地が安いからといって」「歴史に学ばない」「山地を切りひらく人間の身勝手な行動」など住民や県の姿勢を批判する声が見られた。授業者は生徒が「災害の責任の所在」に関心を持ったことを評価しつつ、しかし、山地を開発し県営住宅を建てた県の責任だけが強調されている傾向もあるので、災害を拡大させた複合的な要因に目を向けさせるために④気象災害は防げないか？（公開授業）の授業を位置づける。

第 3 章　社会科における資質・能力形成の課題

```
＊2014 広島土砂災害
　集中豪雨→土砂くずれや土石流→74 人死亡
　もとは谷だった→宅地開発……「大丈夫だと思っていた」
　　　　↓　　　　1959 県営住宅→80 年代～宅地化すすむ
　江戸時代にも土石流　　1958「大広島計画」安い山地は行政が開発
```

図 3-1　「2014 年広島土砂災害」の授業の板書

　④「気象災害は防げないか？」では、前時のビデオの感想のプリントを回して交流させ、災害当日の気象現象として異常な雨量だったこと、避難勧告の遅れがあったことなどを新聞記事で教師が紹介し、NHK スペシャル「夢の丘は危険地帯だった」（2014 年 10 月放送の一部）を視聴する。この番組から、生徒は次の事実的知識を獲得する。1969 年の都市計画法に基づく「市街化区域」の線引きに関して、災害現場付近の土地も高く売れるようにしたいと、地主たちから「市街化区域」に編入することを強く行政側に要求されたこと、2000 年の土砂災害防止法に基づく「災害区域」の指定が、土地を持つ住民の反発を恐れてなかなか進まなかったこと。たとえば番組では、当時の広島県の行政担当者が当時をふり返り、危険地帯なのに開発を止められずに、今回の災害を防げなかったことを後悔し、涙を流す場面などが出てくる。

　番組視聴後に、「今回の災害の責任は誰にあるのか」について、生徒個人で考えさせた後、班で話し合わせ、その結果をホワイトボードにまとめさせる。「責任を 1 つにしぼれない」などの声も生徒から出されたが、班でまとめた意見としては、土地を売った地主と、開発を制限できなかった県や市の責任を問うものが多かった。公開授業後の研究協議会では、「順位づけよりも誰にどんな責任があったのかを時間をかけて深めるべきではないか」「責任論よりも住民の立場に立って制度の問題を考えさせるべきだ」などの意見が出された。そこで、授業者は継続してこの問題を生徒に考えさせるために⑤「土砂災害を防ぐ・減らすには？」を追加の授業として行う。

　⑤「土砂災害を防ぐ・減らすには？」では、今回の災害の被害拡大の「責任の構図」として、地主、住民、県や市という 3 者の関係について、それぞれ他の 2 者にどんな責任があったのかを生徒に各自考えさせた後、班で話し合い、

ホワイトボードにまとめさせる。たとえば、3者の関係を次のようにある班はまとめている。「①地主→住民：その土地の危険性をかくしてしまった」「②地主→県・市：利益のために『市街化区域』の指定を求めた」「③住民→地主・業者：業者の人たちの言葉を疑わなかった」「④住民→県・市：危険性を理解できずに、危険箇所の指定に反対した」「⑤県・市→地主・業者：地主たちの意見をしりぞけることができなかった」「⑥県・市→住民：危険箇所の指定に慎重になってしまった」

　授業者からは、「売り手である地主と、買い手である住民との、土地の売買は経済活動として自由であること」「それを制限できるのは行政（県・市）であり、大切なのは住民の安全（命）を守ることだ」と説明し、最後に「災害を防ぐ・減らすためには」というテーマで生徒各自に記述させる。たとえば、ある生徒のプリントへの記述は次のようなものである。

> 「誰がどうしたかを書き出してみると、地主や県・市の責任が大きいなと思った。まず地主が売らないと住民が住むことがなかったので、被害が少なかったかもしれない。しかし地主が知らなかったかもしれない。それは県や市が知らせなくてはいけない。自由を制限してでも命を守るという覚悟を持たなくては。」

　この単元の授業では、自然災害の背景には、宅地開発を進めた地主や販売業者の責任、その場所に早くから県営住宅を建てたり、市街化区域の線引きや災害計画区域の指定で地主らの圧力に抵抗できなかったりした県や市の行政担当者の責任、そして自分の住宅の取得・所有をめぐっては住民の土地・地域の危険性についての認識不足があったという関係性に生徒の目を向けさせている（授業者には地理学習という枠組みだけで目標を考えのではなく政治学習も位置づけたいという意図がある）。そのことは自然災害の背景にあった複合的な社会関係についての「深い学習」を生んでいるといえる。

(2) 「資質・能力の3つの柱」で学習の深まりは描けるか？
　以上の「気象災害は防げないか？」の授業を通じて生徒に育成される内容を

第3章　社会科における資質・能力形成の課題

表3-2　「気象災害は防げないか？」の授業と「資質・能力の3つの柱」

知識・技能（何を理解しているか、何ができるか）	思考力・判断力・表現力等（理解していること・できることをどう使うか）	学びに向かう力・人間性等（どのように社会・世界と関わり、よりよい人生を送るか）
〈知識〉 ・地形に関する知識；谷、扇状地など。 ・気象に関する知識；集中豪雨など。 ・災害に関する知識；土砂災害、土石流など。 ・土地所有・売買・利用規制に関する知識；地主、市街化区域、災害警戒区域、宅地開発、経済的自由、法的規制など。 〈技能〉 ・地形図から災害地域の場所と分布を読み取る。 ・ドキュメント番組の視聴から災害の原因に関する情報を集める。 ・土地の所有・売買・利用規制に関わる人々の関係を図示する。	・新聞やドキュメント番組などのメディアからの情報の読み取りによって、災害が起こった自然的要因、社会的要因の理解にもとづいて災害の原因を複合的に考え、判断し、表現することができる。 ・災害が起こった自然的要因、社会的要因の理解にもとづいて「災害を防ぐ・減らすにはためには、関係者は何ができるか、何をすべきか」を考え、判断し、表現することができる。	・気象災害を防ぐ・減らすために、住民、行政、業者は何ができるのか、何をすべきなのか考えて、行動することの大切さについて自覚を深める。

「資質・能力の3つの柱」の枠組みで整理してみると、表3-2のように例示できるだろう。「資質・能力の3つの柱」で授業の目標を整理した場合に学習の深さへの見取り図がうまく描けるのかをめぐっては、以下の問題が指摘できる。

表3-2のように「知識」と「技能」を1つの欄にまとめ上げていく形式では、「知識」と「技能」（知識の獲得や探究の方法）との対応関係が見えにくい。そして、「知識」と「技能」の種類・レベルを区別しながら両者の対応関係を描くことで学習の深さを描くことが必要であるが、表3-2の形式では知識と技能の対応関係と階層構造を描くのには適していない。たとえば、「事実的知識」で地形に関する知識の獲得には等高線の読み取りなどの「個別的スキル」が対

応するのに対し、「人為災害」のような「転移可能な概念」の獲得には、「災害の生起の原因や背景に関わる人々の動機・権利・権限関係を分析する」といった「探究方法としてのスキル」が対応すると考えられるが、両者の関係が見えにくい。また、表3-2では、「気象災害は防げないか？」という問いに対する教育内容の核にあたる部分（「深い理解」として生徒に残しておきたい内容）は何かが明確に見えてこないという問題点も指摘できる。

(3)「知の構造」の視点で社会科の資質・能力形成を考える

「気象災害は防げないか？」の授業がどのような意味で「深い学習」を生徒にもたらしているかを分析する方法として1章で紹介されている「知の構造」の枠組み（McTighe & Wiggins, 2004）を使ってこの単元の学習で求められる知識とスキルと「原理と一般化」を描くと図3-2のように例示できるだろう。

図3-2では、知識とスキルの階層構造をふまえて両者の対応関係を明確にすることができる。たとえば、「気象と災害に関する事実的知識」に、「過去の気象データから災害の大きさを左右する気象現象の特徴を読み取る」スキルが対応し、「人為災害」のような「転移可能な概念的知識」には、「複雑なプロセス」に書いたような思考スキルが対応する。この授業ではドキュメント番組の視聴に基づいて、「複雑なプロセス」にあたる部分は、番組制作者の取材と編集に基づく内容を分析するという形での「探究プロセス」になっている。そして広島の住宅地の土砂災害に関する「事実的知識」だけでなく、中学校地理の教科書ではあまり扱われていない「土地利用」「利害関係」「売買」「経済的自由」「公的・法的規制」などの「転移可能な概念」の活用を生徒に求めることで、自然災害の人災的側面の探究に基づいた「原理と一般化」（教育内容の核）の理解へと道筋をつけることを図3-2は表現している。

(4) パフォーマンス評価の位置づけと「資質・能力」の形成

「知の構造」をふまえたウィギンズらのカリキュラム設計論（Wiggins & McTighe, 2005）では、教科の「本質的な問い」をたてることで「原理と一般化」という教育内容の核に当たる「永続的理解」とは何かを明確にしようとする。この単元では「（日本では）なぜ自然災害が起こるのか？」「どのような条件が

第3章　社会科における資質・能力形成の課題

事実的知識	個別的スキル
・地形に関する知識：谷、扇状地など ・気象と災害に関する知識：集中豪雨など ・災害に関する知識：土砂災害、土石流など ・土地所有・売買・利用規制に関する知識：地主、市街化区域、災害警戒区域、宅地開発など	・地形図から災害地域の場所と分布の特徴を読み取る。 ・過去の気象データから災害の大きさを左右する気象現象の特徴を読み取る。 ・ドキュメント番組の視聴から災害の原因に関する情報を集める

転移可能な概念	複雑なプロセス
自然災害、人為災害、土地利用、歴史的経過、利害関係、経済的自由、権利、権限、責任、公的・法的規制など	災害の生起の原因や背景に関わる人々の動機・権利・権限関係を理解し、分析し、責任や判断の在り方を考察し、評価するなど。

原理と一般化

自然災害の要因には、自然現象としての側面とともに、その経過・背景を探究すると、さまざまな人々の意思決定が関係している人災の側面が明らかになる場合があり、関係した人々の持つ権限によって、責任を問うことができる。

図3-2　「気象災害は防げないか？」の授業と「知の構造」

重なったときに、自然災害は深刻化するのか？」「（日本での）自然災害による被害を最小限に食い止めるために、私たちは何ができるか？何をすべきか？」が「本質的な問い」にあたる。

　ウィギンズらは「本質的な問い」に対する「原理と一般化」を「深く理解」しているかどうかは、「理解」の6つの側面の知的表現（パフォーマンス）ができることであるという。その6つとは、「説明」（「なぜ～なのか」等）、「解釈」（「どういう意味があるのか」等）、「応用」（「どのように使えるのか」等）、「パースペクティブ」（「どのような視座から考えているのか」等）、「共感」（「他者の感情やものの見方・考え方をいかに理解しているか」等）、「自己認識」（「それがわかることで自分はどのように変化したか」等）である。そのような「深い理解」の表れとしての知的表現ができるかどうかを評価する方法としてウィギンズらは「パフォーマンス評価」を位置づけている。

　「気象災害は防げないか？」という単元学習に対応するパフォーマンス評価

のための課題を例示すると、「あなたは、広島土砂災害の取材をしている報道関係者です。この災害が起こった自然的要因と、社会的要因を調べて報道し、そこからこれからの減災や防災について学ぶべき教訓を記事にしてください」が考えられる。

また、さらに発展的なパフォーマンス課題を構想するとすれば、広島の土砂災害の授業で理解された「原理と一般化」と「転移可能な概念」を使って、他地域での自然災害の事例から人災的要因を分析するパフォーマス課題も考えられる。たとえば、2015年9月の関東・東北豪雨で鬼怒川が氾濫して被害を受けたのは国の河川管理に不備があったためとして、茨城県常総市住民30人が2018年8月7日に総額約3億3500万円の損害補償を国に求める訴訟を水戸地方裁判所下妻支部に起こした。このような災害事例の自然的要因と人為的要因について調べて、「国家賠償が請求できるかどうかを論評する報道記事を作成してください」といったパフォーマンス課題が構想できる。

資質・能力の柱の「学びに向かう力・人間性等」を目標として表現すれば、表3-2で示したように「気象災害を防ぐ・減らすために、住民、行政、業者は何ができるのか、何をすべきなのか考えて、行動することの大切さについて自覚を深める」というような方向目標としての記述になる。このような目標については、例示したようなパフォーマス課題に取り組むことで、生徒の「自己認識」(「それがわかることで自分はどのように変化したか」など) の深まりがどのように見られるかで評価することが考えられる (点数化する評定にはなじまない)。

3. 社会科で「知識、スキル、態度・価値観」の分析を指導に生かす

1章で論じられた「思考力・判断力・表現力等」と「知識、スキル、態度・価値観」との関係を具体的・分析的に把握し、指導に生かしていくという課題を、中学校社会科公民分野の授業 (石戸谷, 2018) を例に考えてみたい。

(1)「子どもの貧困、誰がどう助ける？」の授業

授業者は、単元「憲法と人権」の第6時に「子どもの貧困」の事例をもとに、生存権の保障の必要性や日本の社会保障のあり方を生徒に考えさせることを意

図した授業を次のように実施した。まず事前のアンケート「貧困家庭の子どもが苦労するのは親の責任だから個人（親）が努力すべきである？」に対する意見分布を紹介する。「個人の努力で」の人数は少ないが、「社会の支援で」「どちらともいえない」を選択した生徒の中には、「貧困になった理由による」という声があることを紹介する。「もし親の責任が大きいならば……Aできるだけ親の努力で、Bやはり社会の支援を」という問いへの意見を挙手させ、この議論をするために、どんな情報が必要かを問い、貧困とその対策の実態を知る必要を確認する。

　次に日本の相対的貧困率を確認した後、NHKスペシャルの「見えない貧困〜未来を奪われる子どもたち」（2017年2月放送）と「私たちのこれから〜子どもの未来」（2017年6月放送）のビデオの一部を視聴する。貧困家庭の実態として「小学校5年生の母子家庭の事例」と「高校1年生の母子4人家庭の事例」を紹介し、母親のダブルワークでも生活が苦しい実態や子どもが部活を続ける、進学するという「希望」を奪われる状況を確認する。親から子への貧困の連鎖を放置すれば、国民全体の所得の損失や税収が減るなど社会全体の損失になることにふれた後、相対的貧困率を引き下げたイギリスの対策を紹介する。そして日本の子育て世帯に対する社会保障給付は十分かと問いかけ、「貧困を救うために、税金を増やしてでも取り組むべきか」について班ごとに賛成か反対か議論させ、その結果を発表させ本時の授業は終了した。

　この授業で授業者が、生徒への問いかけで「税金を増やしてでも」と強調したのは、貧困対策を「他人事」ですませるのではなく、自分も税を負担することになるということを生徒に意識させて、「自分事」として考えさせたいという意図があったからである。しかし、この問いかけは、生徒を「生存権と貧困の問題」というよりも「税金を上げないで。自分で稼いだお金を他人に使われたくない。ほかにも税金の使い道がある」（貧困対策を国が行うことへの生徒の反対意見の例）など、「増税への反対論」や「財政支出の無駄をなくすべき」という関心に傾斜した意見も生み出すことになった。そこで、授業者は、当初の計画にはなかった追加の授業を行った。前半に税の取り方について「累進課税制度」や「所得の再分配」の考え方について説明し、社会保障が国の支出の3分の1をしめているという現実があることをおさえる。後半ではビデオ視聴で

貧困家庭の高校生がアルバイトで生活費と進学資金を稼いでいる事例を詳しく伝え、奨学金が将来の借金返済を前提にしており、返済できない人も増えている実態を伝えた。そして授業のまとめとして「社会の損失になる」や「親の責任が」といった意見をふまえ、「子どもの貧困をどうするか？」について、2時間の授業を通じた感想・意見を生徒に書かせる。この追加の授業を受けての生徒の感想では、子どもの責任ではない貧困によって進学などの機会を奪われる事例に対する「自分の理解」を掘り下げて、「貧困対策に社会として取り組む必要性」を支持する記述が見られた。

(2)「子どもの貧困、誰がどう助ける？」と「知識、スキル、態度、価値観」

この授業がねらう「思考力・判断力・表現力等」の基盤となる「知識、スキル」を「知の構造」の枠組みを使って描くと、図3-3のように例示できるだろう（この授業では扱われていない「知識、スキル」も追加している）。

公民分野「憲法と人権」の単元で、社会保障と財政の学習に詳しく踏み込むことは、社会科の教科書に沿った年間指導計画の流れからは、無理があるという指摘もあるだろう。しかし、「国民の生存権や幸福追求権を保障するために、国による制度づくりはどうあるべきか」という社会科の「本質的な問い」に対する理解を深めるためには、単元の関連性を生かした柔軟な授業の再構成が求められる。

この授業では、「貧困を救うために、税金を増やしてでも取り組むべきか」という問いに関して「増税への反対論」や「財政支出の無駄をなくすべき」という関心に傾斜した意見を示す生徒に対して、次にどのようなレベルの「知識、スキル」を獲得させることで、生徒の「思考力・判断力・表現力等」を深めるかが課題となっていた。図3-3で例示したような「複雑なプロセス」に位置づけた「探究スキル」や、「転移可能な概念」に位置づけた「相対的貧困」や「人生前半の社会保障」（広井, 2006）等の概念を駆使して生徒が思考し、判断し、表現することができる時間を確保するために単元計画や年間指導計画を修正していくことが求められる。

「思考力・判断力・表現力等」と「態度、価値観」の関係をどのように分析して、指導に生かしていくかは難しい問題であるが、生徒の意見や感想を通じ

第3章　社会科における資質・能力形成の課題

事実的知識
- 貧困家庭の親と子の生活実態
- 憲法の人権規定
- 日本の社会保障制度と子育て支援
- 日本の財政と税制度
- 諸外国の貧困対策
- 日本の奨学金制度

個別的スキル
- ビデオ視聴や世帯収入と支出のデータ等から貧困家庭の生活実態を知る。
- 憲法の人権に関する条文の意味を読み取る。
- 財政支出の内訳、社会保障支出の内訳のデータを読み取る。

転移可能な概念
- 絶対的貧困と相対的貧困
- 生存権と幸福追求権
- 所得の再分配と税の公平性
- 「人生前半の社会保障」
- 社会保障制度の「持続可能性」

複雑なプロセス
- 「貧困を自分で解決する」といったときに、どのような条件が必要か。いまの自分にはあってあたりまえと感じている条件がない人々の状況を想像し、分析する。
- 「貧困家庭」に対する所得再分配の諸施策の効果に関して、日本と諸外国のデータを比較して、日本の特徴と課題を明らかにする。

原理と一般化
子どもの生存権や幸福追求権を阻害する貧困の実態は社会全体の問題であり、社会保障の政策など社会全体の取組が必要である。そのための財源（税金等）は国民が公平に負担し、社会保障・公的支援を公平に受給できる制度が求められる。

図3-3　「子どもの貧困、誰がどう助ける？」の「知の構造」

て「思考力・判断力・表現力等」の背後にある「態度、価値観」を推測することはできる。たとえば、貧困や社会保障の授業では、「自己責任論」への肯定的態度や価値観を示す生徒がいることがわかる。それは、生徒の成育歴（たとえば、「自分で努力していい成績を上げてきた」等）に根づいた場合も多いので、社会科の知識を表面的に理解するだけでは容易に変わらないであろう。社会科の授業としてすべきことは、生徒の態度や価値観をゆさぶる「探究スキル」（図3-3の「複雑なプロセス」で例示したような）を駆使させることで、生徒が意識しなかった新しい概念の導入や既存の概念の捉えなおし（たとえば「公平」とは何か等）や異なる価値観への理解を促すことである。

第Ⅰ部 「資質・能力」を考える

【まとめ】

- 資質・能力の1つの柱である「知識」の内容が、「事実的知識」「転移可能な概念」「原理と一般化」といった次元の異なる知識として分類・整理されないと、多くの事実的知識を網羅する形で教える社会科授業になりがちであり、「深い学び」につながらない。「事実的知識」だけではなくて、どのような「転移可能な概念」を「知識」に位置づけて、「原理と一般化」につなげるのかに関する「見取り図」が必要になってくる。
- 資質・能力の「知識・技能」に位置づけられている「技能」には、「個別的スキル」にあたるものから、「複雑なプロセス」に関連するスキルまで含んでいる。知識と同様にスキルの次元を区別し、社会事象に関する事実的知識を分類するスキルから、社会的事象の原因を分析できるスキルへの発展が示される必要がある。また、ここでは検討できなかった社会科の授業における学校外の人々からの「聞き取り」活動を通して育成される「社会的・情動的スキル」も、他者に共感しつつ、人々の社会関係を解明するという思考をともなったものとして目標化できるだろう。
- 「知識」と「スキル」の目標が明確になると、「資質・能力の3つの柱」の「思考力・判断力・表現力等」は、「知識」と「スキル」を駆使して（そこには学習者の「態度・価値観」が伴う）発揮される「統合的な力」（1章ではコンピテンシーとして把握されている）と位置づけたほうが良いと考えられる。たとえば、「地域の気象災害を防ぐ・減らすために、住民は何ができるのか、何をすべきなのか考えて、考察・構想する」などの「思考力・判断力・表現力等」の資質・能力は、土地に関する地理的・歴史的・社会的背景に関する複合的な知識と、それらに対応する「探究するスキル」を駆使した「深い理解」に基づいて育成される。

文献

広井良典（2006）『持続可能な福祉社会―「もうひとつの日本」の構想―』ちくま新書．

石戸谷浩美（2016）「気象災害は防げないか？―2014 広島土砂災害を事例に，地理で政治を考えるきっかけを―」2016 歴史教育者協議会第 68 回沖縄大会での報告レポート．
石戸谷浩美（2017）「気象災害は防げないか？―地理で政治を考えるきっかけを―」『歴史地理教育』2017 年 11 月号，pp. 42-47．
石戸谷浩美（2018）「『子どもの貧困，だれがどう助ける？』―公民「生存権」の授業から地理学習とのつながりを考える―」2018 歴史教育者協議会第 70 回京都大会での報告レポート．
McTighe, J. and Wiggins, G.（2004）*Understanding by Design: Professional Development Workbook*. Association for Supervision and Curriculum Development.
OECD（2018）. *The Future of Education and Skills : Education 2030*. Paris: OECD.（https://www.oecd.org/education/2030/E2030%20Position%20Paper%20(05.04.2018).pdf）（2018.7.1 アクセス）
澤井陽介・加藤寿朗（2017）『見方・考え方 [社会科編]：「見方・考え方」を働かせる真の授業の姿とは？』東洋館出版
Wiggins, G. and McTighe, J.（2005）*Understanding by Design*（Expanded 2nd ed.）. Association for Supervision and Curriculum Development. ウィギンズ，G.・マクタイ，J.（2012）『理解をもたらすカリキュラム設計―「逆向き設計」の理論と方法―』（西岡加名恵訳）日本標準．

［謝辞］
　本章の中で取り上げた中学校社会科の実践者として，報告レポートの提供や聞き取りにご協力いただいた石戸谷浩美氏にこの場を借りてお礼申し上げます．

第4章

体育科で育てる「資質・能力」とは何か

木原成一郎・中西紘士

　「体育の授業はどう人間形成に貢献するのですか」。20年近く前に教育学を専攻する大学院生が私の大学院の授業で質問した。体育の授業では日常生活に不可欠な身体運動以外のさまざまな身体運動を学習する。必ずしも実用性のない身体運動を必修の体育科で教える根拠を示すためには、それらを習得することが人間の「資質・能力」の育成、つまり人間形成にどう貢献するかを説明することが求められる。本章では、この問いに答えるために体育科で育てる「資質・能力」とは何かを皆さんとともに考えていきたい。

　本章では、1節〜2節で、2017年3月に改訂された小学校学習指導要領（以下、要領と略す）で求められている体育科の「資質・能力」を検討し、体育の目標構造に基づいて「資質・能力」の内容を提案する。3節で、スポーツ活動の構造についての知見に基づき、体育の学習を「技術的な過程」と「組織的な過程」に分け、小学校5年生のハードル走の実践をもとに「技術的な過程」で育てられる「資質・能力」と、「組織的な過程」で育てられる「資質・能力」を明らかにする。最後に、体育科で育てる「資質・能力」の全体を説明する。

1. 学習指導要領改訂における体育（運動領域）と
　 保健（保健領域）の目標

　2017年版要領と2008年版要領に示された体育科の目標を対照させながら、運動領域に焦点を絞って今回の要領改訂のポイントを説明する。今回の要領改

訂にあたり、最も大きな変更は、「運動に関する『知識・技能』」「健康に関する『知識・技能』」（中教審, 2016）というように、運動の「知識」と保健領域の「技能」が小学校の目標に加えられたことである（表4-1）。それは、以下の教科目標の第1に反映している。

(1) その特性に応じた各種の運動の行い方及び身近な生活における健康・安全について理解するとともに、基本的な動きや技能を身に付けるようにする（文部科学省, 2018, p. 142., 下線は体育：筆者）。

運動領域では「その特性に応じた各種の運動の行い方」という「知識」の理解と、「基本的な動きや技能を身に付ける」ことがセットで示された。同じように、保健領域は、「身近な生活における健康・安全について理解する」ことと健康に関する「技能を身につける」こと、つまり「知識」と「技能」がセットで示されたのである。2008年版要領では学年レベルの目標は運動領域と保健領域が項目別に書かれていた。それは運動領域が「技能（「体つくり運動」のみ「運動」）」「態度」「思考・判断」で示され、保健領域が「知識・理解」で示されていたからである。2017年版要領では、運動領域も保健領域も「知識及び技能」「思考力・判断力・表現力等」「学びに向かう力・人間性等」という「資質・能力」の育成に貢献することを求められた。その結果、運動領域と保健領域の教科目標と学年レベルの目標が同項目内にまとめて書かれることになった。

さらに、教科目標の第2で「思考力・判断力・表現力等」は、「(2) 運動や健康についての自己の課題を見付け、その解決に向けて思考し判断するとともに、他者に伝える力を養う。」とされた。そして、教科目標の第3で「学びに向かう力・人間性等」は、「(3) 運動に親しむとともに健康の保持増進と体力の向上を目指し、楽しく明るい生活を営む態度を養う。」とされた（下線は体育：筆者）。

このように「資質・能力」の構造から教科目標が示されたことにより、運動領域の学習における「資質・能力」の形成過程が問われることになる。そこで、中教審（2016）の「資質・能力の3つの柱」の説明を見よう。「知識や技能は、

思考・判断・表現を通じて習得されたり、その過程で活用されたりするもの、また、社会との関わりや人生の見通しの基盤ともなる」(中教審, 2016. p. 29) とある。この説明を踏まえると、「知識・技能」の「習得」や「活用」との関係で「思考力・判断力・表現力等」の「育成」や「学びに向かう力・人間性等」の「涵養」を検討することが「資質・能力の3つの柱」の関係を理解する筋道であると考える。この点に関わって、体育科の「資質・能力」の全体構造の蓄積やこれまでの優れた体育授業の蓄積をふまえた指摘は、岩田（2017）や三木（2018）等に見られる。岩田（2017）は体育の「見方・考え方」が教科を超えた汎用的能力と体育科独自の「知識」「技能」を結ぶ位置にあることに注目した。体育の「見方・考え方」は従来提案されてきた「運動の学び方」（高橋, 1997）であり、その内容として「課題認識・実態認識・方法認識」を提案した。また、三木（2018）は、体育科の「思考力・判断力・表現力等」が、「体を動かす資質能力」や「知識・技能」を活用する能力であり、その発揮が「学びに向かう力・人間性等」の育成につながると指摘した。

　これらの提案は、「知識・技能」と「思考力・判断力・表現力等」「学びに向かう力・人間性等の指導内容」の内容を説明しようとする貴重な考察であるが、体育科の「資質・能力」の全体構造との関係でそれぞれの内容をどう関連させて理解するかを説明していない。とくに、体育科は身体運動を主な指導内容とする唯一の教科であるため、「知識」や「技能」の内容が他の教科と異なる点を明確にして、「資質・能力」の内容と相互の関係を説明する必要がある。

2. 体育科の目標構造と育てる「資質・能力」

　木原（2018）は、体育科の目標構造を次のように提案した。「資質・能力」としては、第1に、「体験目標」として、「体幹コントロール」（山内, 2017）や「体つくり運動」（2008年版要領）のような運動の体験がある。第2に、「到達目標」として、「技術」や「戦術」という運動ができるという「技能」、「動き方」や「ルールとマナーの知識」等がわかるという「認識目標」、「ルールやマナーの合意」等ができるという「社会的合意目標」の3つがある。第3に、「方向目標」として、情意的な能力である「教科内容の追究態度」と「学習集

第4章 体育科で育てる「資質・能力」とは何か

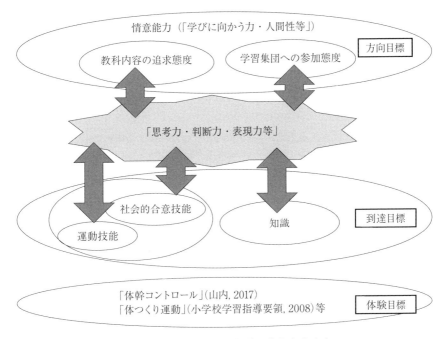

図 4-1 体育科の目標：「資質・能力」を中心に

団への参加態度」の2つがある。

　この体育科の目標構造を、「資質・能力」を中心に再度整理し図4-1に示した。図4-1ではすべての「資質・能力」の基盤として、すべての運動につながる体の動かし方という運動の体験が「体験目標」としてある。「知識」は、身体運動に関するさまざまな知識を理解する能力である。「運動技能」は運動ができるために必要な技能である。「社会的合意技能」は、ルールや練習方法が合意できるために必要な技能である。そして、「教科内容の追究態度」は、学習する内容に「関心」を持ち、より強い「意欲」を抱き、「価値」を置くという情意能力である。「学習集団への参加態度」は、学級の仲間としてお互いを尊重する情意能力である。

　「評価の3つの観点」として示された「知識・技能」「思考・判断・表現」「主体的に学習に取り組む態度」(中教審, 2016, p. 61) との関係では、この「知識」が「知識」に対応し、「運動技能」と「社会的合意技能」が、「技能」に対

表4-1 体育科の「思考力・判断力・表現力」

5・6学年	2017年版要領「思考力・判断力・表現力」
体つくり運動	自己の体の状態や体力に応じて、運動の行い方を工夫するとともに、自己や仲間の考えたことを他者に伝えること。
器械運動	自己の能力に適した課題の解決の仕方や技の組み合わせ方を工夫するとともに、自己や仲間の考えたことを他者に伝えること。
陸上運動	自己の能力に適した課題の解決の仕方、競争や記録への挑戦の仕方を工夫するとともに、自己や仲間の考えたことを他者に伝えること。
水泳	自己の能力に適した課題の解決の仕方や記録への挑戦の仕方を工夫するとともに、自己や仲間の考えたことを他者に伝えること。
ボール運動	ルールを工夫したり，自己やチームの特徴に応じた作戦を選んだりするとともに、自己や仲間の考えたことを他者に伝えること。
表現運動	自己やグループの課題の解決に向けて、表したい内容や踊りの特徴を捉えた練習や発表・交流の仕方を工夫するとともに、自己や仲間の考えたことを他者に伝えること。

(出典) 文部科学省，2018, pp. 150-152

応し、「教科内容の追究態度」が「主体的に学習に取り組む態度」に対応する。そして、「思考・判断・表現」は、上記の3つに「学習集団の参加態度」も含めた4つが組み合わさり活用されて発揮される能力と捉えられる。

「思考力・判断力・表現力等」は、2017年版要領では「運動や健康についての自己の課題を見付け，その解決に向けて思考し判断するとともに，他者に伝える力」とされている。運動領域で具体的にみてみると、表4-1にある5・6学年の「陸上運動」では、「自己の能力に適した課題の解決の仕方，競争や記録への挑戦の仕方を工夫するとともに，自己や仲間の考えたことを他者に伝えること。」とされている。この中味を考えてみると、後の授業事例でとりあげるハードル走であれば、「自己の能力に適した課題の解決の仕方」を「工夫する」とは、「ハードルをリズミカルに走り越える」ために学習した運動の仕方という知識とこれまで身につけた運動技能を活用することと考えられる。また、「競争や記録への挑戦の仕方を工夫する」とは、「競争や記録への挑戦の仕方」という競争のルールや練習方法の知識を活用し、そのルールや練習方法を学級やチームで合意する技能を活用することと考えられる。さらに、「自己や仲間

の考えたことを他者に伝える」とは、それらの知識や運動技能を示範や言葉で伝え合うことと考えられる。つまり、「思考力・判断力・表現力等」は、子どもが学んだ知識や運動技能、合意する技能を活用して、「ハードルをリズミカルに走り越える」という課題を仲間と相談して解決する能力と考えられる。

　第1章で松下は「思考力・判断力・表現力は、知識、スキル、態度・価値観を組み合わせて形づくられるコンピテンシーとして位置づけられる」と述べている。体育科でも上記のように「思考力・判断力・表現力等」を知識や運動技能、合意する技能を活用する能力と考えれば、「ハードルをリズミカルに走り越える」という課題を解決できない子どもがいたときに、どのような運動の仕方の知識がわかっていないのか、どのような運動技能が身についていないのか、どのような合意の技能が育っていないのかを教師が見とることができる。そして、その子どもの課題解決のために必要な知識や運動技能、合意する技能を指導することにより、子どもの課題解決を支援することができるのである。

　木原（2014, pp. 222-223）は広島大学附属小の大後戸一樹教諭（当時）が3年生に「マット運動」を教えた授業実践を素材にして「思考・判断」の能力を、他者の運動を外から観察してその運動経過のポイントを理解する「他者観察」の能力と、運動経過のポイントを意識しながら運動し、自分の身体がどのような運動経過を示しているかを内側から「自己観察」する能力と考えた。「思考力・判断力・表現力等」は、この「他者観察」し「自己観察」する能力に「他者に伝える力」を加えた能力と考えられる。この「思考力・判断力・表現力等」という能力は、「知識」「運動技能」「社会的合意技能」の能力を活用して課題を解決する過程で発揮される能力である。また、この課題解決過程で「教科内容の追究態度」と「学習集団への参加態度」を含む「学びに向かう力・人間性等」が並行して形成されるのである。

3. スポーツ活動の構造と体育科で育てる「資質・能力」

（1）運動ができることがその人の人生を左右することがある

　跳び箱での開脚支持跳び、低鉄棒での逆上がり、プールでの25ｍのクロールや平泳ぎ。小学生の頃からこれらの運動ができないことで悩む大学生は私の勤

務する初等教育教員養成コースには少なくない。しかし、彼ら彼女らは4年生の教員採用試験の実技試験で再度これらの運動に挑戦することになる。2017年7月に西日本のA県で小学校教員採用試験を受けて合格した青木（2018, p.7）は、以下のように、運動が苦手な自身のこれまでの恐怖や悲しみを記した。

> 下に手をつくだけで恐ろしさがこみ上げてくる側転。小学生から苦手で、避けてきた逆上がり。決してふざけているわけではないが、ドスンと跳び乗るしかできない跳び箱。今までやったこともない、おぼれているのかと心配になる平泳ぎ。笑われるのも当たり前なバスケットボールでの姿。

その彼女が、毎週3時間、3か月続けた練習で跳び箱の開脚とびができた感動とそのことが自分自身に与えた意味を次のように記した。

> ある日の授業で、多くの友達の目の前で跳び箱4段をものすごい前のめりで跳ぶことに初めて成功し、拍手がもらえた日のことは忘れられません。自己肯定感が一気に高まりました。そして、この感覚は、試験対策の私を全面的に支え続けてくれたので、怯むことなく教員採用試験すべてを終えることができました。

ここには、小学校以来一度もできなかった運動が生まれて初めてできたことにより、教員採用試験という自分の人生の試練に立ち向かう自信を得た彼女の姿が現れている。このような自信を生み出す運動の達成のために、どのような知識や技能、態度という「資質・能力」を育てるべきなのかを小学校における授業の事例を通して考えてみたい。

(2) スポーツ活動の構造と体育科で育てる「資質・能力」

体育の授業で育成されるさまざまな「資質・能力」を考えると、身体運動ができるようになる実技学習はもちろんのこと、うまくなるための練習の仕方や試合のルールを合意していく話し合い学習にも子どもの「資質・能力」を育成する機会がある。その理由は、そもそも身体運動自体がその2つの側面から成

第4章 体育科で育てる「資質・能力」とは何か

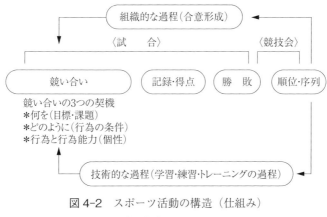

図4-2 スポーツ活動の構造（仕組み）

(出典) 森, 1998, p. 10

り立っているからである。森（1998）の図4-2によれば、スポーツ活動の過程は、運動技能の習得の過程である「技術的な過程」と練習や試合のルールや方法について合意する「組織的な過程」に区分される。「技術的な過程」では運動の仕方の知識や運動技能の習得が目指され、「組織的な過程」では、ルールとマナーおよび学び方の知識、ルールとマナーおよび練習や組織・運営の仕方の合意技能の習得が目指される。

(3)「技術的な過程」の運動を身につける学習で育てる「資質・能力」とは何か

運動を身につける過程で身につく技能は、運動技能が中心である。他方、ボール運動の戦術学習では、動きを意思決定するための認知技能が身につく。ただし、認知技能と運動技能はその身につく過程が異なっている。アンダーソン（1982, p. 239）は、認知技能と運動技能の過程の相違を次のように指摘している。

　認知技能と関連の深い運動技能はよく研究されてきた。しかし運動技能には、認知技能に適合しない多くの原因が含まれている。第1に、運動技能は筋肉組織を含むので、その成績は中枢（脳、精神）のみならず末梢の特性に依存する。したがってしばしば運動技能の学習において筋肉の鍛錬が重要である。

第 2 の重要な違いは、ほとんどの認知手続が象徴的かつ離散的であるのに対し、運動の遂行は連続的に進行しなければならない行動のモニタリングを含むことである。

つまり、国語や算数等のように、基本的には筋肉の鍛錬が不要で個々の手続を分節化することができる認知技能に対し、体育の授業で学習する運動技能の遂行は筋肉の鍛錬が必要であるとともに、運動の連続的な遂行の過程で正確な運動と実際の運動のずれをモニタリングしそのずれを自覚的に修正する学習が必要であるということである。いいかえれば、運動の仕方という運動の手続的知識がわかることと運動ができることの間に距離があり、子どもたちは、「運動の仕方がわかっても運動はできないじゃないか！」「どうすれば運動ができるようになるのだろうか？」と問題を把握し、運動ができるようになるための問題解決に取り組むことになる。この問題解決のために子どもたちは、前項で説明した「他者観察」や「自己観察」を行って運動経過を修正する。運動技能の学習で育てる「思考力、判断力、表現力」は、この運動を「他者観察」するとともに「自己観察」し、その結果を「他者に伝える力」なのである。

中西（2014a）は、体育専科として勤務する広島大学附属小学校（当時）の5年生のハードル走において、ハードルを走り越した後の最初の1歩目と2歩目をどう動くのかという手続的知識の理解と、ハードルを跳び越した後の最初の1歩の適切な運動技能の習得によるインターバルの疾走タイムの短縮に焦点を当てて指導した。まず、一人ひとりがどのようにハードル間のインターバルを疾走しているのかを理解するため、ハードル間のインターバルにおける3歩の歩幅を計測する学習を指導した。そこで得られたデータを教師が集計し、インターバルの平均疾走タイムが0.6秒と0.9秒の2つの群（それぞれ6名）の歩幅のみを示したグラフを提示し、どちらが速い群かを予想させた（図4-3）。

子どもたちは、歩幅が一定で変化がなく安定しているために左の方が速い群ではないかと予想した。しかし実際は歩幅がバラバラになっている右の群のほうが速い。ここでは、なぜ歩幅がバラバラになっているほうが速いのかについて子どもたちは理解できなかった。そこで、どうしてタイムの速い人たちがこのような歩幅になっているのかを着地の瞬間の写真（図4-4参照）を提示して

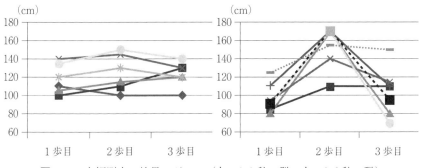

図4-3 歩幅測定の結果のグラフ（左：0.9秒の群、右：0.6秒の群）

（出典）中西，2014a, p. 32

図4-4 着地の瞬間の写真
（左：0.9秒の群、右：0.6秒の群）

（出典）中西，2014a, p. 32

考えさせた。子どもたちは、この写真を見て、踏み切り足の着地の位置が違うということにすぐ気づくことができた。0.6秒の子どものほうが、0.9秒の子どもより膝が前にきていることに気づいたのである。しかし、どちらが速いのかは写真ではわからない。そのため、この2人に実際に走ってもらい、どのような違いがあるのかを発見する学習を行った。子どもたちは、2人のインターバルの疾走の足音を聞き、0.9秒の子どもでは、「トントントントン」と一定のリズムで足音がするのに対し、0.6秒の子どもでは、「トトントントン」と最初の一歩のリズムが速いことに気づいた。

そして、平面の障害を置いた走路で、「トトントントン」というリズムで走

第Ⅰ部 「資質・能力」を考える

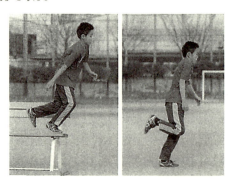

図4-5 台上からの疾走
(日本陸上競技連盟, 2010, p. 76)

ったり、台上から走り始めたりする練習を行った（図4-5参照）。その結果、子ども達は、着地がブレーキになる0.9秒の走り方と疾走の速度を維持することができる0.6秒の走り方の違いを理解し、実際に動くことができた。

　しかしながら、高さのない状態で走り方の違いを理解したからといって、すぐにハードルを走り越す動きができるわけではない。ハードルのない状態で理解した動きをハードルを置いてできるようになるために、子どもたちはハードルを置いた走路を走りながら、「自己観察」によって得られた自分の運動経過の感覚と、「他者観察」で伝えられたインターバルの足音についての情報とのずれをもとに、自分の動きを修正していった。自分ではできているつもりでも、他者から見るとまだ「トトン」になっていないという情報を得て、より早く1歩目を踏み出せるように動き方を修正し、自分の運動経過に関する「行動のモニタリング」（アンダーソン, 1982, p. 239）を行うことで、インターバルの疾走の運動技能を習得することができた。子どもたちは、着地の瞬間に踏み切り足の膝を前にもってくるという動き方の手続的知識と平面障害でできるようになったその運動技能を活用し、「自己観察」と「他者観察」を通して動きを修正し、その結果をグループの他者に伝えている。つまり「思考力、判断力、表現力」を発揮し、ハードルをより速く走るという課題を解決したのである。同時に、この課題の解決過程で子どもたちは、意欲的に練習する「学びに向かう力」や、仲間意識という「人間性等」を育んでいった。

（4）「組織的な過程」のルールや練習の方法を合意する学習で育てる「資質・能力」とは何か

①体育授業の試合や競争で何を競わせるのか

　他者と競争することが不可欠な陸上運動やボール運動はもちろん、器械運動や水泳、表現運動でも、子どもの実技がみんなの目にさらされその優劣を比較される。その結果、体育の授業では、子どもたちが運動の優劣を他者と比較し競争を意識することは避けられない。そして、身体運動の能力それ自体を競争すれば、いつも負ける運動の苦手な子どもたちは運動することから逃げてしまう。

　森（1998）の図4-2によれば、スポーツの競争の過程は次の4つの過程に区分される。(1)「競い合い」という競争そのもの、競争の成果を記録や距離として測定する(2)「記録・得点」、そしてある基準を設定し勝ち負けを決める(3)「勝敗」、勝負を決めた後の(4)「順位や序列」である。参加者が全力を出す(1)「競い合い」は、成果の優劣と関係なくすべて同じ価値を持つ。しかしながら、どのようなルールを合意して、(2)「記録・得点」を計る共通の尺度をつくり、(3)「勝敗」や(4)「順位や序列」を決めるのかという点に、どうせいつも負けるから競争したくないと考える子どもを育てるのか、やってみれば勝てるかもしれないと考える子どもを育てることになるのかという分かれ目がある。つまり、(3)「勝敗」や(4)「順位や序列」のルールを決めることが重要になる。森川（2002）によれば、心ある教師は試合のルールや運動する場を工夫し、いつも勝つ子どもと負ける子どもが決まってしまう競争ではなく、誰でも勝てるチャンスのある競争にしようと考えているという。そこで、教師が指導する運動の特性を深く把握し、授業で指導する内容と相関の高い要因を運動の競争の内容に設定すれば、子どもたちは授業で学習し成果をあげることで、運動場面の競争でそれまで勝てなかった相手に勝つことができ、競争の意味を考え直すことになる。つまり、図4-2の(3)「勝敗」や(4)「順位や序列」の（基準や）ルールを教師が工夫し、誰もが勝てるチャンスのある競争を経験すれば、(1)「競い合い」の意味を考え直す子どもたちが生まれるのである。

表 4-2 ハードル走得点表

得点	30m走との差
10	0.5秒
9	0.6秒
8	0.7秒
7	0.8秒
6	0.9秒
5	1.0秒
4	1.1秒
3	1.2秒
2	1.3秒
1	1.4秒

(出典) 中西, 2014b, p. 57

②スポーツの競争の意味を理解する学習で育てる「知識」

　先に挙げた中西（2014b）は、授業ではすべての子どもが勝つ可能性のある競争にするために、30mフラット走とハードル走とのタイム差を用いて（2）「記録・得点」を計る共通の尺度「ハードル走得点表」（表4-2参照）をつくり、授業や記録会ではその得点を比較するという③「勝敗」のルールを設定した。その結果、ハードル走の記録の遅い子どもでも記録会で高得点を取って競争に勝つことができる可能性が生まれた。以下の作文にあるように、競争の過程で自分たちの技能が向上して得点が高くなることにより、足が遅い子どもたちにも競争で勝つチャンスがあることに子どもたちは気づくのである。

　「あまり足は速くないけれど、ふつうに30メートル走ったときと、ハードルを加えて走ったときの差がポイントになるので、思ったよりもいい結果が出せた。」「足が遅くて、走るのが嫌いだったけど、ハードル走は足が遅くても得点が高いということがあるのでハードル走は面白いと思った。」（中西, 2014b, p. 59）

　本単元終了後の子どもの感想文には、「…練習の時は1人で走っていたので『ぬかされるぞ！』というあせりがなかったんだと思います。でも本番は、速さでは絶対勝ってやる！　という気持ちがあったので9点もとれたんだと思います。…」とあり、1人で走ることよりも、友達と競うことで自分の記録が伸びている実感が示されている。この子どもは、誰もが勝つ可能性のある競争では全力を出しきるので自分自身の技能が向上すると思考し、その競争を自分にとって意味があると判断しているのである。

③スポーツのルールを合意する学習で育てる「社会的合意技能」

　中西（2015）によれば、単元の最後に、学習の成果を発揮する場として、記録会を行った。5月の実践においては、1人で走るのではなく、2人で一緒に走り、得点が高いほうが勝ちという（3）「勝敗」のルールを教師が設定し、トーナメント形式で行った。また、1人最低2回対戦ができる形にして行った。ところが、記録会が終了し、ハードルの片づけを行っていたときに、体育倉庫である男の子がこうつぶやいた。

　「先生、これっていつ、誰と対戦するかが重要じゃない？」

　この子どもは、トーナメントという形式で（4）「順位や序列」（図4-2参照）を決めるというルールでは、最初に対戦した子どもの得点が高ければ上位の順位を取れないことに気づいたのである。中西（2015）は、この子どものつぶやきを聞いて、誰もが勝つ可能性のある競争とするために必要なルールを教師が設定するのではなく、子どもたちと合意する必要性を感じ、2月の単元を計画した。

　全9時間の単元計画は5月とほぼ同じであり、授業や記録会で1対1で対決し得点が高いほうが勝つという個人間の（3）「勝敗」（図4-2参照）のルールは教師が設定した。そして、単元最後の記録会の（3）「勝敗」のルールを決めた後、（4）「順位や序列」（図4-2参照）を決めるルールを自由に提案させ、実際に順位を出して合意する学習を行った。

　子どもたちは第1に、1人ひとりの対抗ではなく、8人の班と班のチーム対抗で順位を決めることで全員合意した。第2に、チーム戦といっても、実際に競走をするのは1対1であり、競走が8つ含まれている。ここで子どもたちは次の2つの案を考えた。1．全員の得点を足して総得点で競い合う。2．どちらのチームの勝ち数が多いかで勝敗を決める。前者は、班全体の記録について30mフラット走とハードル走のタイム差が少ないことを基準に判定するものであり、ハードル走の技能が身につくという学習内容の習得を判定基準にする考え方である。後者は、ある基準に基づき個人が他者より優れているという個人間の勝負の結果を順位の判定に用いるという考え方である。

　ここで子どもたちは、勝ち数が少ないのに総得点で上回る場合があることを問題にした。議論の結果、総得点より勝ち数を優先させるということで子ど

たちは合意した。また、勝ち数が同数になった場合はどうするのかということまで話し合いは進んだ。そこで細かな規定として、以下のように勝敗の決定方法を合意して競争を行うことができた。①勝ち数が同じ場合は、総得点を比較して多いほうが勝ち。②総得点も同じ場合は、全員のタイムを合計して比較する。

　以上の過程では、子どもたち全員が学習する内容を習得することが大切とする教育的な考え方と陸上競技や入試選抜の背景にある他者より優れることで勝つことが大切とする2つの考え方が拮抗し、子どもたちは対話の中でその2つの考え方の調整を行い、両者の落としどころを合意したと見ることができる。

　このルールの合意という課題の解決過程で、子どもたちは「勝敗」と「順位や序列」を決めるルールは複数ありえるという「知識」を活用し、異なるルールの背後にある競争の考え方を類推して判断した。そして異なる考え方をすり合わせる「社会的合意技能」を活用し、異なる考え方の間でそれぞれの考えを伝えあって交渉し共通のルールを合意した。これが、陸上運動の「競争や記録への挑戦の仕方を工夫する」という「思考力、判断力、表現力」を発揮した学習なのである。

4. 体育科で育てる「資質・能力」の全体像：むすびにかえて

　中西教諭の授業では、図4-6のように、子どもたちは「ハードルをリズミカルに走り越す運動の仕方と練習方法」という「知識」と、「ハードルをリズミカルに走り越す運動技能」を活用し、より速くハードルを走り越す課題を解決する学習をすすめた。また、「競争過程の知識」や「異なる考え方をすり合わせる」「社会的合意技能」を活用し、参加者全員で競争のルールを合意した。その過程で、「ハードルは面白い」「ハードルは絶対勝ってやる！という気持ち」という「教科内容の追究態度」、「運動を観察して教えあい、考え方の相違を調整して合意する仲間」という「学習集団への参加態度」の「態度」を育てていたのである。

　運動能力は異なっていても、どの子も運動の仕方や練習方法が分かって運動すれば基礎的技能はできるようになり運動への意欲や仲間意識が生まれる。運

第4章 体育科で育てる「資質・能力」とは何か

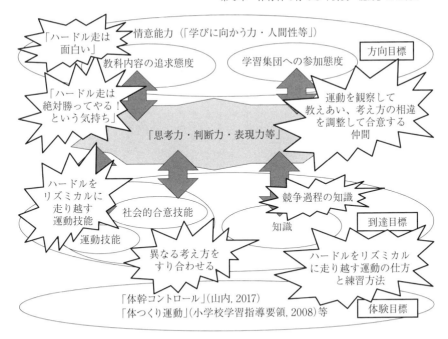

図4-6 体育科で育てる「資質・能力」：中西実践の場合

動能力は異なっていても、ルールを考えて合意すれば参加者全員が競争を楽しむことができ、競争への意欲や考えが異なる友だちを仲間と思える関係が生まれる。このような体育授業を経験した子どもたちは、競技団体が設定した正式な競技ルールを遵守し、指導者や選手同士の間に勝利至上主義による上下関係が存在する運動部活動やスポーツクラブとは異なり、参加者の交渉で競争するルールを合意し参加者の誰もがうまくなれる運動部活動やスポーツクラブを運営するための「資質・能力」の基礎を育てているといえるのである。

このような知識や技能、態度が、体育授業で育てる「資質・能力」であり、これらの育成こそ人間形成への貢献になるのである。

【まとめ】

■「評価の3つの観点」として示された「知識・技能」「思考・判断・表現」

「主体的に学習に取り組む態度」に関しては、運動の仕方等の知識が「知識」に、「運動技能」と「社会的合意技能」が「技能」に、「教科内容の追究態度」が「主体的に学習に取り組む態度」に対応する。そして、「思考・判断・表現」は、上記の３つに「学習集団の参加態度」も含めた４つが組み合わさり活用されて発揮される能力と捉えられる。

■ 体育科の「思考力・判断力・表現力」を「知識」「運動技能」「社会的合意技能」や「態度」が組み合わされて活用された能力と考えれば、「運動や健康についての自己の課題を見付け、その解決に向けて思考し判断するとともに、他者に伝える」という課題を解決できない子どもがいた時、教師はその子どもがつまずいている「知識」「技能」や「態度」を見とって必要な指導を行い、子どもの課題解決を支援することができる。

文献

アンダーソン, J. R.（1982）『認知心理学概論』（富田達彦［ほか］訳）誠信書房.
青木奈津子（2018）「教員採用試験のための実技補修（体育）」『広島大学教育学部後援会報』第 18 号, p. 7.
中央教育審議会（中教審）（2016）「幼稚園、小学校、中学校、高等学校及び特別支援学校の学習指導要領等の改善及び必要な方策等について（答申）」（2016 年 12 月 21 日）.
岩田靖（2017）「体育の『見方・考え方』―その内実を問う―」『体育科教育』『体育科教育』第 65 巻第 11 号, pp. 28-32.
木原成一郎（2014）『体育授業の目標と評価』広島大学出版会.
木原成一郎（2017）「『できる』と『わかる』を大切にしてきたこれまでの体育と保健の授業実践に学ぼう」水原克敏編著『新小学校　学習指導要領改訂のポイント』日本標準.
木原成一郎（2018）「学習指導要領の改訂における評価、評定の動向と同志会の実践」『楽しい体育・スポーツ』第 37 巻第 3 号, pp. 49-52.
三木ひろみ（2018）「体育科ではぐくむべき思考力・判断力・表現力等とは」『体育科教育』第 66 巻第 4 号, pp. 18-21.
森敏生（1998）「体育科教育における『競争を教える』授業の位置づけと展望」『楽しい体育・スポーツ』98 号, pp. 8-11.
森川敦子（2002）「教師の競争理解と他の教材づくりに関する一考察」『教育学研究紀要』第 48 巻第 2 号, pp. 246-251.
文部科学省（2018）『小学校学習指導要領（平成 29 年告示）』東洋館出版社.

中西紘士（2014a）「ハードル走のゴールイメージ」『体育科教育』第62巻第5号, pp. 29-33.
中西紘士（2014b）「『わかる』『できる』ための児童同士の相互観察を基にした授業作り」『学校教育』1159号, pp. 54-59.
中西紘士（2015）「広島大学附属小学校　第96回研究発表協議会　体育科研究協議会配布資料」（2015年2月7日　広島大学附属小学校）.
日本陸上競技連盟（2010）『楽しいキッズの陸上競技』大修館書店.
高橋健夫（1997）「運動の楽しさと運動技術の指導について」『体育科教育』第45巻第2号, pp. 21-24.
山内基宏（2017）『ネコちゃん体操の体幹コントロールでみんながうまくなる器械運動』創文企画.

第5章

コンピテンシーの育成と人格の形成
──道徳のコンピテンシーから導かれる〈道徳性〉の再定義──

荒木　寿友

　道徳教育は2013年2月の「教育再生実行会議」の第一次提言「いじめ問題等への対応について」を受け、2015年3月に「一部改正」という形で学習指導要領」が告示された。そして、2018年度には小学校において「特別の教科 道徳」（道徳科）が完全実施を迎えた（中学校は2019年度より完全実施）。
　一方、学習指導要領「本体」は2017年3月に告示され、コンピテンシー（資質・能力）の観点から改訂が行われたのは周知のとおりである。つまり、道徳の学習指導要領が一部改正された時期は、まさに次期学習指導要領改訂に向けての論議がなされている真只中にあったということであり（たとえば、「教育課程企画特別部会論点整理」（以下「論点整理」と略記）は2015年8月にまとめられている）、学習指導要領本体の改訂を待たずして道徳教育の学習指導要領改訂が先行実施されたことを意味する。そこにはある種の「ズレ」が生じているのではないかというのが本章で論じていく主要な論点であり、このズレの内実を明らかにした上で、コンピテンシーの育成における道徳教育の位置づけを再考することが本章の目的である。すなわち、道徳教育および道徳科においてどのような資質・能力を育んでいくことが求められるのかということを明らかにしていきたい。
　この論証にあたり、まず道徳教育における資質・能力が、学習指導要領においてどのように整理されているのか明らかにする。次いで、資質・能力の3つの柱における「学びに向かう力、人間性等」に着目し、道徳教育との関係性を示す。そして最終的に、資質・能力の観点から道徳性の再定義を試みる。

1. 学習指導要領における道徳教育の位置づけ

　学校の教育活動全体で行う道徳教育と、道徳科の授業において最終的に目標としていることは、道徳性の育成である。道徳教育の目標は「特別の教科である道徳（以下「道徳科」という。）を要として<u>学校の教育活動全体を通じて行う</u>ものであり、（中略）、自己の生き方を考え、主体的な判断の下に行動し、自立した人間として他者と共によりよく生きるための基盤となる<u>道徳性を養うこと</u>を目標とする」（学習指導要領第一章総則）と規定されている。また道徳科の目標は、「よりよく生きるための基盤となる<u>道徳性を養うため</u>、道徳的諸価値についての理解を基に、自己を見つめ、物事を（広い視野から）多面的・多角的に考え、自己（人間として）の生き方についての考えを深める学習を通して、<u>道徳的な判断力、心情、実践意欲と態度を育てる</u>（内は中学校）」（学習指導要領第三章）と規定されている（下線部は筆者）。

　この際の道徳性とは、「人間としてよりよく生きようとする人格的特性であり、道徳性を構成する諸様相である道徳的判断力、道徳的心情、道徳的実践意欲及び態度を養うことを求めている」（小学校学習指導要領解説）と定義される。道徳科の目標において「道徳性を養うために……道徳性を養う」という同語反復が生じている点は気になるが、いずれにせよ、道徳性を養うために、道徳科を要としながら、学校教育活動全体を通じて教育活動が展開されることをまずは確認しておこう。つまり、日本の教育課程編成においては、道徳教育が重要な位置に据えられていることを意味する。学校の教育活動全体を通じて行われるということは、道徳性を培っていく場面は学校教育のあらゆる場面に存在することを表しており、カリキュラム構成上は道徳教育が学校教育の礎となる。

　では、新学習指導要領の資質・能力の3つの柱（「知識・技能」、「思考力・判断力・表現力等」、「学びに向かう力・人間性等」）において、「道徳性」はどのように位置づけられているのであろうか。人間の資質・能力を構成する諸要素の中に「道徳性」が明確に位置づけられることによって、資質・能力を育んでいこうとする学校教育カリキュラムが、より意味のある構造として現れてくるであろう。つまり、3つの柱の基底的な資質・能力として「道徳性」が提示され

ることによって、道徳教育が学校教育活動全体に強く位置づけられるはずだ。

では、実際はどのように関係づけられているのであろうか。資質・能力については第1章に詳細に論じられているので、ここでは道徳教育に限定して、その関係性を概観していく。

2. 道徳教育において資質・能力はどう捉えられたのか

(1) 道徳教育と資質・能力の関係

たとえば、「道徳教育に係る評価等の在り方に関する専門家会議」(以下専門家会議)では、資質・能力に関して次のような報告がなされている。

> 将来の変化を予測することが困難な時代には、よりよい社会と幸福な人生を自ら創り出していくことが重要となる。そのためには、自らの人生や社会における答えが定まっていない問いを受け止め、多様な他者と議論を重ねて探究し、「納得解」(自分が納得でき周囲の納得も得られる解) を得るための資質・能力が求められる。そのような資質・能力の土台であり目標でもあるのが「どのように社会・世界と関わり、よりよい人生を送るか」であり、道徳性の育成はこのような観点からますます重要となっている。(専門家会議, 2016, p. 4)

「納得解」を得るための資質・能力という捉え方は、かつて「論点整理」においてもなされていたが、納得解を得ることと道徳性の育成がどのような関係にあるのか明示されているわけではない。また、「どのように社会・世界と関わり、よりよい人生を送るか」は、明らかに資質・能力の3つの柱の1つであり、中核となる資質・能力ではない (図5-1)。

また専門家会議は道徳科の学習活動に着目し、資質・能力との関連について、資質・能力の3つの柱に分節することはできないとしながらも、以下のような整理を行っている (同報告, p. 4)。

すなわち、1つ目の柱「何を理解しているか、何ができるか」については、道徳科の目標における「道徳的諸価値についての理解」、2つ目の柱「理解し

第5章　コンピテンシーの育成と人格の形成

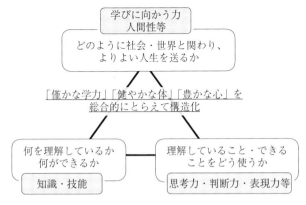

図 5-1　育成を目指す資質・能力の3つの柱
(出典) 文部科学省 (2017b)

ていること・できることをどう使うか」については、「物事を（広い視野から）多面的・多角的に考え、自己（人間として）の生き方についての考えを深める」、3つ目の柱「どのように社会・世界と関わり、よりよい人生を送るか」については、「よりよく生きるための基盤」、「自己を見つめ」、「自己（人間として）の生き方についての考えを深める」がそれぞれ対応する箇所として取り上げられている。

また同報告では、道徳科の評価との関連の中で資質・能力を次のように捉えている。

1　道徳性の育成は、資質・能力の3つの柱の土台であり目標でもある「どのように社会・世界と関わり、よりよい人生を送るか」に深く関わること
2　したがって、道徳科で育むべき資質・能力は4ページのような構造［引用者注：前出の図5-1資質・能力の3つの柱］で捉えられるが、資質・能力の3つの柱や道徳的判断力、心情、実践意欲と態度のそれぞれについて分節し、観点別評価（学習状況を分析的に捉える）を通じて見取ろうとすることは、児童生徒の人格そのものに働きかけ、道徳性を養うことを目的とする道徳科の評価としては、妥当ではないこと（専門家会議, 2016, p. 9）

つまり、道徳性は3つ目の柱に深く関わる一方で、人間の人格そのもの、人

81

間の内面的資質を表すために、教育評価の観点から資質・能力の3つの柱に分けて道徳性の評価を行うのは妥当ではないという理由から、明確に分けることを避けたのである。

このような経緯から、資質・能力は道徳科の学習活動と結びつけて整理されたのであるが、本来むしろ学習活動と結び付けられるべきは、「どのように学ぶか」を意味する「主体的・対話的で深い学び」という学習過程の改善の視点、あるいは「考え、議論する道徳」という学習活動であり、資質・能力はむしろ道徳性の諸様相と結びつけて検討されなければならないはずである。さらに付言すると、以前道徳の目標にあった「道徳的価値の自覚及び自己の生き方についての考えを深め」るという表現が、「学習活動を具体化して」(解説, p. 4)現行の目標の表現に変更されたことを鑑みると、道徳科の目標を分節化し、それぞれの学習活動と資質・能力との関連を捉えるという発想ではなく、道徳性そのものと提示された3つの資質・能力の連関を明らかにする必要がある。

実際のところ、一部改正された学習指導要領において道徳性の規定が従来から変わっているわけではない。道徳教育が学校教育活動全体で行われるとしながらも、道徳教育で養われる道徳性がすべての教育活動に通底する汎用的な資質・能力を意味するように再定義されたわけでもない。実はここに大きな問題があり、学習指導要領本体の考え方とズレが生じてしまっているのである。

(2) 道徳性と資質・能力

たとえば、「考える道徳への転換に向けたワーキンググループ」(以下考える道徳WG)において、越智委員の「学習指導要領の文言を修正することを含めて資質・能力を捉えていくのか」という質問に対して、小野教育課程課課長補佐は次のように答えている。「今の改訂が行われた目標を前提に、ほかの教科とは順番が逆になりますけれども、道徳教育、道徳科の中で育成する資質・能力を明らかにしていきたいということで、もう一度これを踏まえて一から作り直したいということを意図しているというものではございません」(考える道徳WG (第2回) 議事録, p. 17)。

つまり、道徳教育の資質・能力に関しては、2015年3月に告示されている一部改正学習指導要領の文言は変えずに、2016年12月中央教育審議会によっ

て示された枠組みに合致するように改めて整理し直すことが求められたのが実情である。「他の教科と順番が逆」という苦境の中で、意味づけをしなければならない状況であったのだ。道徳の学習指導要領が改訂された時期は、国立教育政策研究所（2013）によって「21世紀型能力」（「思考力」を中核とし、「基礎力」、「実践力」の三層によって表現された能力）が提示され、今後の学習指導要領の方向性を示した時期であり、道徳の学習指導要領が資質・能力の3つの柱からなる新学習指導要領の理念に基づいて作成されたわけではない。

結果的に「考える道徳WG」は以下のように取りまとめを行った。

　道徳教育と資質・能力の三つの柱との関係については、道徳教育・道徳科の学習の過程に着目して、道徳性を養う学習を支える重要な要素である「道徳的諸価値の理解と自分自身に固有の選択基準・判断基準の形成」、「人間としての在り方生き方についての考え」及び道徳教育・道徳科で育成することを目指す資質・能力である「人間としてよりよく生きる基盤となる道徳性」の三つが、各教科等で育成することを目指す資質・能力の三つの柱にそれぞれ対応するものとして整理することができる。（「考える道徳への転換に向けたワーキンググループにおける審議の取りまとめ」2016年8月）

ここにおいても、学習活動との関わりの中で資質・能力が捉えられ、資質・能力の1つとして道徳性が挙げられている。

3. 資質・能力の3つの柱における人間性の位置づけ

今回の学習指導要領改訂に大きな影響を与えたコンピテンシーの捉え方に、ファデル（Fadel, C.）らの提示したCCR（Center for Curriculum Redesign）の枠組みがある。ここではコンピテンシーを「知識」（knowledge）、「スキル」（skills）、「人間性」（character）、「メタ学習」（meta-learning）という4つの次元から捉えており、メタ学習が他の3つの次元に深く関わるものとして扱われている（図5-2）。メタ学習はメタ認知（自分の状況を捉え、この先どのような目標の下いかに行動していくのか省察すること）と成長的思考態度（努力をすれば能力

は伸びていくという知能観)によって構成されており、メタ学習によって知識やスキル、人間性を「それを学んだ文脈以外の領域で使うことができるようになる点」(ファデル他, 2016, p. 134)で非常に重要視されている。

奈須(2017)は「省察を基礎としたメタ学習を、3つの柱では『学びに向かう力・人間性等』に属するもの」(奈須, p. 79)と捉えており、また岸(2016)も「『人間性とメタ学習』は『主体性・多様性・協同性、学びに向かう力、人間性など』にそれぞれ対応している」(p. 165)と述べていることからも、学習指導要領の資質・能力との密接な関連を図ろうとしたことが見受けられる。

しかしながら、4つの次元の図からもわかるように、人間性とメタ学習はそもそも別のカテゴリーに位置づけられるものであり、一括りにまとめられるものではない。学校教育法の「学力の三要素」との兼ね合いの中で統合的に捉えられたのは想像に難くないが、学校教育活動全体における道徳教育を考えた場合、ここに大きな問題点が潜んでいる。

CCRの枠組みでは、人間性を育んでいく教育を人間性教育(character education:人格教育、品性教育)と呼んでいる。「キャラクターエデュケーション」はとくにアメリカにおいて用いられ、一般的には道徳教育、とりわけ価値項目を子どもたちに教え込んでいくことを意味する。つまり、CCRにおける人間性とは道徳に深く関わる部分であるといえよう。CCRは6つの人間性特徴(character qualities)を提示し、「この世界でどのようにふるまい、世界とどのように関わるかに関することであり、知っていることをうまく使う力である『スキル』とは異なる」(p. 117)と説明する。マインドフルネスや好奇心といった6つの人間性特徴は、それぞれさらに多くの用語で説明されており、これらの特徴は「学習可能なもの」として育んでいくことができるものとされている。

教育の世界では古くから指摘されているように、何らかの知識の獲得とその活用を目指す教育を展開するだけでは不十分で、それらをよりよく用いていくために道徳的価値に関する教育、つまり、道徳教育(人間性教育)が必要とされる(たとえばペスタロッチやヘルバルトの教育思想など)。道徳教育は教育における基底的要素を持っており、学校教育の根本をなすものとして位置づけられる必要がある。学習指導要領において「学校の教育活動全体を通じてよりよく

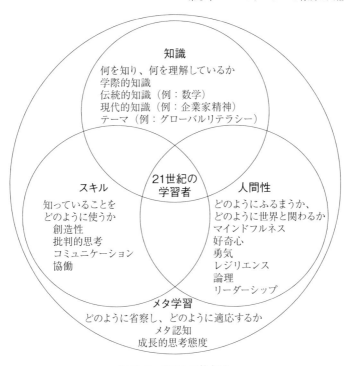

図 5-2　CCR の枠組み

（ファデル他, 2016, p. 62）

生きるための基盤となる道徳性を養っていく」のであれば、人間性を 1 つの独立した資質・能力として捉えるのではなく、全体を包含するような資質・能力として捉えていく必要があるのではないだろうか[1]。

さて、「学びに向かう力・人間性等」[2]について、小学校学習指導要領解説では「他の二つの柱をどのような方向性で働かせていくかを決定付ける重要な要素である。児童の情意や態度等に関わるものである」(p. 39) と説明がなされている。学びに向かう力には高度な認知能力を意味する「メタ認知」が含まれている（中教審答申, p. 30）としながらも、情意や態度に関わるものとしてここに位置づけているのは、やはり論理的整合性がないだろう。そもそもは「メタ学習」と「人間性」は別カテゴリーのものであり、さらにいえば、「知識、スキル、人間性を育成する教育の営みの中で、そのすべてをコントロールする

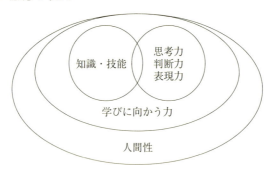

図 5-3　育成を目指す 4 つの資質・能力の枠組み

役割がある」(岸, p. 161) メタ学習としての「学びに向かう力」は、「知識・技能」と「思考力・判断力・表現力」の育成に通底する力として把握したほうが収まりがよい。

以上から、資質・能力をそれぞれの相関関係がわかる「要素」として捉え直した。これまでの議論をまとめると、図 5-3 のように表される。

4. 道徳のコンピテンシーとは何か

(1) 人間性と道徳性

前節において、全体を包含する資質・能力として「人間性」を位置づけた新たなモデルを提示した。CCR の枠組みにおける「人間性」は私たち人間が現に有しており、かつ育んでいくべき人間的特徴を前提としている点で、学習指導要領における「よりよく生きようとする人格的特性」としての「道徳性」に該当するであろう。3 節においても示したように、「考える道徳 WG」は、道徳教育・道徳科で育てることを目指す資質・能力として、従来の「道徳性」(道徳的判断力、道徳的心情、道徳的実践意欲と態度)を提示している。

しかしながら、人間性(道徳性)そのものは学校教育全体を通じて育成していくべき資質・能力であると同時に、単独の一領域として設置された道徳科においても、その領域固有性に即して道徳性を育んでいく必要がある。この点において、OECD Education 2030 や CCR が提示するコンピテンシーのモデルとは大きく前提が異なってくる。というのも、日本以外の国の多くでは、道徳教

育が単独の時間を与えられて実践されるのではなく、学校教育全体の中でさまざまな教科の中の一部分として存在する場合が多い（ウィルソン, 2002）。これに対して、日本の場合は学校教育全体で行うと同時に、一定の時間枠の中で道徳に特化した教育活動が展開されている。つまり、図5-3に表される人間の諸能力や資質を表すコンピテンシーの枠組みにおける人間性（道徳性）、すなわち「どのように世界や社会と関わっていくか、ふるまっていくか」を意味する大文字のMC（Moral Competency）と、道徳科という1つの教科において領域固有性を持った育成すべき人間性（道徳性）を意味する小文字のmc（moral competency）とを分けて考えていく必要がある。特に道徳科において小文字のmcが育まれることによって、それが人間の資質・能力全体をより豊かなものにし、ホリスティック（全体的）な観点から人間の存在そのものを捉えることが可能になると考えられるからだ。

CCRにおいては人間性特徴としてのキーワードを列挙するに留まっており、それをいかにして育んでいくかという点は十分ではない。そこで以降において、道徳的な資質・能力、すなわちmcとしての道徳性について改めて考察を加えていく。以下においては小文字のmcを〈道徳性〉と表記する。

(2) 学習指導要領における道徳性

ドイツの道徳教育学者リンド（Lind, G.）は「道徳的コンピテンスとは、暴力や騙したりすることなく熟慮や討論を通じて内的な道徳諸原理の基盤に基づき、問題や葛藤を解決する能力（ability）」（Lind, 2016）とまとめ、Moral Competence Test（MCT）の開発を行っている（Lind, 2015）。リンドのこの捉え方は、包括的に道徳のコンピテンシーを把握するというよりも、むしろ認知の側面に焦点をあてた捉え方である。いわばCCRの枠組みにおける「スキル」に焦点をあてた道徳コンピテンシーであり、情意的な側面は道徳的志向性（moral orientation）として把握されている。

一方、現行の学習指導要領では、道徳性はよりよく生きようとする人間の人格的特性であり、道徳的判断力、道徳的心情、道徳的実践意欲と態度という諸様相から成立するとされている。もう少し詳しく見ていこう。

道徳的判断力とは、「道徳的価値が大切なことなどを理解し、さまざまな状

況下において人間としてどのように対処することが望まれるか判断する力」（解説, p. 20）である。この捉え方は、先のリンドと同様にいかに考えた上で裁決していくかという思考に焦点をあてたものであるといえよう。現に今回の改定に際して、「21世紀型能力」の3層モデルにおいて「思考力」が中核とされたことを受け、従前の「道徳的心情→道徳的判断力」という並びが、「道徳的判断力→道徳的心情」と変更されたのは、道徳性における思考を重視した表れであるといえる。ただし、3つの柱のうちの1つである「思考力、判断力、表現力」やCCRなどが提示する「スキル」等の思考力と、道徳的判断力は必ずしも一致するものではない。道徳的判断力はかなり限定された能力を示すものであり、人間の思考全体をカバーできるものではない。判断する力だけではなく、熟慮すること、批判的に探究していくこと、対話や議論していくこと、新たな価値を見出していくことなども含めた「道徳的思考スキル」として〈道徳性〉の中に位置づけていく必要がある。

では道徳的心情と道徳的実践意欲と態度は、どのように解釈できるであろうか。道徳的心情とは「道徳的価値の大切さを感じ取り、善を行うことを喜び、悪を憎む感情」であり「人間としてのよりよい生き方や善を志向する感情」（解説, p. 20）であるとされる。また道徳的実践意欲と態度は「道徳的心情や道徳的判断力によって価値があるとされた行動をとろうとする傾向性を意味する。道徳的実践意欲は、道徳的判断力や道徳的心情を基盤とし道徳的価値を実現しようとする意志の働きであり、道徳的態度は、それらに裏付けられた具体的な道徳的行為への身構えと言うことができる」（解説, p. 20）。この記述からわかるように、道徳的心情は道徳的行為に直結する、あるいはよりよい生き方を導き出すトリガー（引き金）になるものとして捉えられており、道徳的心情という「心」が基盤となって意志（道徳的実践意欲）や、道徳的態度を媒介として道徳的行為に結びつくとされている。かつて松下（2002）はこのような認識と情意、行為の捉え方を「ロケットモデル」として厳しく批判したが、本稿では別の角度から、すなわち、道徳的心情は〈道徳性〉に必要不可欠な要素であるかという点から考察を加えたい。

(3) 道徳的心情をどう捉えるか

　最近の進化心理学や脳神経科学の研究からは、人間が情動の生き物であることが明らかになってきている。ハイト（Haidt, J.）によれば、人間は直観的に道徳的判断をすることが明らかにされ、直観[3]すなわち感情を正当化するような形で判断の理由づけを後づけ的に行うことが示された（ハイト, 2011, 2014）。人間は古来より直観的な感情によって瞬時に生き残るべき手段を選択し、生存することができた。命にかかわる危険が常に周囲にある状況では、「熟慮する」ことは生命を失うことに直結するからだ。この思考の様式が現代人の脳にも残っており、道徳的判断もその影響を大きく受けるとする。ハイトだけではなく、たとえばカーネマン（Kahneman, D.）も、早い思考（システム1：直観や感情）と遅い思考（システム2：論理的、熟慮）の存在、すなわちシステム1は努力せずに自動で動く頭の働き、システム2はシステム1が処理できないときに働き始めるという2種類の思考を示した。彼は次のように述べる。「たいていの人は、結論が正しいと感じると、それを導くに至ったと思われる論理も正しいと思い込む。たとえ実際には成り立たない論理であっても、である。つまりシステム1が絡んでいるときは、はじめに結論ありきで論理はそれに従うことになる」（カーネマン, 2014, p. 86）。となると、私たちに必要とされるのは、その直観そのものを改めて問い直す姿勢であろう。

　長谷川（2018）はハイトの研究から道徳的感情には「自己意識」（恥、罪悪感、誇りなど）、「他者批判」（逸脱者に対する軽蔑、怒り、嫌悪など）、「他者苦痛」（悲惨な状況下にいる人に対する慈悲、同情など）、「他者賞賛」（よい行いに対する感謝、畏敬、高揚など）の4つの種類があることを提示した。しかし、特に「他者苦痛」という道徳的感情が必ずしも「道徳的」であるわけではないのは容易に想像できよう。たとえば、かわいそうな他者への共感や同情が、必ずしも望ましい行為を生み出すわけではない（同情によって不正を許す場合など）。

　ブルーム（Bloom, P.）は、この議論をさらに進めている。彼は情動に支配された共感（情動的共感）は、私たちを善い方向に導くどころか、逆に社会状況を悪化させることがあり、広い視野から物事を捉えることを妨げると主張する。というのも、情動的な共感は身近で特定の具体的個別的な対象にスポットライトをあてる、つまり「焦点が絞られ、自分が大切に思っている人々は明るく照

らし出し、見知らぬ人々や、自分とは違う人々や、脅威を感じる人々はほとんど照らし出さないスポットライト」（ブルーム, 2018）という特徴を持つがゆえに、より多面的・多角的な視野から、あるいは長期的な見通しを持って善悪を判断することを妨げるのである。

　このような研究から導かれることは、道徳的心情が直観的な情動的共感という「心」を表すものであれば、およそ育成していくべき資質・能力としては不適切であり、道徳的判断力を含む「道徳的思考スキル」をむしろ歪めてしまう原動力として作用することがわかる。むしろ、私たちはそのような直観としての情動に意識して立ち向かう必要があり、共感を伴う情動を無条件に「善きもの」として道徳性に組み込んでいくことは避けなければならない。私たちに必要となる道徳的コンピテンシーとしての心情は、ブルームも指摘する「認知的共感」（他者が感じていることを必ずしも自分は経験することなく理解する能力）であり（これについてはコールバーグ（Kohlberg, L.）などが「役割取得能力」と呼んだもの[4]と類似する）、認知的な能力なのである。

　一方、道徳的感情における自己意識（罪悪感など）や他者賞賛（感謝など）、他者批判（嫌悪など）は状況によって両義的な意味を有する場合が多い。ある他者に対する嫌悪感がいじめや暴力、虐待という反社会的行為に発展することもあれば、嫌悪感によって社会規範やルールが維持される場合もある。あるいは罪悪感を抱きすぎて自死することも考えられよう。つまり、「善を行うことを喜び、悪を憎む感情」としての道徳的心情は、必ずしも道徳的行為を導き出すわけではないことにも留意しなければならない。むしろ必要となってくるのは、「正しさや善さを志向する態度」であるとともに、「何が善であり悪なのか」について立ち止まって考えることであり、直観的に湧き上がった感情をいったんサスペンド（保留）する態度である。

5. 資質・能力の観点から見た道徳性の再定義

　さて、ここまでは道徳的思考スキルや態度という点から〈道徳性〉を捉えてきたが、道徳という領域固有のコンピテンシーという点から考えれば、「道徳的知識」（あるいは道徳的諸価値）についての理解という視点が欠けていること

が明らかである。よりよく生きるという道徳的に物事を考える際には、そのよさの根拠となる道徳的知識について理解しておく必要がある[5]。道徳的知識なき思考は偏見や差別を生み出す可能性が多大にしてあり、道徳的知識の深い理解が〈道徳性〉を構成する重要な要素として考えられるだろう（ただし道徳的知識あるいは道徳的諸価値が具体的に何を表すのかについてはさらに議論が必要である）。人類の歴史の中で生み出されてきた叡智としての道徳的知識（たとえば権利や生命の尊重について）を知ることによって、人間は直観に依存した存在から脱して道徳的な存在に近づいていくのである。

またメタ的に正しさや善さについて捉えていくことも〈道徳性〉には求められてくるだろう。私たちの思考の前提となっているものは何なのか、どういう枠組みで思考しているのか、そういった暗黙の了解に気づかない限り、よりよい道徳を求めることや、創造的な生き方はやってこない。仮に道徳的知識が伝統的な規範倫理学から導かれるのであれば、それをメタ倫理学的に再考していくのが、〈道徳性〉におけるメタ認知の役割なのである。

道徳哲学者のグリーン（Greene, J.）は『モラル・トライブズ』の中で興味深い指摘をしている。「生物学的にいって、人間は協力するように設計された。ただし、ある人々とだけ。わたしたちの道徳脳は、集団内で、おそらく個人的な人間関係の文脈の中でだけ協力するように進化した。わたしたちの道徳脳は、集団間で（少なくともすべての集団が）協力するようには進化しなかった」（上巻, p. 30）。これは先の情動的共感の話とも結びつく。対象にスポットライトをあてることは、集団内での身近な他者と協力関係を築き上げることであり、よく知らない他者に対しては目を背けることを意味する。人類の歴史を顧みても、集団間の争いに勝つために、集団内での結束を高めていく必要があり、道徳はそのために大きな役割を果たしてきたのである。しかしながら、すでにこの集団内道徳の限界は、世界の現状を見れば顕著である。自分たちとは異なる集団との関係をどう築いていくのか、その可能性を見出していくには、メタ的に道徳を捉えていくしか方法はないかもしれない。

このように考えると、〈道徳性〉という mc には、「道徳的知識の理解」「道徳的思考スキル」「道徳的感情と態度」「メタ認知」という4つの諸要素によって構成されることが明らかになった。以上の議論は、表5-1のように表される。

第Ⅰ部 「資質・能力」を考える

表5-1 資質・能力の枠組みと道徳のコンピテンシー

	要素1	要素2	要素3	要素4
カリキュラムデザインのための概念（CCR）	知識（何を知っているか）	スキル（知っていることをどう使うか）	人間性（社会の中でどのように関わっていくか）	メタ学習（メタ認知・成長的思考態度）どのように省察し学ぶか
道徳性（学習指導要領、2017）		道徳的判断力	道徳的心情、道徳的実践意欲と態度	
考える道徳WG審議取りまとめ（2016）	道徳的諸価値の理解と自分自身に固有の選択基準・判断基準の形成	人間としての在り方生き方についての考え	人間としてよりよく生きる基盤となる道徳性	
資質・能力の新たな枠組み	知識・理解	思考力・判断力・表現力	学びに向かう力	人間性（道徳性）
〈道徳性〉道徳のコンピテンシー	道徳的知識と理解	道徳的思考スキル（熟慮、認知的共感、対話能力、批判的思考力、問題解決能力など）	道徳的感情と態度（正しさや善さを志向する態度など）	メタ認知（メタ倫理学的視点）

松下佳代（2017）を参照に筆者作成

第 5 章　コンピテンシーの育成と人格の形成

おわりに

　本章では、資質・能力の新たなモデルとして人間性を基底的原理とした枠組みを提示した。そしてその人間性を新たな〈道徳性〉（道徳のコンピテンシー）として再定義を行った。このように捉え直すことによって、人間が有する資質・能力と道徳教育を学校の教育活動で展開する関連性が明らかになったばかりでなく、道徳教育の目標である〈道徳性〉の育成に道徳科の授業がどのように寄与するのか、その前提が示された。しかしながら、本章では人間性に着目して資質・能力の全体像を描くことに力点をおいたため、各論については詳細に論じることができていない。とりわけ、自らの思考に基づいてよき行為を行うという道徳的行為については本章では触れていない。思考することと行為することの連関については稿をあらためて論じる必要がある。

　さて、議論の大前提として、学校教育が「社会にとっての有能な人材育成のための機関」としてコンピテンシーを育成するものであってはならないことはあらためて強調しなければならない。学校は人材育成のための機関ではない。本田（2005）が指摘するような「ハイパー・メリトクラシー」（超能力主義）として人間のあらゆる資質や能力を評価の対象として見るべきではなく、人間の発達可能性を保証するものとしてコンピテンシーを見ていく必要がある。

　この点から考えるならば、本章で提起した枠組みには人間の発達的な視点（あるいはそれぞれの要素が深まっていく視点）が欠けている。本章における道徳のコンピテンシーに対する発達論を組み入れた新たな解釈については、引き続き考察していく必要がある。

　また、本章で提起した新たな資質・能力に基づいた教育方法や教材については今後考えていく必要がある。荒木（2018）が指摘するように、従来の道徳教材は「価値伝達型」、すなわちコンテンツ・ベースで描かれており、資質・能力を育成していくというコンピテンシー・ベースの視点では構成されていないものが多い。道徳教育が価値の伝達のみに収斂されない形での〈道徳性〉の育成に寄与していくためには、新たな教材開発が必要になってくる。これについても今後の課題としたい。

【まとめ】

- 新学習指導要領における資質・能力の捉え方と道徳性の捉え方にはズレが生じている。すなわち、資質・能力は道徳科の学習活動と結びつけて整理されたが、本来学習活動と結びつけられるべきは、「どのように学ぶか」を意味する「主体的・対話的で深い学び」という学習過程の改善の視点であり、資質・能力はむしろ道徳性の諸様相と結びつけて検討されなければならない。
- 「学びに向かう力・人間性等」と資質・能力の3つの柱では1つにまとめられているが、ファデルらによれば、この両者はそもそも異なるカテゴリーに属している。道徳性（人間性）の特質を明らかにした上で、道徳性を基底的な要素として資質・能力に位置づける必要がある。
- 道徳のコンピテンシー（道徳性）には、道徳的知識や道徳的思考、道徳的感情、メタ認知を組み入れた新たな再定義が必要である。とりわけ人間は直観的な存在であるからこそ、感情に流されないために熟慮するという道徳的知識に根ざした道徳的思考が求められ、さらに俯瞰的に事象を捉えるためにメタ的な視点が求められる。

注
1) 安彦忠彦は人格と学力を分けた上で、人格は学校のみで育てられるべき能力ではないとしている（安彦, 2014）。また国立教育政策研究所が提示した「21世紀型能力」モデルには人格の観点が欠けており、人格的な要素の資質を含むすべてを「学力としての能力」に含めている点を問題視している。
2) 「学びに向かう力・人間性等」は小学校学習指導要領解説で次のように説明されている。「児童一人一人がよりよい社会や幸福な人生を切り拓ひらいていくためには、主体的に学習に取り組む態度も含めた学びに向かう力や、自己の感情や行動を統制する力、よりよい生活や人間関係を自主的に形成する態度等が必要となる。これらは、自分の思考や行動を客観的に把握し認識する、いわゆる『メタ認知』に関わる力を含むものである。こうした力は、社会や生活の中で児童が様々な困難に直面する可能性を低くしたり、直面した困難への対処方法を見いだしたりできるようにすることにつながる重要な力である。また、多様性を尊重する態度や互いのよさを生かして協働する力、持続可能な社会づくりに向けた態度、リーダーシップやチームワーク、感性、

優しさや思いやりなどの人間性等に関するものも幅広く含まれる。」（解説, p. 39）
3) 本章では翻訳書に従い「直観」を用いているが、本来なら「直感」と「直観」を分けて論じる必要がある。
4) たとえば L. コールバーグ著、岩佐信道訳（1987）『道徳性の発達と道徳教育—コールバーグ理論の展開と実践—』麗澤大学出版会、を参照。
5) 道徳原理の理解については松下良平（2002）に詳しい。

文献

安彦忠彦（2014）『「コンピテンシー・ベース」を超える授業づくり—人格形成を見すえた能力育成をめざして—』図書文化.
荒木寿友（2018）「これからの道徳教材の方向性—資質・能力を育成するための道徳教材開発—」『道徳と教育』366 号, pp. 119-130.
ブルーム, P.（2018）『反共感論—社会はいかに判断を誤るか—』（高橋洋訳）白揚社.
中央教育審議会初等中等教育分科会教育課程部会「考える道徳への転換に向けたワーキンググループ（第 2 回）議事録」2016 年 6 月 9 日.
中央教育審議会初等中等教育分科会教育課程部会「考える道徳への転換に向けたワーキンググループ審議取りまとめ」2016 年 8 月 26 日.
中央教育審議会『幼稚園、小学校、中学校、高等学校及び特別支援学校の学習指導要領等の改善及び必要な方策等について（答申）』2016 年 12 月 21 日.
道徳教育に係る評価等の在り方に関する専門家会議「『特別の教科 道徳』の指導方法・評価等について（報告）」2016 年 7 月 22 日.
ファデル, C.・ビアリック, M.・トリリング, B.（2016）『21 世紀の学習者と教育の 4 つの次元—知識、スキル、人間性、そしてメタ学習—』（岸学監訳, 関口貴裕・細川太輔編訳, 東京学芸大学次世代教育研究推進機構訳）北大路書房.
グリーン, J.（2015）『モラル・トライブズ—共存の道徳哲学へ—』（上・下）（竹田円訳）岩波書店.
ハイト, J.（2011）『しあわせ仮説』（藤澤隆史・藤澤玲子訳）新曜社.
ハイト, J.（2014）『社会はなぜ左と右にわかれるのか—対立を超えるための道徳心理学—』（高橋洋訳）紀伊國屋書店.
長谷川真里（2018）『子どもは善悪をどのように理解するのか—道徳性発達の研究—』ちとせプレス.
本田由紀（2005）『多元化する「能力」と日本社会—ハイパー・メリトクラシー化のなかで—』NTT 出版.
カーネマン, D.（2014）『ファスト＆スロー—あなたの意思はどのように決まるか—』（上・下）（村井章子訳）早川書房.

岸学 (2016)「解説―本書が示す教育のあり方と新たな教育の動向―」(ファデル, C. ほか (2016) に所収).
国立教育政策研究所 (2013)『教育課程の編成に関する基礎的研究報告書 5　社会の変化に対応する資質や能力を育成する教育課程編成の基本原理』.
国立教育政策研究所編 (2016)『資質・能力　理論編』東洋館出版社.
Lind, G. (2015), Moral Competence Test. (https://www.uni-konstanz.de/ag-moral/kurse/2016_Symposium/02_MCT%20Measuring%20Moral%20Competence_e.pdf) (2018 年 7 月 29 日閲覧)
Lind, G. (2016), *How to teach morality: promoting deliberation and discussion, reducing violence and deceit*, Logos Verlag Berlin.
松下良平 (2002)『知ることの力―心情主義の道徳教育を超えて―』勁草書房.
松下佳代 (2017)「深い学びにおける知識とスキル―教科固有性と汎用性に焦点をあてて―」『教育目標・評価学会紀要』第 27 号, pp. 1-10.
文部科学省 (2017a)『小学校学習指導要領解説』2017 年 6 月.
文部科学省 (2017b)「新しい学習指導要領の考え方―中央教育審議会における議論から改訂そして実施へ―」平成 29 年度小・中学校新教育課程説明会 (中央説明会) における文科省説明資料
奈須正裕 (2017)『「資質・能力」と学びのメカニズム』東洋館出版社.
ウィルソン, J. 監修 (2002)『世界の道徳教育』(押谷由夫・伴恒信編訳) 玉川大学出版部.

[謝辞]
本研究は JSPS 科研費 JP17K04891 の助成を受けたものである。

第6章

総合的な学習で育てる「資質・能力」と文脈を超えてゆく学び
―― いまこそ問われる総合の学びのゆくえ ――

吉永　紀子

1. 総合学習を取り巻く現実

　小学校の総合的な学習の時間（以下、総合学習と略記）が新設されて以降、常に課題とされてきたことの一つに各校が総合学習の目標を明確化し、育成すべき「資質・能力」を具体化・重点化することが挙げられる。子どもが地域社会や日常生活に潜在する探究課題に取り組んで学ぶという科目の性格上、学習指導要領の目標規定を参照しながらも子ども・学校・地域の特性や実態等を考慮し、各校が主体となって自校の学校教育目標との関係において独自に総合学習の目標を設定することが求められている。

　ところが、多くの現場では各学年で取り上げる題材や活動が例年通りといった形ですでに決定されている一方で、その探究を通していかなる資質・能力を育てるかの議論が校内で深まらず、目標が不鮮明なまま活動だけが先行し、総合学習での学びが実生活などの異なる文脈でどう発揮されるのかを教師自身もイメージしづらいといった実態がある。とはいえ、明確な教科内容を持たない総合学習の特性ゆえに、各校での資質・能力の明確化や具体化・重点化ばかりを急ぐあまり、学び深めにつながらない活動主義に陥ることや教科横断的な汎用的スキルの直接的な指導による授業の形式化（石井, 2017, p. 117）を招くような事態は避けなければならない。となれば、探究のサイクルでどのような学びが展開されていくことが、その固有の文脈で育った資質・能力を、異なる文脈

第Ⅰ部　「資質・能力」を考える

においても発揮することを可能にしていくのかをまずは問う必要がある。これが本章が取り組もうとする課題である。

以下では、まず学習指導要領の規定に触れ、各校が総合学習において育成すべき資質・能力を決定していくにあたって留意すべき点を検討する。さらに、子どもが深く学んでいる探究のサイクルで起きていることを読み解く枠組みを考え、それに基づいて福島県の小学校で実践された総合学習の事例を分析することを通して、本章が取り組む課題に迫りたい。

2. 学習指導要領にみる総合学習の探究過程で育成すべき資質・能力

(1) 総合学習における内容・方法

総合学習において「何を学ぶか」はいわばコンテント・フリーで、各校が創意工夫を生かし、現代社会が抱える深刻な課題を地域から掘り起こして独自に題材や活動内容を決めていく。ただし、すでに各学年で題材や活動が前年踏襲として先に決まっている場合も多く、探究課題として何を取り上げることが必要なのか、あるいはふさわしいのかを問うこと自体が実際には等閑視されがちである。

こうした実態に対し、2017年改訂でとくに強調されたのは、総合学習が「教科等を超えた全ての学習の基盤となる資質・能力」を育む場として、これまで以上に「他教科等で育成される資質・能力との関連」ならびに「日常生活や社会との関わり」を重視して「目標を実現するにふさわしい探究課題」（文部科学省, 2017, pp. 23-28）を設定することである。つまり「何を学ぶか」を決定するには、探究課題との関わりを通して具体的に「何ができるようになるか」を明らかにすることを避けては通れないということである。

一方、「どのように学ぶか」については、図6-1のように探究的に学んでいる子どもの姿として「①課題の設定」「②情報の収集」「③整理・分析」「④まとめ・表現」という4つの学習活動が螺旋的に連なり、発展的に繰り返されていく「探究のプロセス」を経由するものとされた。

2017年改訂趣旨では、なかでも「③整理・分析」「④まとめ・表現」に対する取り組みが十分行われていないことを課題とし、探究のプロセスを通じた子

第6章　総合的な学習で育てる「資質・能力」と文脈を超えてゆく学び

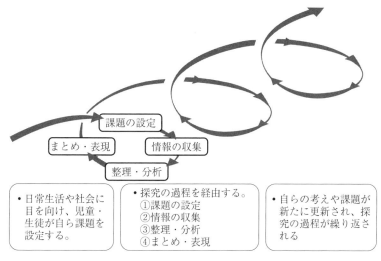

図 6-1　探究的な学習における児童の学習の姿

（出典）文部科学省, 2017, p. 9

ども一人ひとりの資質・能力の向上をよりいっそう意識した改善を求めた。文科省はこうした実態に対応すべく、情報の処理方法として 10 の「考えるための技法」（順序づける、比較する、分類する、関連づける、多面的に見る・多角的に見る、理由づける、見通す、具体化する、抽象化する、構造化する）をさまざまな場面で積極的に活用するよう推奨している。これについて田村（2018）はすべての子どもに「考える」ことを実現することはもちろん、「深い学び」の具現化には、ウェビングマップやピラミッドチャートなどのいわゆる「思考ツール」が不可欠と語る。思考ツールを使うと情報が可視化され、思考が方向づけられることから対話的で協働的に学ぶことも可能になるという（田村・黒上, 2017, p. 2）。比較・分類や関連づけといった思考の枠組みが探究の過程で磨かれるに伴って教科を超えて汎用的に活用できるようになることが目指されている。

(2) 総合学習で育成が目指される「資質・能力」

では、総合学習で「何ができるようになるか」についてはどうだろうか。2017 年改訂で表 6-1 のように「3 つの柱」に即して再整理された。ここではと

第Ⅰ部 「資質・能力」を考える

表 6-1 総合的な学習の時間において育成すべき資質・能力

(1) 知識及び技能	(2) 思考力、判断力、表現力等	(3) 学びに向かう力、人間性等
探究的な学習の過程において、課題の解決に必要な知識及び技能を身に付け、課題に関わる概念を形成し、探究的な学習のよさを理解するようにする。	実社会や実生活の中から問いを見いだし、自分で課題を立て、情報を集め、整理・分析して、まとめ・表現することができるようにする。	探究的な学習に主体的・協働的に取り組むとともに、互いのよさを生かしながら、積極的に社会に参画しようとする態度を養う。

(出典) 文部科学省, 2017, p. 8 より作成

くに「知識・技能」と「思考力、判断力、表現力等」に着目してみよう。

　総合学習で育成すべき資質・能力としていかなる知識を身につけることが必要かは従来、具体的に示されてはこなかった。しかし、今回の改訂では総合学習だからこそ獲得できる知識とは何かに着目し、獲得された知識を実社会や実生活におけるさまざまな課題解決に活用することを通してそれらが統合され、より一般化されることにより、汎用的に活用できる概念となって他の文脈にも生きて働くようにすることと明示された（文部科学省, 2017, pp. 13-14）。

　一方、「思考力・判断力・表現力等」は「知識及び技能」と別に存在するのでも、それ抜きに育成できるものでもなく、いかなる課題や状況に直面しても「知識及び技能」が自在に駆使できるように学習のプロセスを充実させる指導上の工夫に言及している。その1つとして「知識・技能の構造化」を主張する田村（2018）は、「『知識・技能』が構造化されたり、身体化されたりして高度化し、適正な態度や汎用的な能力となって、いつでもどこでも使いこなせるように動いている」、つまり「知識が駆動している」状態（田村, 2018, p. 37）を学習過程において継続的に生起させることを提案している。

　こうしてみると、特定の教科等の枠組みでは解決困難な課題に取り組むという総合学習の科目の性格上、他教科等で育った資質・能力が適用的に転移し、統合され、繰り返し活用されてより一般化した、汎用性の高い概念が形成されるとする見方が強調され、その実現に大きな期待がかかっていることがわかる。だが、冒頭で触れたように汎用的能力の育成が声高に強調されればされるほど、個々の実践における学びの文脈の固有性や豊かさが失われかねないことに警戒

すべきである。では、各校に問われている総合学習で育成すべき資質・能力の明確化、具体化・重点化に際して、私たちはどのようなことに留意する必要があるのだろうか。2つの点から整理してみたい。

(3) 学びの文脈の固有性と豊かさが失われた先に待ち受ける落とし穴

　留意点の一つ目として、各校は総合学習において育成すべき資質・能力を、探究課題との関わりに重きを置いて明らかにするということである。課題の解決に必要となる知識を獲得し、対象に関わるどのような概念を形成していくことが、探究過程における「深い学び」となるのかを具体的に構想する必要がある。「学習内容への認知的・情動的により深い（deeper）内的関与とそれがもたらすより深い理解」を通して、「学習主体の側の枠組みや問いの再構成による、世界の見え方や対象世界への関わり方の変革」（石井, 2017, p. 118）を追求していく条件を、総合学習で取り上げる題材や活動がすでに決められている場合であればなおさら具体的に検討しておきたい。

　知識が身体化され、概念が形成されていく背景には、「子どもを行動的」にするだけの「事実の探索」、つまり「実際の事実と向き合い、事実から思いめぐらし、事実で確かめること」に集中するプロセスが欠かせない。そうして子どもの内に事実をめぐる思いがたまり込むにつれて「観察者から当事者へ」と抜け出ていき、探究を「自分のもの」にしていくのである（牛山, 2001, p. 107）。総合学習では、学習主体としての子どもの背景や学びの履歴をふまえ、地域・学校の特色や子どもの興味・関心に基づいた探究課題を選択することが学びの質を大きく左右する。ほかならぬ"この"題材と出会い、直面した事実に試行錯誤していく"この"活動であればこそ経験されるものを想定して、育成すべき資質・能力を明確化していくことが重要である。

　一方、教科等横断的な汎用的スキルの育成が求められている状況においては、ともすると、各校で育成すべき資質・能力の曖昧さゆえに、いわゆる「思考ツール」に代表されるわかりやすい道具や方法を用い、たとえば自他の考えや情報間の違いを可視化して交流したことによって多様な見方・考え方ができるようになったと錯覚しがちであることに留意すべきである。これが二点目である。

　「③整理・分析」や「④まとめ・表現」に課題があるとの指摘を受け、「思考

ツール」を使った「考えるための技法」の育成が強調されている。しかし、そのようにそもそも探究プロセスの「断片」の問題に還元してしまっては本来の問題の所在を見失いかねない。子ども自身が探究せずにはいられなくなる題材や出来事との出会いを経験し得ているかどうか、その出会いを通して立ち上げた問いを解明すべく、調査や観察・実験、聴き取りなど多様な方法を駆使して得られた圧倒的事実や先達の知に対し、子ども自身が意味や価値を見出し得ているのか。そうした探究のプロセスそれ自体を問い直す中で浮かび上がる問題を整理することが、各校に任された目標設定への一歩になる。

　総合学習において生命線ともいうべき探究のプロセスを通していかなる資質・能力が育つのか——これは容易に解明できない難解な問いである。しかし、個別具体の固有の文脈において展開されるどのような学びが「ここではないどこか」においても学び続ける素地を耕していくのかを追求していく責任が私たちにはある。「文化的な実践そのものの知的洗練を通して学びの文脈の固有性や豊かさを追求しつつもその文脈に閉じない汎用性のある学び」(石井, 2017, p. 115) とはどのような実践によって可能になるのだろうか。こうした学びの実現に挑んだ教師の総合学習の記録を分析し、本章の問いを検討していこう。

3. 学び続ける素地をはぐくむ総合学習
　　　——科学する共同体における科学的探究への参加を通して——

(1) 教師の問題意識と実践の経緯

　子どもの「学び続ける素地」をはぐくむためには、対象世界を理解していく枠組みや考え方を固定化・絶対化せずに、「これからも探究していく価値がありそうだ」と感じることができる、子どもの対象世界への関わり方——いわば学習観や科学観——を変革していく必要がある。そのためには、科学的に探究する共同体による文化的実践への参加を通して単元や授業を構想することが欠かせない。実践者・白井孝拓の問題意識の出発点はここにあった。石井 (2017) は「文化的実践への参加を単位にして単元や授業を構想することは、何を学ぶかだけではなく、どのようなプロセスを通してどのような教室文化や共同体の下で学ぶのかという、授業や学びの過程や文脈の質への問いをより顕

第6章　総合的な学習で育てる「資質・能力」と文脈を超えてゆく学び

在化させる」と語る（石井, 2017, p. 117）。この実践は、授業や学びの過程のみならず、子どもが探究する文脈の質に対する白井さんの強いこだわりを背景に構想されている。

　福島県天栄村立湯本小学校の5・6年複式学級による総合学習「湯本の食べ物博士になろうⅡ」は、種から稲を育て、米づくりに取り組む6人の学びの履歴である。本実践が目指したのは「学び続ける素地となりうる学習観・探究観・科学観」を育むことであった。子どもが構築してきた学びに関わる信念や観は、往々にしてその子どもの学習行動を強く規定し、しかも長期間にわたる学習経験の積み重ねによって形成・強化されていることから、編み直しを図ることは容易なことではない。したがって、そのためには、子どもが実際に参加して意味を感じられる文化的な実践としての米づくりを通して科学的に探究するプロセスと、そして同じように科学的に探究する地域の米づくり農家と出会うことが必要不可欠であると白井さんは判断した。

　文化的実践の参加に意義を見出したのも、子どもにとっては自分とは無関係で直接関わることができないものとして科学に触れるのではなく、科学する共同体による米づくり実践に子どもも探究者の一人として参加する中で、実は自分の近くにいる地域（あるいは家族）の農家の人たちがよい作物をつくるために、自然に働きかけ、働き返されながら作物や自然と対話し、探究を続けていることに気づかせたかったからである。さらに自分たちもまた、一元的な教科書の知識を習得して終わりではなく、複雑な自然を知るには科学的な手法を学び、その手法を用いて自然に働きかけ、探究を続けることに価値を見出してほしいという白井さんの強い願いがあった。こうして始まった総合学習では、種からの米づくりを大きく左右する稲の「発芽・成長の条件」の探究に関して、理科での比較対照実験と有機的に関連づけて学びが展開されることとなった。

　4月中旬、図6-2のような流れで総合学習はスタートした。本実践の中でもとくに注目すべきは以下の3つの位相である。

> イ）湯本小で毎年恒例となっている総合学習での米づくりについて、自分たちが探究する課題と目標を再考する相《図6-2の「流れⅠ」》

第Ⅰ部 「資質・能力」を考える

ロ）種から稲の芽出しをすることと、理科学習における植物の発芽をめぐる条件制御実験とを連動させ、稲の発芽条件を科学的に探究する場面において、子どもの素朴な疑問を、科学的探究を可能にする問いに変換・再設定する相《図6-2の「流れⅡ」》

ハ）ある子どもの祖父が行う無肥料無農薬農法に対する問いを足場にして探究を続ける中で、それまでの絶対的権威としての祖父に対する見方が揺らぎ、自分たちが選択した無肥料無農薬農法のよさを再認識していく相《図6-2の「流れⅣ」》

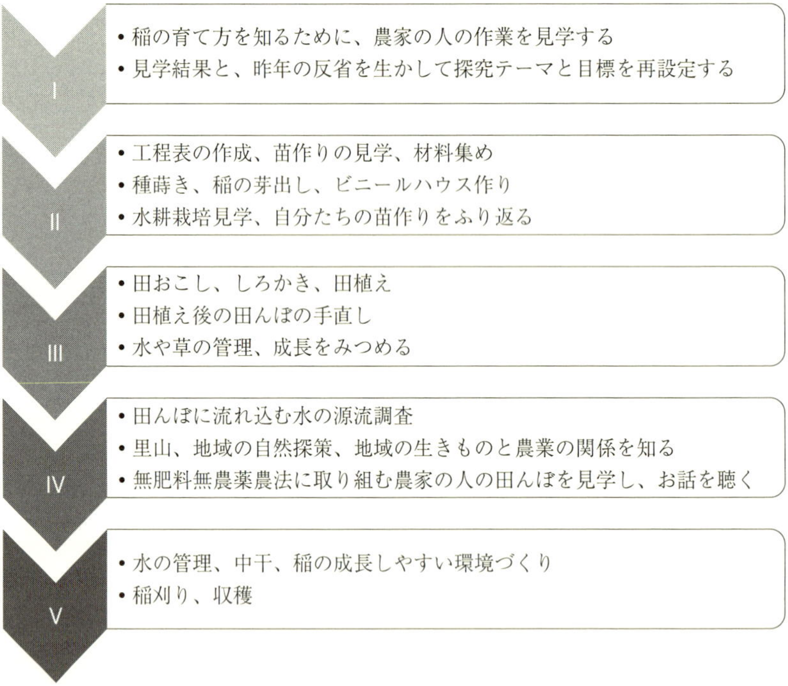

Ⅰ
- 稲の育て方を知るために、農家の人の作業を見学する
- 見学結果と、昨年の反省を生かして探究テーマと目標を再設定する

Ⅱ
- 工程表の作成、苗作りの見学、材料集め
- 種蒔き、稲の芽出し、ビニールハウス作り
- 水耕栽培見学、自分たちの苗作りをふり返る

Ⅲ
- 田おこし、しろかき、田植え
- 田植え後の田んぼの手直し
- 水や草の管理、成長をみつめる

Ⅳ
- 田んぼに流れ込む水の源流調査
- 里山、地域の自然探策、地域の生きものと農業の関係を知る
- 無肥料無農薬農法に取り組む農家の人の田んぼを見学し、お話を聴く

Ⅴ
- 水の管理、中干、稲の成長しやすい環境づくり
- 稲刈り、収穫

図6-2　白井実践の総合学習の流れ

以下ではまずこれら3つの位相に焦点をあてるにあたり、米づくりの探究とそこで育まれる資質・能力を考える分析枠組みとなる「学習サイクル」を整理したい。

(2) 探究的な学びのプロセスを描き直す視点

　松下（2015）はディープ・アクティブラーニングを生み出す学習のプロセスとして、エンゲストローム（Engeström., 1994）の探究的学習論に依拠した6つのステップからなる学習サイクル（learning cycle）を提起している。

> 動機づけ－方向づけ－内化－外化－批評－コントロール

　松下による説明をもとに6つのステップを概観しよう。学習サイクルの起点は、学習者が出会う問題と既有知識や経験との間で生じるコンフリクト、すなわち矛盾や葛藤による動機づけである。それまでの自分の経験や知識では説明がつかない、対応困難な問題場面に遭遇、直面し、その葛藤の解消や問題の解決を目指して学習活動が立ち上がり、問題や葛藤が学習者の探究を方向づけていくことになる。解決に必要となる知識を習得（内化）し、新たな知識の助けを借りながら問題に対応し、解決を試みていく（外化）。しかし、問題の解決に知識を適用させようとする中で、知識の限界に気づかされ、文脈や対象の状況に応じて知識を再構築する必要が生じ（批評）、さらに試行錯誤する。こうした一連のプロセスをふり返り、意味づけ、必要に応じて修正を加えながら、次なる学習プロセスへと向かっていく（コントロール）ことになる。

　このプロセスは一方向に段階的に進んでいくというよりも、たとえば内化と外化の間を行きつ戻りつしながら、むしろそうした往還の中で、獲得した知識が問題を解決する際の道具として使われ、知識の理解が深化していくものとして捉える必要がある。さらに重要なことは、この6つのステップは子どもが深く学んでいるときの実態に即して、子どもの認識を検討する学習論として提起されたものであり、授業の形式を6つのステップで固定化するような"型"と見なすことは避けなければならないという点である。

　どのような社会的な相互作用がいかなる認識の変化をもたらすのか、探究的な学びが進展するメカニズムを浮き彫りにする枠組みとして、この学習サイクルを用いた分析を試みるにあたり、注目すべき点は3つある。この3点を念頭に置いて子どもたちの探究のプロセスを読み解いてみたい。

(a) 探究の始まり：体験に基づいて〈動機づけ－方向づけ〉がなされ、子どもの実感を伴って探究が始まっているか否か
(b) 探究のプロセスにおける概念変化：〈内化－外化〉の往還により獲得された知識の理解が深まる中で、概念のどのような質的変化が起きているか
(c) "永遠の未完"を感じ、持続する探究：対象への関わりや世界の見え方がどう変わり、何がそれを可能にしたのかを、〈批評－コントロール〉においてどれだけ自覚的にふり返り意味づける経験がなされ、特定の文脈での探究が異なる文脈でも新たな問いを発生させるか

4. 探究のプロセスにみる子どもの変容

(1)「わかったつもり」への気づきに方向づけられる探究の始まり

　湯本小では毎年5・6年が校内の敷地にある田んぼで米づくりを行ってきた。探究する題材が学年で決まっていることは多くの学校によくある。彼らもまた「今年も米をつくる」ことを知っているし、6人中5人は家族が稲作に従事している。6年生は前年に育てた米が食味コンクールで金賞を受賞する出来栄えで、およその作業内容や工程もわかっている。すなわち、6人にとって米づくりはいわば既知の活動だった。ただし、前年は苗を譲り受けたが、今年は自分たちで種を芽出しするところから始めたいと子どもたちが決めたことから、今年の米づくりの目標は「みんなに認めてもらえるような、おいしくて安全な米を5kg以上つくる」と設定された。

　目標に掲げられた「みんなに認めてもらう」「おいしい」「安全」にはそれぞれに意味が込められていた。白井さんはその意味を子どもたちに問いかけていく。「みんなに認められる」ことと「金賞をとる」こととは同義なのか。「みんな」とは誰なのか。問いあう中で、「承認され喜ばれる」ことと「受賞する」ことへの各自の捉え方の違いも顕在化する。また、涼花（以下、名前は仮名）は安全でおいしい米は祖父が行う無肥料無農薬農法によるものだと絶対的な信頼を寄せている。本当に「無農薬」が「安全」で「おいしい」のか。一つひとつ考えるうちに、体験ずみで既知だと思われていた米づくりには未だ気づいていない世界が広がっているかもしれないという関心が掘り起こされていく。

しかも米づくりの最初の活動となる種の芽出しでは、水と湯を混ぜて種を入れはしたものの、何があれば芽が出るのかがわからない子どもたちにとっては未知と苦悩の連続であった。標高535mに位置する湯本小の春は遅い。農家では稲の発芽も始まっているが、自分たちの芽出しは思うように進まない。わかっていたはずの米づくりはスタートからいくつもの壁に直面していく。米づくりの目標に自分たちを近づけてくれるものが何なのか。子どもたちにとって真の探究がこうして立ち上がっていった。

　「わかったつもりとなることをきっかけとして世界に対する豊かな解釈能力を獲得する可能性」（田島, 2011, p. 350）は拓かれる。そこで重要となるのが、経験的に学習した文脈とは異なる文脈で、概念の意味の解釈や理解が可能となる「概念変化」が生じたか否かである。田島（2011）はこれを「再文脈化としての概念変化（conceptual change as recontextualization）」と呼ぶ。「再文脈化」とは「学んだことばの意味を別のことばによって定義をしたり、他のことばとの体系的な関係を論理的に説明（これを〈内言の自覚性〉と呼ぶ）」できるようになり、「このような自覚を通して、自らの内言をことばによって自由に支配し制御（これを〈随意性〉と呼ぶ）」（田島, 2011, p. 345）できるようになることを指す。日常経験など教室文脈外において獲得してきた米づくりの知見と、学校文脈で学んだ発芽や成長をめぐる科学的概念の意味との関係を随意に調整・関連づけていく再文脈化としての概念変化はどのようなプロセスによって経験されたのだろうか。

(2) 問いの再構成による世界の見え方の変化

　理科の時間、子どもたちは稲の発芽条件を予想して実際に調べる方法を考え出した。空気、水、（ちょうどいい）温度などの予想を立てて最初の実験は始まった。ところが、「水を使っていないと実験できないと思った」6人ともが実験対象に水やりをしていたのである。これでは肝心の発芽条件はわからない。考えてみれば、子どもにとっての実践は「米づくり」であり、水やりは毎日必須の作業であって、発芽させるために実験がセットされているのだから、ある意味、仕方のないことである。肝心の「水を与えずに実験する人がいればよかった」と自分たちの実験方法のまずさに気づき、この実験では「わかったこと

が何もない」とふり返った子どもたちは、第2回の実験で4種の植物を使い、条件制御がなされた比較対照実験を行うこととなった。

　ここでの子どもたちの探究を突き動かしていた問いは「どうすれば（どんな方法を使えば）発芽するか」という「方法を問う問い」である。米づくり農家を見学した際のメモ帳にもこの問いに対する解として、農家が行う作業内容が項目化されて綴られていた。一方、理科学習で発芽条件を実験する際の課題設定は「種から芽が出るにはどのような条件が必要か（何がわかれば発芽させられるか）」という「条件を問う問い」である。白井さんは「方法を問う問い」を「条件を問う問い」へと意図して変換することを重視し、子どもたちにそのプロセスを歩ませていった。この問いの変換にどのような意味があり、そもそも変換させる必要があったのかについて当の子どもたちが気づいたのは、総合学習の初回に米づくり農家を訪れた際のビデオ記録をのちに見返したときのことだった。ここにきてようやく農家が芽出しのためにしていた数々の作業がなぜ行われていたのか、その一つひとつにどんな意味があったかを見出したのである。そのときの子どもの作文は次のように綴られていた。

今日は発芽するためには水と温度が必要だということがわかりました。条件がわかったから、そのことを使って芽出しや苗つくりをすればもっとうまくいくんじゃないかと思いました。でも、農家の人はそのことだけじゃなくて、その人その人に考えながら違うことにも気をつけて発芽させていることがわかりました。（龍）	理科でやったことで発芽の条件がわかりました。農家の人もそのことを知っていて、それを使って米作りをしていて、うまくやっているんだと思いました。理科でやったことはウソじゃないけど、農家の人はもっともっといろいろなことをしながら発芽させているんだと思い、ビックリしました。（美里）

　農家の人たちには、植物の発芽条件を知識として理解しているという基盤があるからこそ、田んぼの条件やその年の気候、稲の発育具合を見て、その人なりの探究を行うことができる。子どもたちは理科学習で発芽条件に関する知識

を習得し、それを総合学習での米づくりの文脈に適用させることを通して、稲の発芽問題の解決に取り組んだ。農家も自分たち同様、まさに〈内化－外化〉を行きつ戻りつしながら状況の変化に応じて知識を再構築する必要性を見出し（〈批評〉）、さらに試行錯誤を重ねていく。ここに子どもたちが科学的に探究する共同体の一員として文化的実践に参加する道すじが拓かれてきたのである。

発芽条件の学習後、成長条件の探究も行われたが、そのときには、ここでの問いの立て方を想起して子どもたちは「方法を問う問い」ではなく「条件を問う問い」を立て、知識を獲得することはもちろん、それだけでなく成長条件の一つとして教科書に記載されている「日光」や「肥料」をめぐり、植物が成長するとはどういうことかという概念の形成へと探究は展開していった。

(3) 探究のプロセスにおける概念の質的変化を可能にするもの

固有の文脈で学ばれた知識がどのような質的変化を経ることによって他の異なる文脈でも発揮されるようになるのか。この問いを考えるにあたり、理科授業における概念転換のパターンと構造の解明を試みた福田・遠西（2016）の研究に目を向けてみよう。それによると、概念転換が生まれるには、①「既有の理論に対するコミットメントの弱化と、それに続く理論切り替えによる新しい理論の受容」と、②「新しい理論へのコミットメントの強化」という2段階構造があるのだという。①には生徒同士、生徒と教師による社会的相互作用が有効であり、②については実験が新理論に対するコミットメントの強さを変えるという知見を示した（福田・遠西, 2016, p.50）。ここでいうコミットメントとは「生徒自身が保持する理論に対する自信や信頼の程度」と捉えられている。

つまり、新たな実験事実が示されたとしても、実験によって何が明らかになったかを確認したり、なぜそうなったかを考え合ったりする他者との対話がなければ、既有の理論への自信や信頼の程度が弱まって新たな理論を受け入れようとするには至らないこと、そして、予想と一致した実験結果や事象と遭遇することで新たな理論に対する自信や信頼の程度が強まるということである。

白井実践でも、条件制御の実験と実験結果をめぐる対話によって子どもたちのコミットメントが強まり、実験結果や見学先で見聞きしたことを照らし合わせて類推・考察を重ねていく社会的相互作用を通して、植物の発芽・成長に関

する概念は深化していったと見ることができる。それは「昔からの教え」をめぐる次のエピソードが象徴的に表している。

　成長条件として水と日光が必要であることを知り、科学的な探究を続ける中で自分なりの問いを持ち始めた子どもたちが、授業外でも水の温度と稲の成長の関係を問い、観察を続けていた。水温について子どもたちは「夕方水を入れて、朝止めるというのが昔からの教え」と、農家の方に聴いていた。学校の田んぼには冷たい沢水が入ってくる。取水口付近とそこから離れたところで稲の成長にどのような違いがあるかを校舎のベランダから見てみると、その違いは歴然で、取水口付近の稲は小さく、そこを中心にして同心円状にグラデーションのように稲が大きくなっていたことを発見したのである。「すごい！全然違う！」「どうすればいいんだ？」と口々につぶやく子どもたちに対し、「これでみんなは冷たいほうよりもあたたかいほうが育つことがわかりましたが、じゃあこれをどう解決するかっていうのが農家の仕事ですよね」と白井さんは投げかけた。すると、「あー！だから、夜に水流して朝に止めるって言ってたんだ」「夜に水を入れて、朝止めて温まるまで待って、また夜に水入れて」「帰る前に水入れていって、朝来たら止めればいいんだよ！」「やろうよ！これから」と興奮気味に語った。「昔からの教え」が探究から見出された、科学的に根拠のある農家の知恵であり、その言葉の本当の意味と理由が観察実験と語り合いによってようやく明らかになり、腑に落ちた瞬間だった。

　白井さんはこうした彼らの姿を目の当たりにして次のように省察している。

　龍や百合は、科学的な検証の結果からわかったことがあるというだけでなく、そのことは科学とは別な文脈である米作りに生かしていきたい、生かせそうだと認識している。米作りの文脈から立ち上がる問いを、科学することによって明らかにし、また科学することによって明らかにされたことは米作りの文脈で生かされていることを実感した。科学は科学独自の営みであるのではなく、別な文脈において私たちの生活と関係するものであり、生かされていくものであるという科学観の表れと捉えることができよう（白井, 2014, p. 105、下線は引用者による）。

「内言の自覚化と随意性の獲得」によって達成された概念変化は、子どもたちの科学に対する見方の更新、探究するということの意味理解、さらには学習観の変化にも大きく影響を与えた。彼らにとって新たな概念の獲得はいわば対象世界の見え方を変えるメガネを手にしたものといえよう。学びにおいて大切なのは「自分が変化すること」であり、身体ぐるみで実践に参加し、こちらが学習対象の性質に応じて働きかけることによって学習対象が新たな姿を顕わし、こちらに働き返してくるのを、今度はこちらも受け止めて自ら変化するという関係的な相互作用である（田中, 2016, p. 69）。探究を通して関わり続けてきた稲によって働き返されたものを受動する「パッシブ（passive）な契機」（田中, 2016, p. 70）を欠いたり軽視したりすることが、総合学習を探究という名に値しない代物へと変質させてしまうことへの想像を止めてはならない。

こうしたダイナミックな概念変化を経験した子どもたちは探究のプロセスをどのようにふり返り、自身の変化を意味づけながら観を編み直し始めていったのだろうか。当初からある種の憧れを持って臨んできた「無肥料無農薬」農法をめぐり、さまざまな対象への見方が揺さぶられていく過程に迫ってみよう。

（4）"永遠の未完"を感じ、絶えざる探究の道へ

米づくりの目標にあった「おいしくて安全」を達成するために子どもたちは無肥料無農薬農法にこだわってきた。なぜ無肥料無農薬農法を選択するのか。探究当初は、「先輩もそうしてきたから」という学校での伝統を理由にしているか、もしくは、涼花が絶対的な信頼を寄せる「祖父がそうしてきたし、米の味がすると祖父が言っていた」という他者の言葉に依るかであった。

田植えが終わり、小さな苗が水面に顔を出している様子を見て、大きく成長してほしいと願う子どもたちに、植物が成長する上で必要な条件は何かを問う必要が出てきた。日々の作業内容をもとに成長条件を予想し始め、水の温度と量、日光と気温、そして草抜きの仕事を根拠に"栄養"という条件を挙げた。この"栄養"をめぐって子どもたちの意見は対立した。草抜きの仕事は雑草に"栄養"を奪われないようにするためにしているとする見方を根拠に"栄養"は必要だとする子ども。一方、前年まで無"肥料"で米をつくってきた経験から"栄養"は成長に「必要な」条件ではないとする子ども。この時点ではまだ"栄

養"と"肥料"は子どもの中で区別されてはいない。議論の中で"肥料"以外の"栄養"の存在と、"栄養"とは何なのか、どこからくるのかという問いに関心の重心は移っていった。その結果、田んぼに水を引いている水路の源流をたどって学校の裏山に水源地調査に出かけ、"肥料"以外の"栄養"のありかを確かめていった。

　肥料と栄養は何がどう違うのか。国語辞典で意味を調べ、水源地調査を行い、さらには腐葉土を使って花の栽培をした経験をふり返るなど、いくつもの調査を通して子どもの間で承認された意味が明確になっていった。

栄養：自然界にあるもの、もらうもの、山からいただくもの、人間がつくることができない偉大なもの
肥料：山からいただくものを補い、複雑で制御しきれない自然に対処するために開発されてきたもの

　白井さんによる整理を借りると、上のように表すことができる。両者の違いが明確になり、「栄養は必要だけれど肥料は必ずいるわけではないが、あったらよりよく育つ可能性が高い」という知識に精緻化されていった。ところがそれでもなお、涼花の問いは消えなかった。「なんで無肥料無農薬でやっているんですか？　おじいちゃん」とつぶやき、回りの子どもたちも「(化学)肥料をあげたほうがいいんじゃない？」「大丈夫じゃなかったらどうするの？」と不安を強めていった。

　そこで涼花の祖父の田んぼを見学し、直接話を聴いてこようと決めた。祖父の田んぼは除草剤をかけておらず、稲か雑草か見分けがつかないほど草が生い茂り、子どもたちもこれまで見たことのない田んぼに目を見張った。祖父は昔ながらの田車を一列ずつ転がして稲と草を分け、稲の成長を一つずつ確認していく。無肥料無農薬がどれほどの時間と手間を要するもので、その割には天候や害虫の影響を直接的に受けるため、収穫量が大きく左右され、秋になっても収穫できるかわからない栽培方法の現実を突きつけられた。そこまでして祖父が無肥料無農薬農法にこだわるのは、孫や幼い子どもに自然で安心な米を食べ

させたいという強い思いが起点にあった。それだけではなく、植物に対して毎日朝晩の水見や成長を確かめる形で愛情を込め、手をかければ、植物はそれに応えて成長するということへの喜びに支えられていたのである。普段は無口な祖父の熱のこもった語りを聴いて涼花は驚いた。自分たちを思って手間をかけ、しかも植物本来の性質や自然条件という複雑さと日々向き合って探究し続け、稲が本来備えている力が発揮されるよう環境に働きかける祖父の米づくりの物語に、強い信念と深い愛情を感じた。

　涼花は、無肥料無農薬農法が要求する植物や自然との関わり方への見方を大きく変え、米づくりの更なる探究への覚悟と決意をよりいっそう強くしていった。残念ながら大切に育てられてきた稲は例年にない冷夏の影響を受け、目標の5kgには程遠い収穫高となったが、米袋に入ったわずかな米を大切に抱え、「私たちの赤ちゃん」と呼んで喜びあった。

　米づくりという実践を科学的に探究するプロセスにおいて経験した概念変化は、彼らの科学や学習に対する観を大きく揺さぶった。「いままでは教科書や本に書いてあることに対して、"これは本当かな？"などということは思っていなかったけど、いまは"これは本当なのかな？"と思うようになった」「これまでわかったことを生かして田んぼを管理したい。田んぼ以外のことでもたくさん生かせるようにしたい」「モヤモヤを自分で解決し、わかるまで調べようとぼくは思う」「自分で解決するために、授業以外でもいろんな実験をして、失敗したらもう一度やるというように自分でやっていきたい」。これらのふり返りに代表されるように、そうした学びをこれからも他の異なる文脈において続けていく意味があることを彼らは心底実感しているのである。

【まとめ】

- 総合学習において育成すべき資質・能力を各校が具体化・重点化することが長年課題とされてきた。特定の教科内容を持たない科目の性格上、学び深めにつながらない活動主義や教科横断的な汎用的スキルの直接的指導による授業の形式化を招くような目標の明確化は避けられなければならない。
- 各校で育てたい資質・能力を決めていくには、探究課題との関わりが問われ

てくる。教科横断的な汎用性の高い思考スキルの育成を、思考ツールに代表されるわかりやすい道具や方法の積極的活用によって実現しようとすると、学びの文脈の固有性や豊かさが失われるおそれがある。

■ 文化的実践への参加を単位として構想される総合学習では、子どもが対象世界や学習に対し、それまでにどんな信念や観を教室文化の中で構築してきたかを顕在化させ、その問い直しを迫っていく契機を探究の学習サイクルに埋め込むことが重要になる。

■ 与えられた素材・活動から始まる総合学習においても、対象世界に対する「わかったつもり」への気づきを糸口にして、子どもが探究の目標を自分なりに再設定し、探究の方向づけを図る身体ぐるみの体験が必要である。子どもは問いの再構成を通して認知過程の内化と外化を繰り返し、主体的、協働的に対象世界に関する概念を形成していく。習得した知識の適用に限界を感じ、文脈や状況に即して知識を再構築していく中で「再文脈化としての概念変化」が可能となる。一つの文脈に閉じない学びは、自分自身が問おうと思えば探究には終わりがないことを実感できる探究のサイクルを歩むことによって実現されていく。

引用・参考文献

エンゲストローム，Y．（2010）『変革を生む研修のデザイン―仕事を教える人への活動理論―』（松下佳代・三輪建二監訳）鳳書房．

福田恒康・遠西昭寿（2016）「概念転換のパターンと構造―社会的相互作用として見る概念転換―」『理科教育学研究』第 57 巻第 1 号, pp. 45-52．

石井英真（2017）「資質・能力ベースのカリキュラム改革をめぐる理論的諸問題」『国立教育政策研究所紀要』第 146 集, pp. 109-121．

松下佳代編（2015）『ディープ・アクティブラーニング―大学授業を深化させるために―』勁草書房．

文部科学省（2017）『学習指導要領（平成 29 年版）解説　総合的な学習の時間編』東洋館出版．

白井孝拓（2014）『学び続ける素地をはぐくむ授業づくり―「科学する共同体」への参加を通して―』福島大学大学院人間発達文化研究科修士論文．

田島充士（2011）「再文脈化としての概念変化―ヴィゴツキー理論の観点から―」『心理学評論』第 54 巻第 3 号, pp. 342-357．

田村学・黒上晴夫（2017）『田村学・黒上晴夫の「深い学び」で生かす思考ツー

ル』小学館.
田村学（2018）『深い学び』東洋館出版.
田中昌弥（2016）「『アクティブ・ラーニング』後の教育をどう考えるか」民主教育研究所編『民主教育研究所年報』17, pp. 54-73.
牛山栄世（2001）『学びのゆくえ―授業を拓く試みから―』岩波書店.

第Ⅱ部

「主体的・対話的で深い学び」を捉え直す

第 7 章

深い学びを生み出すための豊かな教育内容研究
──高校国語科の授業を中心に──

藤原　顕・荻原　伸

　2017・18 年版学習指導要領（2020 年度から順次実施）におけるキーワードの「主体的・対話的で深い学び」（文部科学省, 2018, p.77）は、「授業改善」のための「視点」と位置づけられている。これら 3 つの視点のうち、「主体的」については、興味・関心、自己との関連づけ、見通しやふり返りという点が、また「対話的」については、他者との協働や他者からの刺激という点が、その学びの特徴として挙げられている。さらに、「深い学び」については、知識相互の関連づけ、情報の精査に基づく考えの形成、問題の設定とその解決、思いや考えに基づく創造が特徴とされている。

　授業において、このような学びの主体性、対話性、深さが重要であることはいうまでもない。しかしながら、「授業改善」のために 3 つの「視点」をふまえようとした場合、これらはどう関連していくのか、にわかには判然としない。たとえば、「主体的・対話的な学びを基礎としつつ、その上で深い学びを実現することが目指され」る（溝上, 2017）という考え方もありえよう。とはいえ、生活経験と接点のある教材で興味・関心を喚起しつつ、ペア／グループ活動を組織しながら、見通しを立てふり返りのある活動が位置づく授業をつくりさえすれば、学習者は学びの対象に必然的に深く迫っていけるわけではない。さらにいえば、そうした教材や活動の工夫のためには、学習者が学びの対象に関わってどのように知識を関連づけ、情報から考えを形成し、問題設定・解決を試み、創造的な表現に挑戦していけるのか、教師の側の構想がなくてはならない。

　ここでいう構想においては、学びの対象に関わる教師の解釈が土台となる。

つまり、学びの対象となっていく文化的・学問的内容に関する解釈を通して、学習者が関連づけえる対象に関わった知識にはどのようなものがあるのか、学習者による考えの形成、問題の発見、創造的な表現の手がかりになるのは対象のどの部分かなどを、教師は見極める必要がある。

　本章では、こうした教師の構想が文化的・学問的内容を教育内容化していく教育内容研究によって可能になるという立場から、豊かな教育内容研究→「深い」学びの構想→「主体的・対話的」な学びの位置づけという枠組みに関わる授業事例を示す。そのために、以下1節では教育内容研究の内実と「主体的・対話的で深い学び」の関係を明確化しつつ、2節～4節では著者の1人の荻原（高校国語科教師）の授業実践を取り上げて、そこにおける教育内容研究とそれに基づく授業の実際について検討する。

1. 教育内容研究と「主体的・対話的で深い学び」の関係

　文化的・学問的内容を解釈しつつ、それを学習者の学びの対象たりえるものへと構成していく営みは、これまでの授業研究において教育内容研究（藤岡, 1989, pp. 89-90）と呼ばれてきた。この点に関わって、森脇（2000, pp. 35-41）は「教育内容研究は地図を描くことに似ている」と述べながら、教育内容概念を「意味のネットワーク」と規定している。その上で、そうした「ネットワーク」によって、授業に位置づけられる教材や活動に「意味」が「付与」され、それらを「適切に関連づける」ことが可能になるとする。

　こうした森脇の所論をふまえつつ、ここでは教育内容研究の内実を次のように規定しておこう。まず、教育内容研究とは、授業のために文化的・学問的内容について、たんに下調べをする作業ではない。そうではなく、目の前の学習者の状況に即することを何よりも重視しながら、文化的・学問的内容がどのような学びを促す可能性を持ちえるのかを吟味しつつ、それを通して学びの対象を構成していく試みである。より具体的にいえば、さまざまな文化的・学問的内容を担う諸々のテクスト――言語的資料や映像的・視聴覚的資料、さらには具体物まで含む――を解釈しながら、そうした解釈の内容を関連づけつつ、学びの対象となりうる「意味のネットワーク」をつくり出すことである。この

「ネットワーク」は、そこにおける何らかの構成要素をめぐる学びが他の要素の学びにどう関連づいていくかを示すものであり、その意味で学びの見取り図＝「地図」として機能することになる。こうした「意味のネットワーク」を構成する教育内容研究を通して、「ネットワーク」における諸要素がどのように関連づきつつ「深い学び」を実現していくのかを明確にすることが可能になる[1]。

　以上のことから、文化的・学問的内容を教育内容化していく教育内容研究を通して「深い学び」のあり様が構想され、それをふまえながら深さを実現していくために「主体的・対話的な」学びに向けた教材や活動の工夫が可能になる、という３つの「視点」の関連を想定できる。つまり、「主体的・対話的で深い学び」の要は、端的にいえば、豊かな教育内容研究にあると見なせることになる。

　２節以降では、こうした教育内容研究から授業のデザインと実践にいたる事例について、実践者の荻原ともう１人の著者の藤原が交互に検討を行いながら、紙面上で対話を行うという論述のスタイルをとる。これは、事例についての解釈を当事者と第三者で対話的に交錯させながら、その実相をより深く理解していくという意図に基づいている。

2. 教育内容研究①──テクストの収集とその解釈──

(1) 単元「和歌から言葉へ」の構想──藤原──

　豊かな教育内容研究が「深い」学びを、さらには「主体的・対話的」な学びを、なぜ生み出しえるのかを検討するために、荻原による単元「和歌から言葉へ」(2016年11月実施、3時間構成)の構想とその実践を取り上げてみよう。

　この単元において、荻原は、『百人一首』にもとられている下掲の大江千里による平安期の和歌(『古今和歌集』)と、この歌に対する正岡子規の明治期の批判という２つのテクストの対立を構想の軸に置いている。

> 月見れば千ぢにものこそかなしけれわが身ひとつの秋にはあらねど
> 　　　　　　　　　　　　　　　　　　　　　　　　大江千里

子規は、『歌よみに与ふる書』(全10編中の第4編「よたび歌よみに与ふる書」)において、この千里の歌を「上三句はすらりとして難なけれども、下二句は理窟なり蛇足なり」と批判している。つまり、「もしわが身一つの秋と思ふと詠むならば感情的なれども、秋ではないがと當り前の事をいはゞ理窟に陥り申候」と言う。

こうした2つのテクストの対立を軸としつつ、単元の構想では、教育内容研究を通して、「わが身ひとつ」というモチーフをめぐる和歌の系譜が探索され、4つのテクストが収集されている。すなわち、『古今和歌集』所載の三首と若い頃から「月」を多く読んだ藤原定家の一首(『拾遺愚草』)である。くわえて、大江千里が上記の作歌でふまえた白居易の漢詩「燕子楼」(『白子文集』巻15)、さらには千里の歌についての解説文(渡部, 2014)や、現代の歌人による「わが身ひとつ」をモチーフにした短歌もテクストとして収集されている。

以上の基本となる対立する2つのテクスト(千里と子規)、および千里の歌のモチーフに関わる和歌や短歌、漢詩、解説文というテクスト群によって、この単元は構成されていることになる。こうしたテクスト群の構成に関わって、荻原は、実践をめぐる対話の中で、出発点は『歌よみに与ふる書』における子規のテクストとの出会いだったと言う[2]。

そうすると、なぜ子規の批判との出会いが、他のテクスト群の探索と収集へと展開していったのかを問うことが、この単元の構想のための荻原による教育内容研究の内実を考える上で論点となろう。

(2) 聖典(カノン)としての古典の脱構築への志向──荻原──

『歌よみに与ふる書』は、短歌の創作や批評に関心を持って取り組もういう人──私自身もそれらに取り組んでいる──が、手にしていておかしくない文献といえよう。正岡子規は、俳句に革命を起こしたのと同じような形で、古典和歌の現代化を図った。歴史の中で評価が定まった和歌という文化的実践を、真正面から堂々と批判して改革しようとした。そのために、和歌の聖典としての『百人一首』の歌を批判する必要があったのは想像に難くない。評価の定まった聖典を覆そうという大きなパラダイムシフトを企図した試みは、現代短歌史上で考えると戦後の塚本邦雄らを中心とした「前衛短歌」運動があったもの

の（たとえば永田, 2017, p. 1)、子規ほどのインパクトを持ったものは見当たらない。子規の和歌改革を契機に、伝統的な聖典としての和歌ではなく、一人ひとりにとっての和歌へと、短歌は大きく舵を切ったといえる。つまり、子規以降の近代短歌は、創作と受容の主体という点でも古典和歌とは異なり、生活を描写するという近代リアリズムの方向へと質的に転換していった（たとえば大辻, 2017, pp. 6-39)。

　こうした点から、子規の古典和歌に対する批判は、古典を聖典として受け取りがちな国語科教師の理解、さらにはそうした教師の授業で再生産されてきた生徒の読みの構えを揺さぶりえるものになるように思えた。つまり、子規の批判は、聖典としての古典という冠をはぎとり、あらためて和歌一首を自分で解釈し直すことへと解き放ってくれるテクスト、別の言い方をすれば古典を自分たちの手の中へ取り返させてくれる契機になるテクストであるように感じた。

　しかし同時に、先の大江千里の歌を「わが身ひとつ」という和歌の系譜に位置づけて読み直して解釈した場合、子規の批判はややあらい面を持つのではないかという思いも抱いた。その理由は、大きく２つに整理して説明できる。

　1つは、下の句をたんに表現の処理の問題として片づけてしまっていいものかということである。子規の「歌は感情を述ぶる者なるに理屈を述ぶるは歌を知らぬ故にや候らん」という言葉は、千里の和歌の結句「秋にはあらねど」という表現が理屈っぽいからダメだといっているのではなく、和歌とは「感情を述べる」ものだという、和歌とはいかなるものかという根幹に関わるものである。だからこそ、文脈や文化的系譜を無視した字面だけの表現処理のこととして批判を先鋭化させてしまっている子規に、危うさを覚えるのだ。たしかに「秋にはあらねど」を局所的に読めば「理屈」っぽい表現ではあるものの、一首全体として読むと、もっと深さや広がりを持って解釈できる可能性があるのではないかという気もした。

　もう1つは、千里の歌の「わが身ひとつ」というモチーフに連なる和歌が、ふと思っただけでもいくつか連想されることである。この「わが身ひとつ」という歌の系譜をたどりながら、なぜ千里の歌が『古今和歌集』に撰されるほど評価されたのか、その時代に共有されていた文化的価値観とはどのようなものであったのかを考えなければならないと感じた。すこしばかりの間、このよう

な問いを抱いていたころ、久保田淳の「『わが身ひとつ』という句」(久保田, 2016) という評論に出会った。久保田は、「わが身ひとつ」の系譜に位置づくいくつかの和歌の意味づけを丁寧に行いつつ、子規の批判にやんわりと異議を申し立てていた。久保田が行おうとしているのは、「わが身ひとつ」の歌はそもそも何をどのように詠もうとしたものなのかを理解する試みでもあると感じた。

　子規の批判だけを鵜呑みにしてしまって、古典和歌に散見される「わが身ひとつ」をモチーフとする和歌を検討しないままなら、逆に子規を聖典として扱ってしまうことになりはしないか。千里や他の歌人たちは「わが身ひとつ」で何を表現しようとしていたのか。歴史の中の読者は、そこに何を感受していたのか。そのような和歌・短歌群の解釈と子規のテクストにそれぞれ対峙する過程こそ、歌とは何を詠むのかという根本的な問いを考えることになるのではないか。このような問いを紡ぎつつ、複数のテクスト群を等価値に配置しながら解釈し、つないでいく授業をつくってみようと考えるに至った。

　以上が、単元「和歌から言葉へ」の構想のための教育内容研究の内実だと言うことができる。

3. 教育内容研究②──関連するテクストの解釈から生じる認識の想定──

(1) 学びの対象をめぐった認識の結束性と重層性──藤原──

　2節(2)のような荻原による和歌・短歌についての教育内容研究を可能にしているのは──本人も触れているが──歌誌「塔短歌会」の同人(編集委員)として作歌を実践し、同時にその会誌で批評も執筆することで形成されてきた見識であるといえよう。つまり、大江千里の和歌に対する正岡子規の批判から、上記のような和歌・短歌をめぐる文化的実践に関わった根本的な問いを明確化しつつ、一方で子規の常識を覆そうとする歌論を相対化するために、千里と子規のテクスト、さらにはそれらに関わるテクスト群の探索・収集を行うといった豊かな教育内容研究は、短歌という歴史的・文化的実践への参加経験に由来すると見なせる。

　こうした荻原の教育内容研究のあり方の特徴としては、歌は何を詠むのかと

第 7 章　深い学びを生み出すための豊かな教育内容研究

いう根本的な問いを軸として、千里や子規などのテクスト群を関連づけつつ、個々のテクスト解釈を深化させている点が挙げられる。まず、子規のテクストについては、「わが身ひとつ」をモチーフとする和歌・短歌や千里の歌の解説文との比較において、その批判の射程を明らかにしえる。また、千里の歌自体も、同じモチーフをとる他の詩歌との比較において、その意味のより深い検討が可能になる。つまり、諸々のテクストの比較検討を通して、それらの解釈内容が相互に関連づけられるわけである。このように、テクストの解釈内容の相互関連が見出せる状態を、認識の結束性と呼んでおこう（次ページ図 7-1 の楕円Ⅰを参照）。

　一方、これら複数のテクストに関わる認識の結束性に基づいて、個々のテクストの解釈に留まるレベルから、それらを超えた認識のレベルへ到達することが可能になる。つまり、白居易の漢詩→千里の和歌→定家の和歌→現代歌人の短歌（2 節（1）参照）というつながりには、本歌取りなど先行する作品を踏まえた創作というインターテクスチュアリティ（文学的引用）を見出せる、あるいはそれらにおける「わが身ひとつ」というモチーフは、現代の歌人にまで引き継がれているという点で 1 つの歌の系譜を形づくっている、といった認識のレベルへの移行である（図 7-1 の楕円Ⅱを参照）。さらにそこから、和歌・短歌における抒情的な表現の推奨、理念的な表現への懐疑やその許容の問題といった、歌論的な認識のレベルへと到達していくことも望めよう（図 7-1 の楕円Ⅲを参照）。このように、認識の結束性に基づきつつ、推論を介して上昇的に認識内容が般化していく状態を、認識の重層性と呼んでおこう。

　結束性が 1 つのレベルにおける認識の水平的な関連を表すのに対して、重層性はレベルを超えた認識の垂直的な関連を表している。このような対象に関わる認識の結束性や重層性は、学びの深さの重要な側面と考えられる[3]。

　以上のように、上記のテクスト群を関連づけながらたどりつつ解釈していくことは、結束性と重層性を伴った認識成立の筋道＝見取り図（図 7-1）を描き出すことにつながる。そうした認識の結束性や重層性、すなわち学びの対象をめぐる認識の深さの内実を明確化できるだけの豊かさを持った教育内容研究を、荻原は遂行していることになる。では、こうした教育内容研究を推し進めた契機は何であったのだろうか。

第Ⅱ部 「主体的・対話的で深い学び」を捉え直す

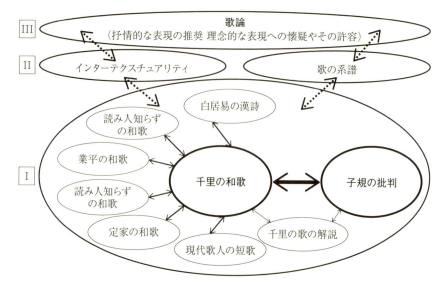

図7-1　単元「和歌から言葉へ」における認識の結束性と重層性

(2)「わが身ひとつ」を軸とした認識の結束性と重層性の想定――荻原――

　藤原がいうように、学びの対象、すなわち子規や千里などのテクスト群に関わって結束性や重層性があるような認識の筋道を探究できたとするならば、それは教育内容研究を通して「わが身ひとつ」というモチーフの意味が見えてきたことによる。つまり、和歌や短歌における「わが身ひとつ」というモチーフが作者の自己認識と他者認識につながるという意味の理解である。

　久保田（2016, p. 103）は、2節（1）で挙げている「わが身ひとつ」をモチーフとした和歌や白居易の漢詩、それらへの古注を関連づけながら、この作歌上のモチーフがどのように継承されてきたかを詳細に跡づけている。その上で、「わが身ひとつ」というモチーフによる和歌では、たとえば千里の歌を本歌にした歌を詠んだ定家でもそして千里でも、「切実な自身が他者との関係において顧みられている」と意味づけている。つまり、「わが身ひとつ」という表現は、自分自身や自分と他者の関係の切実な内省の契機であり、そうした自他認識の普遍性ゆえに、歌に詠まずにはいられない必然性があるものなのだ。

　また、渡部（2014, pp. 58-59）は、千里の歌を「月を見ていると、心の底の悲

しみが、とめどなく湧き出てくる。私ひとりを責めさいなむために秋がやってきた——そんなたわいもない思いに囚われるほど」と解釈している。その上で、「千々」や「一つ」は、言葉の対照をねらった技巧であるものの、それにとどまらず「これによって、無数の悲しみと引き換えに、季節との一体感を感じ取っているさまが浮かびあがる」とも述べている。

　このような解釈をさらに加味するならば、表現のあり方においてさえ、千里の「わが身ひとつ」の歌は、「秋にはあらねど」が「理屈」だから表現を修正すべきという批判は本質をうがっていない、中心からそれたものであるように思えてくる。いや逆に「わが身ひとつ」という表現や認識は、人間の存在や自然との交歓において普遍的に共有できるものであるというべきだろう。

　「わが身ひとつ」の歌で歌人たちは、いったい何を表現しようとしていたのか。そうした心情や状況認識の発露としての表現である和歌を、私たちはどのように解釈すると、その歌がいきいきと感じられるのだろうか。このように考えた場合、これまでの授業のように、個々のテクストを孤立的に扱い単体で解釈していくだけでは不十分であろう。そうではなく、生徒自身が千里や定家などの「わが身ひとつ」というモチーフによる複数のテクストから伸びていく糸と糸をつなぎ合わせながら、それらのテクストでできたゆるい織物に、子規の批判という異物を対峙させることが必要ではないかと考えた。それによって、テクストとその解釈の結い直しや織り直しを試み、その中で「わが身ひとつ」に込められた自他認識をどう受けとめるのか、歌論としてどのような立場をとるのかについて考えを深めるような、主体的な解釈を行っていくことが可能になろう[4]。同時に、こうしたテクスト群の関連づけを通した解釈の結果は、個々の生徒ごとに多様であることが想定でき、それゆえにこの解釈は生徒間の対話的な活動を必然的に求めるものとなろう。

　図7-1に即していえば、個々のテクストに関わった認識の結束性（Ⅰ内における矢印）や、関連づけられたテクストの解釈からインターテクスチュアリティ、歌の系譜、歌論の理解へと進んでいく認識の重層性（Ⅰ・Ⅱ・Ⅲをつなぐ破線矢印）の成立には、「わが身ひとつ」というモチーフについて考えることが鍵なのである。こうした「わが身ひとつ」を軸とした認識の結束性と重層性＝深い学びのあり様の構想が、聖典としての古典という囚われからの解放には

必要であり、さらには4節（2）で後述するよう主体的で対話的な解釈行為を生み出しえると考えた。

4. 教育内容研究から授業のデザインと実践へ

(1) 学びの対象をめぐる認識の結束性と重層性を志向した課題構成
　　　──藤原──

　荻原が述べている「わが身ひとつ」というモチーフに見出せる自他認識の普遍性ゆえに、大江千里の歌への正岡子規による批判を、孤立的に扱わず、このモチーフに基づく他の歌などの解釈と関連づけて検討できることになる。つまり、「わが身ひとつ」を観点としながら、個々のテクストの解釈が結束性を持つように企図されているわけである。同時に、個々のテクストの解釈から、歌におけるインターテクスチュアリティや「わが身ひとつ」というモチーフをとる歌の系譜についての認識へ、さらに歌は心情を詠むべきかあるいは理念も可かという歌論的認識へと、重層的な認識の成立もねらうことが可能になると見なせる。こうした構想は、ただ「インパクト」があるから子規の批判を教材化するというのではなく、孤独の慨嘆以上の自他認識の契機となる「わが身ひとつ」というモチーフ──その意味は教育内容研究を通して発見された──を軸とすることで可能になっている。

　以上のような教育内容研究の成果は、歌はそもそも何を詠むのかという根本的な問いを、「わが身ひとつ」というモチーフをとる千里の歌への子規の批判は妥当かという問いの形で考えることを生徒に促すことにつながっていく。こうした問い＝学びの課題のあり方については、近年そのカリキュラム構成・学力評価論が注目されているウィギンズとマクタイ（2012）がいう「本質的な問い」という観点を援用しながら特徴づけることができよう。「本質的な問い」とは、「学習領域における一貫した関連づけの中心」としての「重大な観念」（pp. 78-84）をめぐって構成される。それは、学びの対象に関わって「何度も起こる重要な問い」であり、対象を「探究し意味を捉えるのを助け」、「多様な学習者を最もよく参加させる」働きをするとされる（pp. 131-132）。この「本質的な問い」については、より「包括的な」問いと特定の「トピックごとの」

第7章　深い学びを生み出すための豊かな教育内容研究

問いが区別されている（pp. 137-139）。

　上の2つの問いのうち、前者の歌は何を詠むのかという問いは「包括的な」もの、後者の千里の歌への子規の批判は妥当かという問いは「トピックごと」のものと見なせよう[5]。いずれにしても、これらの問い＝学びの課題の構成は、学びの対象をめぐる教育内容研究を通して想定された、認識の結束性や重層性に基づくものといえる。

　では、これらの問い＝学びの課題を踏まえつつ、荻原はどういう形で教材や活動の位置づけを構想しながら授業をデザインし、実践していったのか。

（2）単元「和歌から言葉へ」の授業デザイン──荻原──

　単元「和歌から言葉へ」のデザインにあたっては、生徒たちがこの単元に先立って次のような古典学習を経験していたことを考慮に入れている。

　まず、『伊勢物語』の「梓弓」から取り出された和歌四首をめぐる学習である。そこでは、①4人班で各自が割り当てられた一首を読む、②個々の読みを共有化しつつ四首に共通する和歌の構造的な特徴を寄物陳思──物に託して思いを表現する方法──の観点から探る、③四首が男女の贈答であることを考えてどれが男／女の歌かを推論的に解釈する、④和歌部分を空欄にした地の文に該当する和歌を推論的に当てはめる、⑤和歌の有無で物語の解釈がどう変わるのか考える、という活動に生徒は取り組んでいる[6]。

　また、『古今和歌集』所載の十首の和歌をめぐる学習である。そこでは、①各自が割り当てられた一首を寄物陳思などを手がかりとしつつ推論的に解釈する、②同じ和歌の担当4名で集まり協働的に解釈を深める、③解釈に基づいて和歌の状況や関係などを明確化する、④それをふまえて現代語で男女の物語を創作する、⑤物語を古文へと翻訳して創作された歌物語を交流する、という活動に生徒は取り組んでいる。

　このような生徒の学習経験をふまえつつ、授業における教材や活動の位置づけとしては、まず2節（1）で挙げた現代歌人による「わが身ひとつ」をモチーフにした短歌を導入として提示しながら、「わが身ひとつ」の系譜に位置づく和歌、すなわち業平、よみ人知らず（二首）、定家の4つの歌に共通する言葉や認識をあぶり出すための解釈を促すことにした。ここでは、当時の歌人の

「わが身ひとつ」に込められた自他認識と今を生きる自分たちのそれとの共通性を、生徒が感得することもねらわれている。その上で、千里の歌を、それについての解説文や白居易の漢詩とともに示しながら、それとの対比で子規による千里の歌への批判を読むことにした。こうした授業デザインは、和歌・短歌をめぐる創作と批評の歴史への仮想的参加という意味で、教室における「本物の実践」（本書10章の松下良平論文を参照）の実現を企図していることになる。

生徒のみならず一般的に、百人一首に載るような歌は疑う余地のない聖典であろう。その聖典に批判を浴びせる子規の文章や論理は、価値観を揺さぶるだけのインパクトを持つはずである。つまり、「わが身ひとつ」という歴史的・文化的に共有されているモチーフについて学びつつ、そのモチーフをとる和歌の価値を揺さぶる教材文と出会いながら、それらの文化的価値や批判の論理性をどのように受けとめるべきかについて考えることを課題として設定した。

(3) 単元「和歌から言葉へ」における授業実践──荻原──

実際の授業（3時間構成の第1時）では、導入で「わが身ひとつ」をモチーフにした現代歌人による次の短歌をスクリーンに映し出した。

> 傘持たぬ時に限りて雨が降る我がうえにのみ降るにあらねど
> 　　　　　　　　　　　　　　　　　　　　　沢田英史

「我がうえにのみ降るにあらねど」について、「当たり前すぎる」、「自意識が強いのではないか」、「あるある！のひとつ」、「当たり前だけれどこのように言うことによってさびしさが出てくる」、「雨とは別に自分に嫌なことが起きている感じがする」などと生徒は発言していった。この導入から、この「わが身ひとつ」というモチーフをとる次の四首の古典和歌を載せたプリントを4人グループに配布し（相異なる一首が1枚に載っているものを1班に対して計4枚配布）、個々の生徒が一首の歌を担当して解釈することを促した。

第7章　深い学びを生み出すための豊かな教育内容研究

> おほかたの秋くるからに我が身こそかなしきものと思ひ知りぬれ
> 　　　　　　　　　　　　　　　　　　　　　　　　　　よみ人知らず
> 月やあらぬ春や昔の春ならぬ我が身ひとつはもとの身にして
> 　　　　　　　　　　　　　　　　　　　　　　　　　　　在原業平
> 世の中は昔よりやはうかりけむ我が身ひとつのためになれるか
> 　　　　　　　　　　　　　　　　　　　　　　　　　　よみ人知らず
> 幾秋を千々にくだけて過ぎぬらむ我が身ひとつを月に憂れへて
> 　　　　　　　　　　　　　　　　　　　　　　　　　　　藤原定家

　その際、既習の古典和歌の基本構造ともいえる寄物陳思を再確認しつつ、逐語訳ではなく推論的に解釈すること、さらには担当する和歌は異なってもグループ内の他者と協働的に解釈するよう働きかけた。こうした状況の中で、生徒たちは一人ひとり異なる和歌の担当をしつつも、自然と四首の共通性を指摘したりその背景について考えたりする対話が生じていった。この状況をふまえ、次に4人グループという境界を解いて、教室空間全体を自由に移動しながら同じ歌を担当する者が解釈をすり合わせる時間を設けた。そこでは、まず共通する一首を担当する生徒が歌を囲んで、あちこちで集まる立ち話的な対話が生まれた。それからしばらくすると、立ち話的な集合体がところどころではゆるやかに分裂したりまた融合したりしつつ、担当する歌の異同を超えて教室のあちこちで流動的な移動が生まれ、積極的に語り合い解釈を重ね合う生徒の姿を見ることができた。その上で、元のグループに戻り「わが身ひとつ」をめぐる和歌の共通性についての解釈を交流した後、大江千里の歌「月見れば千ゞにものこそかなしけれわが身ひとつの秋にはあらねど」を白居易の漢詩と歌の解説文とともに示した。先の四首で得た解釈にも基づきながら、千里の歌やそこにも共通する「わが身ひとつ」というモチーフについてさらに解釈を深めていった。

　これらを踏まえた上で、正岡子規の千里の歌への批判を示し、次のように2択の課題を生徒に与えた。それは、「(あ) 大江千里が詠んだ『わが身ひとつ』を考える」、あるいは「(い) 子規の『わが身ひとつ』批判を考える」という課題である。この2択課題の意図を、3節 (1) で藤原が述べている学びの深さとしての認識の結束性と重層性に即していえば、(あ) は主に結束性、(い) は主に重層性に関わっていたといえよう。(あ) の場合、生徒たちには、「わが身

ひとつ」をめぐる歌の解釈を結びつけながら、その歌を読んだ人々の心を辿ることが促される。その過程で、生徒たちは、「わが身ひとつ」というモチーフに見出した人間が持つ根源的な孤独感とそれゆえの自他認識に気づいていった。ある生徒は「以前読んだ和歌は他の何かと自分を比べ、自分目線の歌だった。この歌もまた同じ……『わが身ひとつ』という言葉は、自分の状況を歌の情景と結びつける言葉でもある」と、別の生徒は「作者と周りの季節の変化などを比較したときの作者の孤独のような思いを表現したいという意識から『わが身ひとつ』という言葉が生まれたのだ」と課題に応じている。また、（い）の場合、生徒たちには、「わが身ひとつ」というモチーフで他の歌と関連づく千里の歌を、さらに子規の批判とを関連づけて再解釈することが促される。その過程で、生徒たちは、子規の批判に同意であれ不同意であれ、批判をくぐった千里の歌のあらたな解釈を持ちつつ、同時に歌とは何かについて考えるきっかけをえることとなった。ある生徒は「上の句の感情的なところと下の句のそうではないところが対照……『理屈である』ということは正しいが、大江千里の歌は下の句によって成功している」と、別の生徒は「和歌には寄物陳思という言葉があるように感情が大事……下二句が理屈になっているということは歌としておもしろみが少し欠けているんじゃないか」と課題に応じている。

第1時の授業は、課題について生徒たちが書き始めるところまでで終了し、第2時では課題への応答づくり、第3時ではその交流がなされた。

おわりに

以上、豊かな教育内容研究→「深い」学びの構想→「主体的・対話的」な学びの位置づけという枠組みに関わる授業事例を示した。この事例の要点は、教育内容研究を通して学びの深さをめぐった見取り図（図7-1参照）を構想できることが、授業における学びの主体性や対話性を生み出す鍵になるということにある。もちろん、学習者が見通しやふり返りを行いつつ学んだり、学んだ内容をめぐって他者と交流したりする活動については、それ自体のデザインが必要ではあろう。しかしながら、本章の授業事例に即していえば、そうした授業デザインは、2節と3節で述べたような教育内容研究なくしてはありえない。そ

第 7 章　深い学びを生み出すための豊かな教育内容研究

> おほかたの秋くるからに我が身こそかなしきものと思ひ知りぬれ
> 　　　　　　　　　　　　　　　　　　　　　　　　よみ人知らず
> 月やあらぬ春や昔の春ならぬ我が身ひとつはもとの身にして
> 　　　　　　　　　　　　　　　　　　　　　　　　　在原業平
> 世の中は昔よりやはうかりけむ我が身ひとつのためになれるか
> 　　　　　　　　　　　　　　　　　　　　　　　　よみ人知らず
> 幾秋を千々にくだけて過ぎぬらむ我が身ひとつを月に憂れへて
> 　　　　　　　　　　　　　　　　　　　　　　　　　藤原定家

　その際、既習の古典和歌の基本構造ともいえる寄物陳思を再確認しつつ、逐語訳ではなく推論的に解釈すること、さらには担当する和歌は異なってもグループ内の他者と協働的に解釈するよう働きかけた。こうした状況の中で、生徒たちは一人ひとり異なる和歌の担当をしつつも、自然と四首の共通性を指摘したりその背景について考えたりする対話が生じていった。この状況をふまえ、次に4人グループという境界を解いて、教室空間全体を自由に移動しながら同じ歌を担当する者が解釈をすり合わせる時間を設けた。そこでは、まず共通する一首を担当する生徒が歌を囲んで、あちこちで集まる立ち話的な対話が生まれた。それからしばらくすると、立ち話的な集合体がところどころではゆるやかに分裂したりまた融合したりしつつ、担当する歌の異同を超えて教室のあちこちで流動的な移動が生まれ、積極的に語り合い解釈を重ね合う生徒の姿を見ることができた。その上で、元のグループに戻り「わが身ひとつ」をめぐる和歌の共通性についての解釈を交流した後、大江千里の歌「月見れば千々にものこそかなしけれわが身ひとつの秋にはあらねど」を白居易の漢詩と歌の解説文とともに示した。先の四首で得た解釈にも基づきながら、千里の歌やそこにも共通する「わが身ひとつ」というモチーフについてさらに解釈を深めていった。

　これらを踏まえた上で、正岡子規の千里の歌への批判を示し、次のように2択の課題を生徒に与えた。それは、「(あ) 大江千里が詠んだ『わが身ひとつ』を考える」、あるいは「(い) 子規の『わが身ひとつ』批判を考える」という課題である。この2択課題の意図を、3節 (1) で藤原が述べている学びの深さとしての認識の結束性と重層性に即していえば、(あ) は主に結束性、(い) は主に重層性に関わっていたといえよう。(あ) の場合、生徒たちには、「わが身

ひとつ」をめぐる歌の解釈を結びつけながら、その歌を読んだ人々の心を辿ることが促される。その過程で、生徒たちは、「わが身ひとつ」というモチーフに見出した人間が持つ根源的な孤独感とそれゆえの自他認識に気づいていった。ある生徒は「以前読んだ和歌は他の何かと自分を比べ、自分目線の歌だった。この歌もまた同じ……『わが身ひとつ』という言葉は、自分の状況を歌の情景と結びつける言葉でもある」と、別の生徒は「作者と周りの季節の変化などを比較したときの作者の孤独のような思いを表現したいという意識から『わが身ひとつ』という言葉が生まれたのだ」と課題に応じている。また、（い）の場合、生徒たちには、「わが身ひとつ」というモチーフで他の歌と関連づく千里の歌を、さらに子規の批判とを関連づけて再解釈することが促される。その過程で、生徒たちは、子規の批判に同意であれ不同意であれ、批判をくぐった千里の歌のあらたな解釈を持ちつつ、同時に歌とは何かについて考えるきっかけをえることとなった。ある生徒は「上の句の感情的なところと下の句のそうではないところが対照……『理屈である』ということは正しいが、大江千里の歌は下の句によって成功している」と、別の生徒は「和歌には寄物陳思という言葉があるように感情が大事……下二句が理屈になっているということは歌としておもしろみが少し欠けているんじゃないか」と課題に応じている。

第1時の授業は、課題について生徒たちが書き始めるところまでで終了し、第2時では課題への応答づくり、第3時ではその交流がなされた。

おわりに

以上、豊かな教育内容研究→「深い」学びの構想→「主体的・対話的」な学びの位置づけという枠組みに関わる授業事例を示した。この事例の要点は、教育内容研究を通して学びの深さをめぐった見取り図（図7-1参照）を構想できることが、授業における学びの主体性や対話性を生み出す鍵になるということにある。もちろん、学習者が見通しやふり返りを行いつつ学んだり、学んだ内容をめぐって他者と交流したりする活動については、それ自体のデザインが必要ではあろう。しかしながら、本章の授業事例に即していえば、そうした授業デザインは、2節と3節で述べたような教育内容研究なくしてはありえない。そ

うした点から、学びの主体性や対話性に直接かかわる教材や活動のよりよいデザインにとって、教育内容研究は重要な必要条件だと見なせる。

　こうした学びの深さ、主体性、対話性などを持ちうる授業デザインが豊かな教育内容研究に依拠するという論点は、これまでの授業研究の歴史的検討において明確な位置が与えられている（田中, 2017, pp. 23-26）。この論点こそ、2017・18年版学習指導要領の「主体的・対話的で深い学び」論の検討では意識され踏まえられるべきであろう。

　また4節で論じたように、教育内容研究は、ウィギンズとマクタイ（2012, pp. 131-132）がいう「本質的な問い」——今日の授業研究における重要な論点——を明確化する方途である。つまり、何が「重大な観念」で「本質的な問い」なのかは、豊かな教育内容研究を通して明らかになる。ウィギンズとマクタイは、たとえば「物語とは何か」という問いが人物や筋など物語を構成する要素を問うだけなら「本質的」ではないとし、「ポストモダンの小説の研究を通してその伝統的な定義が覆されるのであれば、この問いは本質的」だという。つまり、現代的な物語論をふまえた豊かな教育内容研究ゆえに、「物語とは何か」という問いが「本質的」なものとして定位可能になるわけである。「本質的な問い」が対象を主体的に「探究し意味を捉え」、授業に対話的に「参加させる」ことを学習者に促せる契機だとするならば、それを生み出しえる豊かな教育内容研究の重要性をここにも見出せることになる。

【まとめ】

- 教育内容研究とは、学習者の状況に即しつつ、文化的・学問的内容を解釈しながら、そうした解釈の内容を関連づけて学びの対象となりえる「意味のネットワーク」をつくり出すことである。この「ネットワーク」は、そこにおける1つの構成要素をめぐる学びが他の要素の学びにどう関連づいていくかを示す見取り図として機能する。
- 教育内容研究を通して構成された「意味のネットワーク」における諸要素の関連によって、「深い学び」のあり様が構想され、それを踏まえながら深さを実現していくために「主体的・対話的な」学びに向けた教材や活動の工夫

が可能になる。つまり、「主体的・対話的で深い学び」の要は、豊かな教育内容研究にあるという見方をとる。

■ 学習者が見通しやふり返りを行いつつ学んだり、学んだ内容をめぐって他者と交流したりする活動に関わるデザインは、本章で示した事例の場合、教育内容研究なくしてはありえない。したがって、学びの主体性や対話性に直接関わる教材や活動のよりよいデザインにとって、教育内容研究は重要な必要条件だと見なせる。

注
1) 学習者を想定しつつ、文化的・学問的内容を授業における学びの対象へと構成していく試みとしての教育内容研究は、それを遂行する教師の視点から考えた場合、「授業を前提とした内容に関する知識（pedagogical content knowledge）」によって可能なるといえる。この概念を提起したショーマン（Shulman, 1987, p. 8）によれば、その要点は、文化的・学問的「内容（content）」を教育内容化しようとする場合、内容に関する知識だけでも、教材や活動に関する「教育学的知識（pedagogy）」だけでも十分ではなく、これらのいずれにも還元できない教師の独特の知識が関与している点を明確化することにある。
2) この対話とは、本書の共著者の1人である松崎正治（同志社女子大学）を含め、毎年行われる3人での荻原実践についての語り合いであり、2018年時点で20年間続けられている。荻原実践に関する共同研究については、藤原・荻原・松崎（2004a, 2004b）、松崎（2007）、藤原・荻原（2012）などを参照。
3) 学びの深さ＝対象をめぐる認識の結束性や重層性という点は、本書1章の松下佳代論文における学びの「深さの系譜」のうち、「深い学び」や「深い理解」に関する議論を敷衍的に参照している。ただし、松下はそうした「系譜」として今一つ「深い関与」、すなわち「学んでいる対象世界や学習活動に深く入り込んでいる」という点も視野に入れる必要性を論じている。本稿では、この「関与」と学びの対象をめぐる認識の結束性や重層性の関連について検討はできていないものの、両者の関連は深い学び論の論点といえよう。
4) ここでいう解釈（学び）の主体性は、「わが身ひとつ」という自他認識への態度や歌論としての立場の選択を促すという意味で、学びの対象と自己との関連づけに力点を置いて捉えられている。
5) ここでは、高校国語科のような「教科課程」における現代文や古典といった「科目」レベルで「包括的な」問いが、また「科目」の構成単位である「単

元」レベルで「トピックごとの」問いが成立すると解釈している（ウィギンズとマクタイ, 2012, pp. 324-329）．
6) この授業については、松下 (2016) が「ディープ・アクティブラーニング」の観点から分析している。

文献

藤岡信勝（1989）『授業づくりの発想』日本書籍．

藤原顕・荻原伸・松崎正治（2004a）「教師としてのアイデンティティを軸とした実践的知識に関する事例研究―ナラティヴ・アプローチに基づいて―」『教師学研究』第5・6合併号, pp. 13-23.

藤原顕・荻原伸・松崎正治（2004b）「カリキュラム経験による国語科教師の実践的知識の変容―ナラティヴ・アプローチを軸に―」『国語科教育』第55集, pp. 12-19.

藤原顕・荻原伸（2012）「受験体制の中で自分の教育観にこだわる―ジレンマのやり繰りと教師の学び―」グループ・デダクティカ編『教師になること・教師であり続けること―困難の中の希望―』勁草書房, pp. 161-183.

久保田淳（2016）「百人一首の歌人たち⑯―『わが身ひとつ』という句―」『短歌往来』第28巻第9号, pp. 102-103.

松下佳代（2016）「ディープ・アクティブラーニングと評価―国語単元学習から学ぶ―」平成28年度日本国語教育学会岩手県支部夏季研究大会発表資料．

松崎正治（2007）「初任期国語科教師の力量形成の過程―進学校の学校文化相対化を契機として―」グループ・デダクティカ編『学びのための教師論』勁草書房, pp. 57-82.

溝上慎一（2017）「初等中等教育における主体的・対話的で深い学び―アクティブ・ラーニングの視点―」（http://smizok.net/education/subpages/a00003(shochu).html）（2018年9月13日閲覧）

文部科学省（2018）『小学校学習指導要領（平成29年告示）解説・総則編』東洋館出版．

森脇健夫（2000）「教育内容論の再構築」グループ・デダクティカ編『学びのためのカリキュラム論』勁草書房, pp. 24-42.

永田和宏（2017）『私の前衛短歌』砂子屋書房．

大辻隆弘（2017）『大辻隆弘講演集―子規から相良宏まで―』青磁社．

Shulman, L. S. (1987) Knowledge and teaching: Foundation of the new reform. *Harvard Educational Review*, 57 (1), pp. 1-22.

田中耕治（2017）「戦後日本教育方法論の史的展開」田中耕治編『戦後日本教育方法論史・上―カリキュラムと授業をめぐる理論的系譜―』ミネルヴァ書房, pp. 1-45.

渡部泰明（2014）『絵で読む百人一首』朝日出版．

ウィギンズ, G.・マクタイ, J.（2012）『理解をもたらすカリキュラム設計―「逆向き設計」の理論と方法―』（西岡加名恵訳）日本標準.

第8章

授業における目標の構造・機能と授業づくり
――「あらたな形式主義」からの脱却――

森脇　健夫

　本章では、めあてづくりの意義と課題を明らかにし、めあてのつくりかえによって、とくに主体的な学びが可能になる道筋を明らかにしたい。本章は、めあての形骸化のリスクを排しつつ、しかし、全面否定論をとらない。めあて、ふり返りはほぼ全国の小中学校の教室に浸透しているという現実があり、その現実を無視できないこと、またそれ以上に、本来、めあてが持つべき機能（教育内容研究の深化による主体的な学びの実現）の再構築が必要だと考えるからである。

1. 教室の授業風景の変化

　最近、教室の授業風景は大きく変わってきている。最も大きく変わったのは板書であろう。めあての登場である。以前、例えば1980年代の授業名人といわれる有田和正や手島勝朗の黒板を見ても、めあてらしきものは書かれていない。有田の場合は、「バスの運転手さん」とタイトルのようなものが書かれ、手島の場合は問題が最初から示されている。めあてやねらいの提示は少なくとも授業構成において常識ではなかった。
　「授業の冒頭にめあてやねらいを提示すること」は、国立教育政策研究所による全国学力・学習状況におけるクロス分析（2013年）で、学力との相関関係の存在が指摘されてから、日本全国の学校現場津々浦々に燎原の火のごとく広まった。

以前は、授業のテーマらしきものやタイトルを表すことはあっても授業の冒頭にめあてが示されることはなかった。現在では、反対に、めあてや課題の示されない授業は小中学校ではほぼないという状態である。全国学力・学習状況調査の児童・生徒質問紙、また学校質問紙結果の経年比較によれば、ここ数年で顕著に実施率、児童生徒の認知度がともに上がってきている。

　めあてやねらいの提示は近年の授業改善の方策として、広範にわたって実施されたという意味において最も影響の大きなものの1つであることに間違いない。

　しかし、めあてについては、「めあての内容がめあてになっていない」「めあてと授業の展開がずれている」「めあてに即したふり返りがなされていない」などの指摘がなされている。めあてという形式の導入が優先されてしまい、そもそもめあての提示（可視化）に学習者にとってどのような意義があるのか、また、めあてをたてるにしても、めあての作成にとって何が重要なのか、具体的にどのように作成するのか、等が後回しになり、なおざりにされている。めあてにならない「めあて」が横行し、めあての質の悪さによって授業も共倒れになり、授業改善のツールがかえって授業改善を阻むという逆説的な状況も起きている。

　教育技術の形式主義的な理解と普及は、我が国の学校教育の体質である「定型化」（形式主義）（稲垣忠彦, 1996）により強化され、全国学力・学習状況調査の児童・生徒質問紙、学校質問紙の調査は、それを数値化することによって教師と児童・生徒の「共同幻想」をつくり出し、授業の定型化を助長する役割を果たしている。

　一方、めあての提示については根本的な反対論がある。授業で達成される目標は、結果として到達されたときに初めて明らかになるのではないかという不可知論的な立場から、また、めあてを示すこと自体、授業が先読みされてしまう、という弊害の大きさからの反対論である。著者は、結果として獲得された認識内容や方法の重要性は否定しない。だが、それが必ずしもめあて不要論に帰着するわけではない。獲得された認識内容・方法がめあてと一致しなくても、あるいは一致しないからこそ、その輪郭が明確になる。めあてがあったからこそ、めあてに示されない認識内容・方法も獲得できたのではないか、とも考え

られるからである。「先読み」の可能性については、めあてづくりの工夫によって対処可能だと考える（後述の目標の層構造参照）。

2. 行政主導で進められためあてやねらいの提示

　授業研究の歴史をひもといてみると、目標の設定・提示についての研究的な論及は意外に少ない。我が国の授業研究の水準を一定示す『授業研究用語事典』(1990)、『現代カリキュラム事典』(2001)、『教育方法学研究ハンドブック』(2014)に授業目標への言及はあるものの、項目として特にはピックアップされていない。

　時代のトピックになったかという点からも、『現代教育科学』のタイトルをざっと見ると1970年代の「到達目標か方向目標か」、2000年代の「目標準拠評価」の話題が目につく程度である。授業目標についての議論は、目標設定が授業づくりの基礎・基本でありながらも低調だったといわざるをえない。

　それはいったいなぜか。一つはあまりにも授業づくりの基礎・基本であって、研究的な課題として意識することがあまりないことが考えられる。もう一つは、授業の技術主義批判の中で授業技術の中核にあたる目標づくりやその研究が軽んじられる傾向があったのではないか。

　ところで、最近の「めあてやねらいを授業の冒頭に示すこと」については、明らかに2013年12月に示された国立教育政策研究所の児童・生徒質問紙、学校質問紙の結果と学力調査の結果のクロス分析がそのきっかけとなっている。

　国立教育政策研究所のクロス分析では、①「授業の冒頭でめあて・ねらいを示す活動や最後に学習したことをふり返る活動が特にB問題の記述問題の平均正答率の高さと相関関係があること、②学校質問紙で、「授業の冒頭でめあて・ねらいを示す活動を行った」と回答した学校での同様の問いへの児童生徒からの否定的な回答が小学生35％、中学生61％に及んだことが明らかになった。

　その結果を受けて、いち早く授業改善に乗り出したのは、各都道府県の教育委員会であり、その研修機関である総合教育センター等であった。都道府県各総合教育センターでは、授業づくりのマニュアルの中にめあてやねらいの可視

化をうたった。すでに秋田県では、クロス分析が出る以前に全県的に①家庭学習ノートの充実と②めあてやふり返りを行っていた。
　「授業が始まるときは、筆箱は机の上に出さず、文房具は鉛筆2本に消しゴム、定規、赤青ペンだけ。ノートは、自由な書き込みをしやすいよう見開きで。授業の前にノートに"目当て"を書き、赤で囲んで、何をしたら達成できるかをみんなで考えてから始めます。最後には内容の振り返りをして"まとめ"を書き、青で囲みます」（『AERA』, 2013.7.1）「学力先進県」におけるこうした取り組みの効果がデータによって裏付けられたことも後押しとなった。
　全国学力・学習状況調査における質問紙調査では「授業の冒頭で目標（めあてやねらい）を児童・生徒に示す活動を計画的に取り入れましたか」となっており、めあてとねらいを区別していない。授業実践用語ではねらいよりもめあてのほうがよく使われており、むしろめあてと課題との整合性が問題になっている（めあてと課題の異同については後述する）。しかしここで重要なのは、目標が設定されているかどうかではなく、目標（めあてやねらい）を授業の冒頭で示すか示さないかということである。つまり目標の可視化に焦点化されたのである。
　めあてやねらいの可視化への課題の特化が、短期間にほぼ全国の小中学校の全学校でめあてを授業の冒頭で示すことを可能にしたともいえる。さらには、児童生徒の目標の認知度も上げる結果となった。というのは、めあてという形式をまず取り入れることが授業改善の課題となったからである。児童・生徒質問紙でも、めあての文字さえあれば、その内容いかんにかかわらず、認知度は上がる。学校によっては、研修主任等からめあてふり返りのカードが配布され、校長の授業チェックや校内研究会の授業検討でもめあての有無がまず指摘、あるいは問題にされる事態になった。
　こうして、めあての実施率、また、児童・生徒の認知度双方の劇的向上が実現することになった。だが、その一方で、めあての内容の吟味が十分なされないまま、めあてという看板だけが提示される状況も生起した。

3. めあてやねらいの提示の意義と課題

(1) 見通しづくり活動としてのめあてやねらいの提示

あらためてめあてやねらいの提示の意味について整理しておこう。2017年度版学習指導要領の総則によれば、めあてやねらいの提示は、以下のように児童生徒が見通しを立てることによって学習意欲を喚起するところに主眼がある。

> 【小学校学習指導要領 第1章総則 第4 指導計画の作成等に当たって配慮すべき事項】
> 　各教科等の指導に当たっては、児童が学習の見通しを立てたり学習したことを振り返ったりする活動を計画的に取り入れるよう工夫すること。

図8-1　草分学級の板書（左は黒板の左端の拡大）1年生では3つの「見通し」
　　　　活動：①単元のめあて、②授業のめあて、③じゅぎょうのじゅんばん

第Ⅱ部 「主体的・対話的で深い学び」を捉え直す

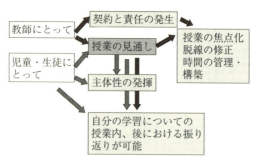

図8-2 「めあて」の機能・役割

　図8-1の板書は草分京子学級（小学校1年生）の板書である。単元のめあて、授業のめあて、そして、授業の順番という3つの見通しづくりが行われている。とくに低学年において、あるいは、特別支援を必要とする児童がいる場合には、いま、何をやっている時間なのか、可視化することは重要である。草分は、今、何をやっているかわからないとパニックに陥る自閉的な特性を持つ児童のために黒板の左端の「じゅぎょうのじゅんばん」を取り入れた。またそのことが他の児童にも効果的だった、と述べている。ここで確認しておきたいのは、めあての提示は、学習者が見通しを持つための1つのツールであることだ。

　めあては図8-2のように、児童・生徒に見通しを与えることによって主体的な参加を促す機能を果たすのみならず、教師側にとっても、授業の見通しを確かにする機能を果たす。また、めあてを明示することによって教師が「契約と責任の発生」を自覚化できるならば、授業のコントロール（タイムマネジメント）や調整も行われやすくなる。

(2) **教育内容研究へと向かわないめあてづくり**

　めあてが内容のない形式的な文言にとどまっている限りは、授業改善にとって無意味である。その段階でとどまっていることも多い。その危機感は行政サイドにもある。

　たとえば大分県教育委員会ではめあてに関して次のように述べている。

　めあてには資質・能力を育むための目標や主眼の構成要素が含まれなければならないとし、①学習内容（〜を、〜について）、②学習活動（〜を通して、〜

第8章　授業における「目標」の構造・機能と授業づくり

【エラー例その1】
「資質・能力」のみで、「学習活動」や「学習内容」が示されていないもの

(小学校2年算数科)
かけ算九九を使って、身の回りにあるものの数を数えることができる。

(中学校1年家庭科)
商品の販売方法と支払い方法の特徴が分かる。

どのような学習内容や学習活動を通してその力を付けていくのかがはっきりしません。授業において、「付けたい力」をどのような学習内容を扱い、どのような学習活動で迫らせていくかを主眼にまとめておく必要があります。

身の回りにあるものの数の数え方について、一つのまとまりのいくつ分の考え方と九九表をつなぎながら見つけて、身の回りにあるものの数をかけ算九九を使いながら数えることができる。

インターネットの書籍販売について、地域の書店との販売方法のメリットやデメリットを比較しまとめる活動を通して、商品の販売方法と支払い方法の特徴が分かる。

図8-3　大分県教育委員会の「めあて」のエラーと修正

をまとめて、〜に整理して等）、③資質・能力（〜できるようになる）とされている。その観点からめあてを具体的にチェックしようとしている。たとえば次のような例である。

　めあての内容改善についての取り組みはめあてのつかませ方にも及んでいる。岡山県総合教育センターではめあてのつかませ方の一例として次のようなようなものを例示している。

　①前時の復習などを取り入れ，既習事項と未習事項を明らかにする。②「何を（内容）」と「どのように（方法）」についての見通しを持たせる。

　めあての形式主義からの脱却は、めあてやねらいの提示を進めてきた行政側も意識せざるをえないほどの課題になっている。めあての提示が、学習者の見通し→「主体的な学習への参加」とは必ずしもなっていない現状がある。さらにめあてづくりや可視化には下記のようにより本質的な問題が存在する。

　一つは、教科書、学習指導要領を無批判に前提としためあてづくりに自足してしまい、教育内容研究が深まらない、という問題である。教育内容研究に裏

打ちされないめあては、学習者の意味の希求に応えるものにならず、主体性の発揮を呼び起こすものにならない。

　もう一つは、めあての可視化のプロセスの問題である。児童・生徒にわかりやすく、ふり返りのしやすい言葉に変換することが求められている。しかし、その変換によって起こる焦点化と、それに伴う重要な教育内容の捨象の問題である。上記の課題について次の4つの局面の中で論じる。

4. 授業の目標の構造・機能が発現する4つの局面と問題の所在

(1) 授業の目標が機能を果たす4つの局面

　授業の目標の構造や機能について、授業づくりの時間的な順序にしたがって整理をしておこう。

　授業づくりから実施・評価において、目標は主には4つの局面において課題となる。第1の局面は、目標づくりである。この局面では教育内容研究が教材研究とともに問われる場面である。何をどのように教えるのか？　次世代に継承すべき文化内容を、学習者の発達水準、既有知識、経験とのすり合わせを行いながら、教育内容として確定し、教材や活動に具体化することが課題である。また、縦のつながりである系統性や横断的なつながり、カリキュラム・マネジメントも問われる。

　第2の局面は目標（めあてやねらい）の提示の局面である。ここでは授業の目標はめあてとして可視化されることになる。この可視化は翻案（transformation）と呼ぶにふさわしい工程である。翻案は梶浦（2014）によれば①ガイダンス・オリエンテーション効果、②動機づけ効果、③スキーマ・ゲシュタルト効果を持つことになる。授業の目標は、こうした工程を経て学習者に示されることになる。

　第3の局面は授業運営における目標の機能の発揮の局面である。目標はめあてとして提示され、授業運営において①「地図効果」（学習位置の確認、授業の見通しと修正、タイムマネジメント）、②臨床的対応の根拠としての機能、③目標の修正やリセット機能を発揮する。

　第4の局面はリフレクションの基準としての機能である。この局面では授業

の目標は、リフレクション、評価の観点を与え、学習者自身が自分の学習をふり返るツールとしての機能を果たすことになる。

(2) 4つの局面における問題の所在
①第1の局面における課題——意味の希求に応えるめあてとその提示——

めあてを提示する授業でよくあるのは、めあてが示され、それをノートに書かせることで「自分化」をはかる、あるいは、前時の復習の上にめあてが示されることである。しかし、本時のめあてがなぜ重要なのか、どのような意味と効果を持っているのかはほとんど示されることはない。「なぜこのことを学ばないといけないのか」という学習者の学ぶ意味の希求に応える意識は教師側にはほぼない。

学習者の意味の希求に対峙しようとすると、なぜこのことを児童・生徒に教えなければならないのか、教師の探究は深化し、教育内容研究は教科書研究を超え、学問的テーマの研究に連なっていく。そして、それは翻って、学習者にとって熱中できる活動の設定となる。そのことを村上公也の実践を紹介して示そう。

村上は、特別支援教育において「書くことの意味を教える」授業を行っている。概要は以下の通りである。漫才の世界に興味・関心をおぼえた2人の児童に「今度は、ノリツッコミの漫才のネタを教えるから」と言って授業は始まる。ここでのポイントは「ネタは隣の教室の黒板に書いておいたよ」と言って、2人に見に行くように言う。2人は一生懸命覚えようとするが、なかなか覚えられない。そこで「メモをとるといいかも」と言う。そして、2人は拙い字ながらも必死でメモをとる、という実践である。めあてが可視化されているわけではないが、子どもの「なぜ、書かなければ（メモしなければ）いけないの？」という問いに応える実践になっている。

ヴィゴツキーは、書き言葉には話し言葉と異なり、内発的な動機づけがないと述べる。私たちは、書き言葉習得の時期の児童に、とにかく書くことを教え（たとえば日記、作文）、それを続けるように言う。書くことの意味を教えることについては二の次になっている。そのことが書くことを苦痛にしか思わない大量の若者を生み出している。

書くことの意味（つまり話し言葉にはできないが書き言葉にはできること）が2つあるとヴィゴツキーはいう。記憶の補助ツールであり、時空を超えた相手に伝えることができることだ。記憶の補助ツールとしての書くことの意味を見事に村上は子どもたちに教えている。「メモをとるといいかも」という示唆は、拙い字ではあるかもしれないけど、役に立つ実感を伴った活動になった。

　学習者が学習の意味を実感できる学習活動の組織は、教育内容研究としていきなり学問的な探究に入らなくても、学習内容をなぜ教えなければならないかという探究が導いてくれる。また、その探究こそが、深い学びを実現させるアクティブ・ラーニングの組織へとつながる。めあては単に「メモをとることができる」や「メモのとり方がわかる」とかではなくて、「メモをとるとどのようないいことがあるかがわかる」「（記憶の補助ツールとして）メモをとるとすればどのようにとればいいかがわかる」となるだろう。

　教育内容研究が進めば、授業の展開が変わる。たとえば、「空気はモノだ」という把握が、空気をつかまえ、空気の形を変える活動へとつながり、「ペリー来航の本当の理由＝上海・広東との太平洋航路を開くため、中継基地を求めていた」という把握が、ペリーの黒船がアメリカから日本へ東廻りできたのか、西廻りできたのかの航路探しへと結びつく（林竹二,1984）。それにしたがって、めあてもただ単に「空気鉄砲で遊ぼう」（認識目標なしの活動目標）から「空気をものに例えると、どんな実験や活動を考えることができるか？」（ガリレオの実験等につながる）、また、「黒船来航の目的を調べよう」（観点のはっきりしない活動目標）から「ペリーはどうやって日本に来たか、太平洋を渡って来たのか（西廻り）？　それとも大西洋、インド洋を渡って来たのか（東廻り）？　そこからペリー来航の本当の目的を見つけよう」となる。めあては教育内容研究（その背後には学問研究が存在する）とアクティブ・ラーニングをつなぐ役割を果たすことになる。

　図8-4は、めあて、授業の目標、教育内容、文化内容の連関図である。学習者から見れば、いわば見えている月の表側の裏に見えない世界が広がっている。その豊かさが教材や活動、アクティブ・ラーニングの「深い学び」へのつながりを担保している。

第 8 章　授業における「目標」の構造・機能と授業づくり

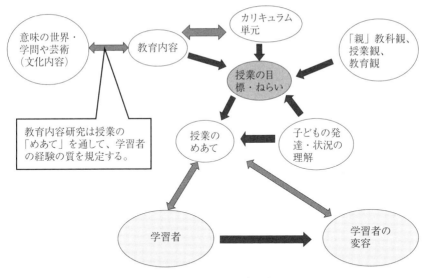

図 8-4　「めあて」の向こう側

②第 2 の局面における課題——めあてやねらいの可視化に伴うリスク——

　さきほど述べた大分県教委のめあてづくりのように、「〜できる」で「めあて」を表すことが多方面で行われている。たとえば、語学教育における「can do リスト」の作成等である。たしかに「〜できる」はめあてとしてきわめて明確であり、それに即したふり返りもしやすい。さしあたっては、「できる」を語尾につけて、めあての言葉を考えることは、めあてづくりの重要なプロセスである。その際、「できる」への還元についての宇佐美寛の問題提起は留意すべきであろう。

　宇佐美（1975）は「学習目標の明確化」に関し、「交通のむかしといま」（小 4 社会科）について、「江戸時代の旅のしかたと社会のしくみとの関係を理解する」などというより「関所や川止めのような江戸時代の旅の不自由さの例を挙げられる」「川止めの理由を言うことができる」のほうがはるかに明確であると述べ、「明確化」の意義を認めながらも「教えられるべき教科内容は、このような行動を示す形の日常言語に置きかえきれ、還元されるものなのだろうか」と述べる。「〜できる」という行為は明確ではあるが、例を挙げることができたから、といって関係を理解したとは必ずしもいえない。わかること、が

147

できることに還元しつくせるか、という問題と、還元の方法論の問題（認識内容の本質をそこなわない還元の在り方）が問われている。

③第３の局面における課題──目標構造の多層性──

　提示されためあてやねらいは１時間の授業において達成可能な目標だが、教師の授業目標は多層的である。たとえば、英語教師田尻悟郎が授業中に生徒に語るシーンがある。

　「英語ができることはいいが、それよりも大事なことがあるでしょう。自分ひとりがよければいいというものではない。人の気持ちがわかること、が大事やね。修行やね。」（『プロフェッショナル仕事の流儀　中学校教師　田尻悟郎の仕事』(NHK, DVD)）英語教育に魂を注ぎ、プロフェッショナルとしての誇りを持つ田尻が「英語ができることよりも大事なこと」があることを授業中に生徒に語りかけるこのシーンは印象的である。田尻は英語の授業を「その授業の目標」だけに基づいて行っているわけではない。松井（2007）たちが述べる「複数の教育」を持って授業実践に当たっている。私たち（康・森脇他 2015）の事例研究によれば、目標構造はおよそ三層構造をなしており、「見える目標」と「見えない目標」が存在する（図8-5）。また、経験と省察を重ねていくことによって、目標構造は多層化する。

　目標構造の多層化は授業、単元、年間目標のように明文化できる層と明文化されずに埋めこまれていく層、どちらともに起きる。授業が想定外の展開を見せたとき、「できごと」が起きたときに埋め込まれた目標が「できごと」への臨床的な対応を可能にする。たとえば、普段は発言しない○○君が手をあげようとしていて、目があったときにどうするか。また、○○君を指名したが、立ったまま何も言えない状態が続いたときにどうするか。１時間の授業目標の達成という展開の必要性からは、流してしまいたいところだが、○○君がこれからずっと教室の中で安心して発言ができるきっかけになるのでは？　あるいは、○○君の成長のきっかけになるかもしれない、と考えるならば、待つ、という判断もありうる。

　こうした臨床的な対応が必要な場合には、めあては修正、あるいは、リセットされる場合も出てくる。つまり、可視的なめあては層構造の中の１つの目標

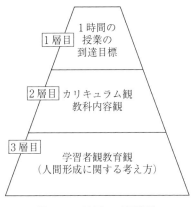

図 8-5　目標の三層構造

(康・森脇他, 2015)

が翻案されたものなのである。その位置づけ、意味づけがなければ、可視化されためあてが絶対のものとなり、授業はきめて窮屈で次々と起こる不測の事態に対する対応もうまくできない。

　この目標構造の多層性は、授業のめあての立て方に豊かなバリエーションを与える可能性を持っている。めあてを立てることによる「先読み」の可能性の懸念は、目標構造の多層性を意識することによって、また、授業の到達目標の手段的「置き換え」によって払拭することができる。たとえば、ウォーキングは、「成人病を防ごう」や「体内脂肪を燃焼させよう」という直接的な目標よりも、「一駅歩いて普段とは違う風景を眺めよう」や「もう 10 センチ歩幅を広げて大股で歩こう」、さらには「毎日 5000 歩歩いてポイントをもらおう」の目標を立てたほうが楽しくやる気が起きる。ただし、本質的な目標をそこなうような「置き換え」には気をつけなくてはならない。

④**第 4 の局面における課題**──リフレクションの基準としてのめあて──

　第 4 の局面において課題となるのは、リフレクションの基準としてのめあてである。リフレクションが可能なめあてになっているかが問われる。たとえば、「ごんぎつねの気持ちを考えよう」「地域のお年寄りの生活について調べよう」というような活動目標の場合、「考える」「調べる」という行為の有無が問題と

第Ⅱ部 「主体的・対話的で深い学び」を捉え直す

なり、何を考えるのか、どう調べるのかとは問われないため、おそらくほぼ全員「考えた」「調べた」ということになろう。そのようなめあてではめあてに即した評価はできない。多くのそうした授業で見られるのは、最後のふり返りでおおざっぱに授業の感想を問うことである。

ただし、「考える」「調べる」等の活動をめあてから完全に排除すべきだとは考えない。「考える」等の活動をめあてにする場合には、何をどのようにどういう視点で考えるのか、具体的な条件をめあてに入れ込むことによってふり返りができるめあてになる。

5. めあての戦略──めあてに依拠しつつ「めあて」を超える授業づくり──

（1）用語の整理

めあてに関する課題をいま一度確認するために、めあてに関わる類語を整理する。

めあてに近い意味で用いられる用語に「（授業）目標」「（学習）課題」「（授業の）ねらい」等がある。文科省はめあて、ねらい、目標をほぼ同義として使用している。また課題という用語はめあてとほぼ同義で使用する場合（岡山県総合教育センター）もあるが、違う意味で使う場合もある。混乱を避け、課題をはっきりさせるために、あらためて定義をし、異同を明確にする．

まず、めあてと（授業）目標、（学習）課題、（授業の）ねらいの違いについてである。めあてという言葉は日常語では、学習者がたてた目標である。「夏休みに25メートル泳げるようになりたい」「字がうまく書けるようになりたい」という学習者本人が語る目標がめあてである。めあてが本来子どもがたてるべきだとするならば、一般の授業において教師がめあてを授業の冒頭において示すことはしてはならないのか。

めあての提示を教師が行う根拠については、発問をなぜ教師がするのかの理由と同じレトリックが使えるだろう。つまり、授業内容を事前に知らない、また経験的発達的に未熟な学習者の場合には、本来学習者自身がたてるべきめあてを教師が代替することが必要である。学習者に寄り添って、学習者の言葉を使って、この授業でできるようになる、わかるようになることを明示するのが

めあてである。したがって、やがてはめあてを学習者に返していくべきものである。それに対して（学習）課題は教師が与えるものである。めあてと課題は、学習の見通しを与える（持つ）意味においては同じ機能を果たすが、課題はその時間で解決できる問題という形をとることが多く、解決はまとめで示されることになる。学習者が見通しを持つという観点からいえば、教師は先を読まれそうなめあてよりも課題を選ぶ場合もあろう。

　整理すると、めあてと課題は学習者に見通しを与え、ふり返りとまとめは授業で学んだことを端的に明らかにする機能を持つ。また、めあて↔ふり返りは学習者の営為であり、課題↔まとめは教師の仕事である。

（2）めあてに依拠しつつ「めあて」を超える授業へ

　めあては1つの形式（フォーマット）である。形式主義に陥る可能性（可視化自体が自己目的化する可能性）のリスクもある一方で、めあては授業の目標構造の一端でもあり、授業改善の戦略地点になり得る可能性もある。

　授業改善としてのめあての形式の導入は、一定の授業改善をつくり出しているのは事実である。型に溺れないようにリスク管理をしながら、より深い学びへの「道」を指し示すことが肝要である。

　そのための基本的な理念は以下の通りである。

①めあては形式から内容へと発展する。すなわち型から入り、内容をつくり出していく方向性を持っている。（from form to content）
②めあては学習者の世界の言葉である。めあてづくりは教師が児童・生徒に代わって行うのであって、やがては学習者に返していくものである。（facilitate）
③学習内容の意味を問う探究はめあてをより高度化し、学習者の活動（アクティブ・ラーニング）をより深い学びにつなげる。（meaning of study）

　以上の理念に基づいて次のようにめあての6要件を試作した（表8-1）。

　1では、まず教師のねらいや目標の可視化が課題となる。2では、めあてを学習者の経験の文脈に位置付ける。1、2は全国学力・学習状況調査において、児童・生徒質問紙に関連質問があり、授業の導入部分として共通認識となって

第Ⅱ部 「主体的・対話的で深い学び」を捉え直す

表8-1 めあての6要件

1 めあての可視化	めあてが提示される。
2 めあての「自分化」	学習者の既習学習事項や経験とつなげ、自分化する手立て（読ませる、書かせる）が講じられている。
3 めあての「逆算」設計	授業終了時に児童・生徒につけたい力が具体的にイメージされている。また、めあて達成のために、どのような活動や教材が選択され、また、それらが授業の展開の中に位置づけられるのか明確である。 ＊授業が終わったときの子どもの姿（できるようになること、わかるようになること）を想定する。
4 めあての言葉の吟味	めあての言葉が、学習プロセスと学習結果、両方において吟味されている。考える、調べる、探究する、知る、わかる、できる等、具体的な活動内容の質が吟味され、振り返りが可能な活動として設定される。 ＊ふり返ることができるめあてか？ 学習過程と対応しているか？
5 わくわく感、ドキドキ感のあるめあてに	児童が「やってみたい」「わくわくする」と思えるめあてになっているか。＊やってみたいと思えるめあてか？
6 学習の意味の提示としてのめあて	めあてによって学習の意味が提示できているか。 「めあてが達成できたら、こんなふうな見方ができるようになるよ。」 「〇〇ができたら、こんな世界がひろがるよ」といえるもの。 ＊やったことが意味のあるように思えるめあてか？

（森脇作成）

いることである。3、4はめあてをふり返り可能にする条件づくりである。5、6は本章の主張である、「なぜ、このことを学ぶ必要があるのか。学んだことを何にどう活かすのか」をめあての中に入れ込む段階である。

1、2は授業の検討の際、チェックしやすいこともあり、初任期の教師を含め、ほぼすべての教師がこの段階はクリアしているものと思われる。だが、3、4になると、ふり返りのできない「めあて」が横行し、めあての「逆算」設計ができていないので、授業の展開もめあてとはずれたものになってしまうことが往々にしてある。

5、6になると、教材（活動）および教育内容研究の広さや深さが求められる。以上、1～6までの要件は、めあてを授業づくりの形式・ルールから深い学び

第8章 授業における「目標」の構造・機能と授業づくり

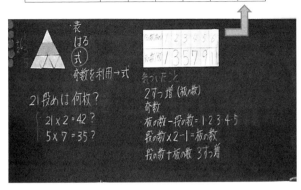

図8-6 「めあて」の示されない授業

を実現するためのツールとして捉えなおす過程でもある。

めあてづくりによる授業改善の具体例を挙げる。図8-6は小学校算数「きまりをみつけよう」の授業である。問題らしきもの「21段目は何枚」はあるが、めあては示されていない。何を子どもたちに獲得させたいか児童に明確に示されていないため、教師も目標意識が弱く、この時間内には問題を解くことはおろか、アプローチすることもできなかった。グループ活動を取り入れたが、「表を見て気づいたことはないか」と問うために、児童からは多様すぎる意見が出てしまい、結局整理ができなかった。

ある教員研修でさきほどのめあての6要件を使って、この授業を改善するという課題に取り組んでもらった。

たとえば、次のような改善案が出された。「段の数と板の数の間のきまりを見つけて、数えなくてもよく、楽チンに板の数を求めよう」（下線筆者）

めあてに即したふり返りができることはもちろんだが、「きまりを見つけることの意味」をめあてに入れ込むことによって、子どもたちがやってみたい、と思えるめあてになる。

153

【まとめ】

- 本章ではまず近年の授業づくりの有力なツールになっている「めあてやねらいの提示」（可視化）について問題の所在を明らかにした。可視化を優先しためあてづくりは、形式主義の蔓延と教育内容研究の不問によって授業の質をかえって低めてしまう。
- めあてを「てこ」とした授業改善を進めていく方策を具体的に提案した。めあての本来の機能、学習者が見通しを持てること、振り返りができること、教育内容の意味を実感できることによって、めあては主体的な学習を可能にする。
- めあてづくりから始まる授業改善において、さらに深い学びにつながるアクティブ・ラーニングを組織するためには、教育内容の意味を問う探究が必要である。「なぜこのことを学ばなければならないのか」という学習者側の問いに真摯に向き合うことによって、めあてのさらなる探究が始まる。

文献

有田和正（1988）『写真で授業を読む社会科「バスの運転手」―有田和正の授業―』明治図書出版.

林 竹二（1984）『開国をめぐって 林竹二著作集5』筑摩書房.

稲垣忠彦・佐藤学（1996）『授業研究入門』岩波書店.

梶浦真（2014）授業冒頭の目標提示活動を考える（4）. (http://blog.livedoor.jp/kyouiku39-smile/archives/16629768.html)

国立教育政策研究所「平成25年度全国学力・学習状況調査クロス集計結果」（2013年12月25日）.

康鳳麗・森脇健夫・坂本勝信（2015）「日本語教師の「熟練性」の研究―熟練教師の目標概念の多層性，ネットワークと機能に注目して―」『鈴鹿医療科学大学紀要』No. 22, pp. 31-44.

手島勝朗（1992）『知的葛藤を生みだす算数の授業（シリーズ・90年代算数科授業の新研究）』明治図書出版.

松井かおり・今井裕之（2007）「中学校英語授業における熟練教師の思考と実践の展開過程―教育目標に焦点をあてて―」Language Education & Technology（44）, pp. 117-133.

森脇健夫（2018）「初任期教師の授業実践指導力の課題と課題克服のための支援ツール（ルーブリック）の開発」『三重大学教育学部研究紀要』第69巻、pp. 531-539.
ヴィゴツキー（2001）『思考と言語』（柴田義松訳）新読書社.

第9章

アクティブ・ラーニングの自己目的化に異議あり！
—「先廻りリサーチ」を欠いたアクティブ・ラーニングは必ず空中分解する—

村井　淳志

　本章ではまず1節〜節3で，アクティブ・ラーニングに対する教育現場の生の声を紹介し、アクティブ・ラーニングの強制がいかに深刻な混乱をもたらしているか紹介する。続いて4節で、アクティブ・ラーニングを自己目的化した授業がどれほど惨めな結果になるかを検討。そして5節〜6節では、4節で扱った江戸時代の授業に対する対案を提示する。7節〜8節ではおもしろい授業づくりにとって欠かせないのは、教材研究を通じた「意外性」と「ストーリー性」であることを論じる。

1．現場に渦巻く、アクティブ・ラーニングへの懐疑と不審

　いま、教育現場では「アクティブ・ラーニング」の嵐が吹き荒れている。教師たちには、ありとあらゆる研修の場で、教育委員会や管理職から、「アクティブ・ラーニングをやれ！　やれ！」という強い指示が連発されている。しかし、それを熱烈歓迎している現場教師は少数なのではないだろうか。むしろ心中、強い懐疑・不審を抱いているのに、それを口に出していえない雰囲気、いわば「アクティブ・ラーニング・ファシズム」が教育現場を覆っているのではないか。私が担当した教員免許状更新講習（2017年、2008年）での感想文から拾ってみた。

● アクティブ・ラーニング。学校では推進しているが、結論がどうなんだ？

第9章 アクティブ・ラーニングの自己目的化に異議あり！

これでいいのか？　と、いつも感じていた。

- アクティブ・ラーニングに関しては……以前から疑問に思っていました。子どもが中心とはいいながら、何が学べたのかはっきりわからない授業をいくつか見たことがあるからです。でも、自分が主になって話し続ける自信がないから、子どもに活動をぶっぱなしてアクティブ・ラーニングもどきの授業をしたことがあります。私の場合はただ自分が舵を取ることから逃げているだけのようでした。
- アクティブ・ラーニング……。よくわからないし、以前言われた「課題解決学習」……。行き着く先はよくわからないような授業に陥りそうで、私自身は実践に移せるか、自信がありません。
- アクティブ・ラーニング……。児童が何となく主体的にやっているふうで何を得られたかわからないような授業になってしまうことが自分自身あり、もやもやしていた……。
- 個々の（教員の）資質に負うことが多い授業よりも、アクティブ・ラーニング、ワークショップなどは技術を伝えれば、誰でもできると施策者側は考えているのではなかろうかと、個人的にはうがった視点で見ているところです。……児童参加型の授業で、当たり前のことが当たり前だったね、となりがちなのかなと感じました。
- 最近、"アクティブ・ラーニング"、"次の学習指導要領"などの話を聞けば聞くほど、そういった授業をしなければいけない、もっと知らなければと思うのですが、結局、教師が教材分析もできていないまま、そちらに重きを置くと、方法だけで中身が伴っていないものになると思うので、本末転倒だなと思います。

このアクティブ・ラーニングという言葉はもともと、大学教育の改革を目指した中央教育審議会の答申の中で用いられた。「教員による一方向的な講義形式の教育とは異なり、学修者の能動的な学修への参加を取り入れた教授・学習法の総称」（2012年8月中教審答申「新たな未来を築くための大学教育の質的転換に向けて〜生涯学び続け、主体的に考える力を育成する大学へ〜」付属「用語集」より）なのだという。

中教審で 2012 年に初めて使われた言葉であるにもかかわらず、国立国会図書館 OPAC で「アクティブ・ラーニング」で検索してみると、現在までに何と 3700 件もヒットする（2018 年 8 月末現在）。アクティブ・ラーニングを批判的に検討したことが明らかな（たとえば本稿のような）例はほとんど見られない。2014 年以後に限定すると、わずか 4 年あまりで 3500 本もの提灯論文が生産されること自体、異様であり、教育関係者がいかに自分の頭で考えていないかを如実に証明している。冒頭でも述べた通り、これではさぞかし、研修の現場では「アクティブ・ラーニング」が無批判に連呼されていることだろう。

2. 対語を貶める言葉のマジック

先に、アクティブ・ラーニングが批判する授業、いわばアクティブ・ラーニングの反対形態（対語）は「教員による一方的な講義形式の教育」だと定義されたことを紹介した。しかしちょっと立ち止まって考えてみよう。「一方的な」「講義形式」といわれれば、確かに退屈な話を聞かされる苦痛を思い浮かべる。しかしこれは実は、言葉のマジックにすぎない。アクティブ・ラーニングの要素はまったくないけれど、講師の巧みな話術・意外な展開・納得の結末で終わる、すばらしい講義にうならされた経験を持つ人だって少なくないはずだ。こういうすばらしい講義を「一方的な講義形式」と貶めていいはずはない。

私は教員免許状更新講習では必ず、こういう言葉のマジックを暴くために、「アクティブ・ラーニングの反対だけどポジティブな言葉」を考案してください、というクイズを出す。先生方は全員、「そんなこと、考えたこともなかった」とおっしゃる。

正解は、「ワンマンショーの授業」。これをいうと会場がドッと沸く。

- 穴埋め式は、どんな言葉が入るのかいろいろ想像できてよく考えた。ワンマンショーとは驚いた。最近は確かにアクティブ・ラーニングしか聞かなかったので、とても新鮮だった。教師主導型も大切な授業だと思った。
- これまで受けてきた研修のすべてといっていいほど、アクティブ・ラーニング推奨だったので、それと正対するかのような、ワンマンショーを推奨され

るお話は非常に興味深かったです。
- （模擬授業は）どの話もストーリー性や意外性があり、これらがあることで知的好奇心が刺激され、ワンマンショーの授業でも知識が増え、自ら考え、調べたくなるということを、身をもって経験することができました。
- アクティブ・ラーニング批判は私もまったく同感で、自分も機会を捉えて、まず教師がワンマンショーできる力をつけることを訴えていきたいです。
- アクティブ・ラーニングの授業は不得意です。頭を悩ませていました。しかし今日の講義を通してあらためて、ワンマンショーのよさに帰ることができたようです。「大人がおもしろがる」→「意外性」と「ストーリー性」のあるワンマンショーをぜひ実践しようと思います。
- ただ動いている、活動している、話しているという状態はアクティブとはいえないと思っています。……「心をゆさぶられ」→「そこから思考する」ことがアクティブ・ラーニングだと思っています。そういった意味では……、ワンマンショーでもそのような状態をつくれると思っています。

　ワンマンショーなら聞いてみたいと思うだろう。ここで強調したいことは、授業形式とおもしろさとの間に相関関係はない、ということなのだ。
　私は講習ではしばしば、映画の例を出す。映画館の中で観客は何か、アクティブなことをしているだろうか？　そんなことはまったくない。暗闇の中で黙って座ってじっとしているだけだ。それでも魂がひっくりかえるような、忘れられない感動を体験することがしばしばだろう。おもしろさと伝達形式を直結する愚かさは、映画の例を引けば自明ではないだろうか。

3. アクティブ・ラーニングとワンマンショー、若い教師にとって難しいのは？

　ところで、経験の浅い若い教師にとって、授業づくりをする上で難しいのは、アクティブ・ラーニングとワンマンショー、いったいどちらなのだろう。
　というのも、たとえ子どもにとってどんなによい授業形態であっても、実際問題、経験の浅い教師の手に余るとすれば、結果的に現場に大きな混乱をもた

らす。少なくとも教員の経験・力量についての前提抜きで全教員に強要することは、文教政策として当を得ていないのではないか。

　難しいのはもちろん、アクティブ・ラーニングのほうだ。子どもの自発的な学習活動をオーガナイズすることはベテラン教師にとっても大変難しいことなのだ。エピソードを1つ紹介しよう。

　かつて石川県教職員組合（県教組）主催の教育研究集会で、社会科分科会の助言者を務めていたときのこと。ある小学校の先生（50代女性）のレポート「七尾（地名）もの知り博士になろう！」。これは小学校中学年を対象に、子どもを七尾市内の探検にでかけさせ、班ごとにレポート発表させるという、（当時はそういう言葉はなかったが）まさにアクティブ・ラーニングを地で行くような授業だった。しかしレポートを一読して、子どもたちの体験が行き詰まり、発表も低調、要するに調べ学習が空中分解していることは明白だった。レポート報告された先生もそのことをよく自覚しておられ、どのようにすれば充実した調べ学習になるのか、アドバイスをもらうつもりで県教研にレポートをもってきました、という。私は次のように言った。

　「子どもたちに七尾もの知り博士になってほしいのなら、まず先生ご自身が、七尾もの知り博士になっていないとダメですよ。いろいろおもしろいネタを仕入れておいて、それをあえて出さずに、子どもが行き詰ったら少しだけアドバイスする。そういう先廻りリサーチなしで子どもをぶっ放しても、空中分解するに決まっています。」

　この「先廻りリサーチ」という用語は私の造語で、アクティブ・ラーニングを進める上では絶対に必要だ。これなしでは、単なる無責任授業になってしまう。

　では教師が先廻りリサーチをしっかり行い、おもしろいネタをいっぱい仕入れたとしよう。それをワンマンショーで教えてしまうか、あえて出さずにじっと我慢しながら子どものアクティブ・ラーニングを見守り続けるか。この両者のどちらが難しいか、明白だろう。後者のほうがはるかに難しい。

　だから、若い教師の力量形成の道筋としては、まずワンマンショーの授業ができるような実力を身につけてから、それをあえて出さずにアクティブ・ラーニングさせてみる、という手法も徐々に取り入れる、という段取りが正解なの

だ。

- 先日の総合訪問でも、教育委員会にアクティブ・ラーニングをするように求められた。先生（になってまだ）3か月の人間には無理だと思っても、聞き入れられるわけもなく、どうするべきか悩みもあった。
- アクティブ・ラーニングは難しい、というのは、とってもよくわかります。まずはその教材についてよく知ること、くわしくなることが一番大切なのに、どうやって子どもを動かすか、という次の段階のことばかり考えてしまっているように思います。
- 「ワンマンショーの授業に強くなる」というのは、これまで回りの先生方や指導主事からはいわれたことがないことだったので、それこそ、意外性を持ちましたが、確かに教師にとっても子どもにとってもアクティブ・ラーニングのほうが難しいものであることに気がつきました。実際自分自身もこの1学期の調べ学習で、自分の知識不足から子どものゴールの姿を見出せないまま見切り発車して授業を進め、あいまいなまとめをしてしまい、大いに反省していたところでした。そのような悔いの残る授業はもうしたくないです。

　私は若い教師には、管理職や指導主事に「教師主導だ」と批判されても決してひるまず、「ワンマンショーができる実力をつけてからアクティブ・ラーニングに取り組みます」と反論してください、とアドバイスすることにしている。

4. アクティブ・ラーニングの自己目的化は無惨な授業に終わるだけ

　アクティブ・ラーニング研究指定校の授業を見せてもらったことがある。科目は中学校の「歴史」、単元は「幕藩体制の成立」で、教科書はT書籍だった。
　まず教師が「なぜ江戸幕府は、260年もの間、国内統一することができたのだろうか」と発問した。この問いはT書籍の指導書に掲載されているので、全国でこの発問から始まる授業が行われているはずだ。教師は班ごとに、仮説をつくることを指示。そして班ごとに1台、iPadが配布された。
　各班では教科書や資料集を調べながら、答えを探していく。答えらしい情報

はノートに書き留める。そして班で話し合いをして、まとまったら、iPadに入力していく。入力内容は、教師のパソコンにメールで送信する。教師はそれをすべての班の端末で共有できるようにした上で、プロジェクターで黒板に投影していく。ICTをフルに活用した、アクティブ・ラーニングなのだそうだ。

しかし後ろで見ていると、どうも生徒たちの表情が冴えない。楽しそうに学習しているようには見えない。やらされ感が満載。生徒たちは、江戸幕府が260年間続いた理由を、ぜひとも知りたいわけではなく、先生が何をいわせたがっているのかを探しているだけなのだ。生徒たちが教科書や資料集から見つけてきた「正解」は次のようなものだった。

① 全国の要所に譜代大名を配置し、合わせて武家諸法度や禁中並公家諸法度などのきびしい法令をつくることで、外様大名や天皇を監視・統制し幕府に刃向かわないようにしていた。
② 全国400万石を天領として領有し、同時に金山・鉱山を直轄地にして貨幣鋳造を独占するなど、経済力でも反対勢力を圧倒していた。
③ 参勤交代を強制するなど、大名から人質を取り、かつ継続的に敵の経済力を削ぐ施策を続けた。

生徒たちは、大勢の参観者を気にしてサボるわけにもいかず、何とか見つけた「正解」を教師に送信し、立って発表もする。しかしどうにも気持ちが乗らないものだから、作業も遅れがちで、声も小さい。子どものノリが悪いことに苛立った教師は、「もっとICTリテラシーを発揮しようよ！」と叱咤するのが虚しく響く。アクティブ・ラーニングを自己目的化した授業がどれほど無惨になるか見せつけられたようで、痛々しかった。

なぜこの授業がうまくいかなかったのか、答えははっきりしている。まず発問がおかしい。確かに江戸時代は260年以上続いたが、室町時代だって240年近く、鎌倉時代は150年ほどだが、平安時代に至っては400年も続いたのだ。継続時間だけなら、江戸時代だけが突出して長いわけではない。なのに、長かった理由を考えろ、という問いに戸惑うのは当然ではないだろうか。

しかも教師が求める答えも根本的におかしい。江戸幕府が実施した、反対勢

力統制のための施策を挙げれば挙げるほど、ではなぜ、室町幕府や鎌倉幕府はそれをやらなかったのか、という根本的な疑問を惹起する。

　さらに生徒たちは、小学校6年ですでに日本歴史の授業を受けているから、明治維新によって徳川幕府が打倒される運命にあることも知っている。いくら強くったって、いずれは薩長軍に負けるんだろ、という思いもある。ここでの問いは、江戸幕府の強さを説明しつつ、明治維新という事実とも矛盾しない答えを見つけなければならない。これはかなり難しい。

　こう考えてみると、「幕藩体制の成立」という授業単元をどういう発問で始めるのか、そう簡単ではないことがわかる。教師は、iPadの配布やメールの送信方法について頭を使う前に、肝心の、授業の発問についてもっと再検討し練り上げるべきではなかったのか。発問は指導書任せで、授業方法や情報機器使用の工夫に精力を注ぐのは、本末転倒ではないか。生徒が「能動的」であるためには、考えたくなる、調べてみたくなる、答えを求める努力に価する、学習課題が提示できるかが、第一に問われなければならない。失敗の原因はここでもやはり、先廻りリサーチの不足だったのだ。

　私が実践に感銘を受けてきた教師たちは、教材研究に8～9割の時間とエネルギーを費やしている。そのプロセスで、教師自身が新しい発見を経験し、好奇心をかき立てられ、「へーっ」と「なるほど」がある。

　教材の提示方法やそれを実感・咀嚼させるための方法は、教師自身が感じた驚きを再構成して子どもに追体験させるプログラムが中軸となるから、ほとんどエネルギーを使わない。使う必要がないのだ。

5. 私ならこう発問する江戸時代の授業

　私なら、江戸時代はこの発問で始めたい。まず、このグラフ（教師なら誰でも、市販の年表情報などから自分で簡単に作成できる）（図9-1）を見せる。一見して、戦争に動員される人数が爆発的に増加していることがわかる。そこで発問。

　「後半の戦争ではずいぶん、動員される人数が増えていますね。後半の戦争で新たに動員された兵士は、普段から軍事訓練をしている人なのでしょうか。そうではないとすれば、普段は何をやっている人なのでしょう」。

第Ⅱ部 「主体的・対話的で深い学び」を捉え直す

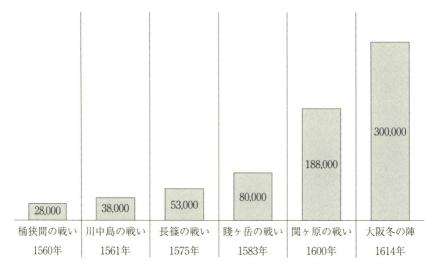

図 9-1　戦国合戦の動員人数

　教師相手の模擬授業ではすぐに「農民じゃないの？　たぶん、軍事訓練をやってるような人だったら、もっと早くから動員されたはず」という答えが返ってくる。その通り、正解だ。では次の発問。

　「普段、軍事訓練をやっていないような農民を合戦に動員して、役に立ったんでしょうか。動員する以上は、兵食も必要です。金もかかる。役に立たない人を動員しても負担なだけじゃないの？」

　この発問にはみんな沈黙。そこで取り出す実物教材。ネットで購入した火縄銃の模型（8000円）である（図9-2）。

　「実はこの動員数の急増の秘密はこれです。鉄砲です。普段、軍事訓練をしていない農民でも役に立ったのは、鉄砲の急激な普及、すなわち大量生産があったんですね。弓矢の達人を短期間に1000人集めるのは不可能です。でも鉄砲鍛冶に命じて鉄砲を1000丁製造すること、金にあかせて農民を1000人かき集めて足軽にすること、これは可能です。鉄砲という武器の最大のメリットは、熟練が不要ということです。軍事訓練を受けていない農民でも、1時間ほどレクチャーを受ければ誰でも発射できるようになります。」

　では動員人数は、無限に増やせたのだろうか？　そんなはずはない。鉄砲や足軽の動員人数の上限を決めたのは何だろうか。これは子どもからは出てくる

第9章 アクティブ・ラーニングの自己目的化に異議あり！

図9-2 スペイン・デニックス社の火縄銃レプリカ
(筆者撮影)

はずはないので、講義する。実は黒色火薬の原料である硝酸カリウムなのだ。

火縄銃に不可欠な黒色火薬の原料は、木炭の粉末・硫黄・硝酸カリウム（硝石）の3つである。このうち木炭の粉末は、村落に、臼を備えて製造するように命じれば調達できる。硫黄も、火山国である日本ではたやすく得ることができる（日宋貿易・日明貿易での主要輸出品だった）。しかし硝酸カリウムはそうではない。少量なら旧家のトイレを掘り返して得られる（尿のアンモニアが変化したもの）。しかし人為的に大量生産するには、硝酸バクテリアを利用するので、十年以上の時間がかかる。おそらく関ヶ原合戦や大坂の陣で使用された硝酸カリウムの多くは輸入品だと推定されている。

こうした事情をふまえて先ほどのグラフをもう一度観ていただきたい。関ヶ原合戦や大坂の陣はおそらく、製造できる限りの鉄砲と、動員できる限りの足軽（射撃要員）と、調達できる限りの硝酸カリウムをすべて投入した、最終決戦であったことがわかる。こうした総力戦の敗者に、復活可能性はありえない。

実際、石田三成や小西行長ら西軍の将軍は京都六条河原で斬首され、首が三条大橋に晒されたし、大坂の陣では秀頼母子が自害に追いやられたのはもとより、秀頼の幼児（男子）も殺害された。

江戸・幕藩体制は、こうした総力戦をくぐった後の体制であり、反対勢力は皆無だった。だからこそ、武家諸法度や参勤交代など大名統制策が可能だった。この状態を「江戸時代は長く続きました」といった平板な説明では江戸時代の

意義は伝わらない。より正確には、「火薬が発明された13世紀以後、地球上で唯一200年以上、戦乱のない時代がつくり出された」というべきだろう。

6. 過去30年間で劇的に変化した江戸時代像

ここで例示したように、江戸時代の単元は、通り一遍の教材研究では授業ができなくなりつつある。というのは過去30年間、日本の江戸時代像には、かつてない大転換が進行中だからだ。大転換の中身を一言でいえば、「暗黒時代」「夜明け前」として描かれてきた江戸時代が、世界でも例を見ない、平和で豊かな時代だったと考えられるようになったことだ。

いわゆる研究書でなくてよい。江戸時代に関する手頃な啓蒙書を読んでみれば、いろいろ新しい発見がある。たとえば大石慎三郎氏の『江戸時代』（中公新書, 1977年）だ。大石氏ははるか以前から、現代に通じる江戸時代像を描いてこられた稀有な歴史家である。

同書には、次のような表が出てくる（p.37）（表9-1）。

これを見ると、江戸時代の最初の120年間で、日本の耕地面積が1.8倍になっていることがわかる。この急激な拡大は、堤防工事によるものだ。現在、日本列島の海沿いに広大に広がっている水田は、室町時代以前は湿地帯だった。室町以前の水田耕作は、里山のごく狭い土地で行われていた。しかし戦国大名が開始した堤防工事は江戸幕府に引き継がれ、わずか120年で日本列島に広大な水田を新たにつくり出したのだ。これはまさに「平和の配当」であり、戦国時代が完全に終結していなければ実現できなかった数字である。

もう1冊、重要な啓蒙書を挙げよう。速水融『歴史人口学で見た日本』（文春新書, 2001年）である。速水融氏はいうまでもなく、日本の歴史人口学の基礎を築いた業績で文化勲章を受章されている、著名な研究者だ。

同書の中には、江戸時代初期から享保期（ちょうど大石の表の1600年～1720年に相当）に、日本の人口が1200万人から3000万人へと、なんと2.5倍もの驚異的な増加があったという推計とその根拠が提示されている（同書, p.69-70）。これは庶民の有配偶率の上昇によるものだ。室町時代までの庶民は隷属民であり、結婚したり家族を持ったりする自由やその経済的基盤を持っていな

第9章 アクティブ・ラーニングの自己目的化に異議あり！

表9-1 明治以前耕地面積の推移

年　代	耕地面積		典　拠
930年ころ （平安中期）	862千町歩	91.1	和名抄
1450年ころ （室町中期）	946千町歩	100.0	拾芥抄
1600年ころ （江戸時代初頭）	1,635千町歩	172.8	慶長三年大名帳
1720年ころ （江戸時代中期）	2,970千町歩	313.9	町歩下組帳
1874年ころ （明治初期）	3,050千町歩	322.4	第一回統計表

かった。ところが江戸時代初期に出現した広大な耕地は庶民に分配され、歴史上初めて、庶民は結婚し家族を持てるようになったのだ。

　こうした時代の変化を暗黒に描くことが、いかに当を得ていないか、論じるまでもなかろう。江戸時代初期は土木工事の必要もあって、税率は比較的高かった（四公六民）が、やがて検地が行われなくなり、実質的な税率は幕末には二公八民程度にまで逓減したと考えられている。凶作による一時的な困窮はあったが、基本的に江戸時代は、庶民生活が向上し、木綿・絹・砂糖・茶・醤油・菜種油（照明）などの物産に恵まれた、豊かな時代でもあったのだ。

　そうしたまったく新しい商品作物の栽培に挑戦するためには、まずは栽培マニュアルを熟読しなければならない。江戸時代最大のベストセラーは栽培マニュアルの代表作、宮崎安貞の『農業全書』だった。その結果、日本は当時の世界では例外的に、識字率の高い社会になっていた。

　戦争がなかったから、軍事技術は確かに停滞ないし衰退した。しかし戦国時代末期に火薬の原料の1つ、木炭の粉末を製造するために備えさせられた臼が、小麦や蕎麦を挽くのに用いられるようになり、日本に粉食が普及する。文献に「蕎麦切」（＝粒食ではない現在のような蕎麦の食べ方）という単語が初めて登場するのは1660年代である。食糧の長期保存が可能になり、日本の庶民は餓死のリスクをかなり小さくできるようになった。

　逆に火薬の技術者は、軍隊に雇ってもらえないので花火職人にならざるを得

なかった。こうした因果関係は決して卑下すべき歴史ではない。

　浮世絵がなぜあれほど印象派の画家たちを魅了したのか、社会科の教師は不思議に思ったことがあるだろう。答えは、ヨーロッパの人々はまだ、まともなカラービジュアル印刷物を見たことがなかったからだ。

　このような驚異的な民生文化の発達は、戦争の根絶＝大名に反乱を起こさせない幕藩体制の賜なのだ。外国からライフル銃などの新兵器が反幕府勢力に売却されるまで、幕藩体制が揺らがなかったのは、こうした豊かさゆえである。

　このように、市販されている啓蒙書を少し読みこむだけの先廻りリサーチでも、数多くの意外な発見ができる。要は、こうした時代像の変化について社会科の教師がもう少し、敏感でありさえすればよいのだ。

7. 教科書を批判的に読むことは意外性発見の早道

　教科書にそんなこと書いていない、という現場の教師たちのぼやきが聞こえてくる。そう、確かに教科書は保守的である。相変わらず30年前の古臭い時代記述があちらこちらに見られる。江戸時代の記述も例外ではない。こうした古臭い教科書は、教師に教材研究の必要性を惹起せず、不勉強の原因になっている。しかし教科書が古臭いことは、教師の不勉強の原因でもあるが、実は結果でもある。というのは、新しい学説を載せた教科書は採択されないからだ。教育委員会から内容比較を求められる調査委員（多くは現場教師だ）は、自分が習ってきたこと、教えてきたことと違う内容が書かれている教科書を敬遠しがちである。すると結局、30年前と同じことが描かれている教科書が採択されることになる。教科書会社は、新しい学説を掲載しようというインセンティブに欠けており、逆にリスクを避けて古臭い教科書にしがみつかざるをえない。

　教科書が古臭いことはしかし、悪いことばかりではない。というのは、ちょっとしたリサーチで教科書を超え、教科書をひっくり返す、意外な事実が見つかるからだ。江戸時代像などはその典型だろう。教科書は古臭いものと割り切り、自主的に新しい時代像を学ぶことでこそ、魅力的な授業がつくり出せるのだ。

8. 子どもをワクワクさせるため不可欠なのは、「意外性」と「ストーリー性」

　先に紹介した、教員免許状更新講習の感想でも出てきたが、私は授業のおもしろさ、すなわち学習者がそれこそアクティブになって、もっと考えたい、自分でも調べてみたいと感じさせるためには、教育内容に「意外性」と「ストーリー性」が不可欠だと考えている。「意外性」と「ストーリー性」があれば、講義形式だろうとアクティブ・ラーニングだろうと、授業形態にかかわらず、必ずおもしろくなる。逆に（先の研究授業「幕藩体制の成立」のように）「意外性」と「ストーリー性」がなければ、アクティブ・ラーニングだろうと講義形式だろうと、必然的に退屈なのだ。つまり、焦点をあてるべきは、授業形態ではない。コンテンツに「意外性」と「ストーリー性」があるかどうか、なのだ。
　「意外性」について一言説明しておこう。当然のことながら、何を意外だと思うかは、学習者によって異なる。したがって厳密にいえば、ある教材、ある事実が意外であるかどうかは、提示されたあとでなければ判明しない。つまり事後的にしかわからないのだ。教師は、これは子どもにとって意外ではないだろうか、という予想を立てて授業設計を行う。外れることもあるだろう。そういうときはどうすればよいのだろうか？　私の答えは、「教師の引き出しに仕舞っておけばよい」。
　教師が十分なリサーチをして、「これは子どもにとって意外ではないか」と思って実践した授業なのだから、クオリティ自体は高いはずだ。結果的に子どもに受けなかったとしても、別の提示の仕方を思いつくかも知れないし、別の材料と結びついて復活するかも知れない。そのときまで寝かせておけばよいのだ。
　筆者も以前、「百貨店の誕生」という模擬授業をつくり、小学校で授業させていただいたことがあったが、子どもたちはあまり興味を持ってくれなかった。後から考えてみれば当たり前で、私たちの世代はデパートに連れて行ってもらうことがとても楽しみだったが、いまの子どもたちはほとんどデパートに行ったこともない。意外性の前提として、デパートに何の興味もなかったのだ。
　しかしその後、「金沢のコンビニエンスストア、その爆発的拡大の謎を追

う」という模擬授業をつくり、その前振り、流通業の通史の一部として「百貨店の誕生」でリサーチしたことを生かすことができた。これは引き出しに仕舞っておいた教材が復活した例である。

歴史の授業において「ストーリー性」とは、クリアな因果関係のことだ。子どもにもわかるような因果関係の提示は意外に難しい。だから歴史教科書を読んでも、フワッとした流れは書いてあるが、因果関係に踏み込んである記述は少ない。たとえば教科書には「商品経済に巻き込まれる」「貨幣経済に巻き込まれる」というなぞめいた記述をよく見かける。山川出版社の『詳説日本史』にはなんと都合8回も出てくる。「経済が発達すると、商品経済に巻き込まれ、農民や武士は困窮した」と書いてあるが、意味不明だ。ところが次のように説明すれば何の疑問も残らない。

> 「戦国時代が終わったため、大名は、戦争に費やしていた人と金を土木工事に回すようになり、これによって堤防が築かれた」
> ↓
> 「その結果、耕地面積が急増した」
> ↓
> 「その結果、1680年代、史上初めて米価が下落する局面が現れた」
> ↓
> 「米価が下落したため、もっと高く売れる作物(綿、菜種、藍、茶、サトウキビ……)の栽培にチャレンジする農民が増えてきた」
> ↓
> 「新しい作物の栽培は、成功すれば莫大な利益が上がったが、失敗して農地を借金の担保で没収される農民も相次いだ」
> ↓
> 「武士の給与は米だから、米価が下がると武士の実質収入も減少していった」

こういう説明こそが、クリアなストーリー性なのだ。
　意外な事実に直面すると学習者は「へーっ」という。その理由についてクリ

アな因果関係を説明されると「なるほど」とつぶやく。「へーっ」と「なるほど」がある授業、これがよい授業ではないだろうか。

【まとめ】

- アクティブ・ラーニングの強制は、本来無関係な、教育方法と授業の充実を一体のものと考える、誤った前提から出発しており、教育現場に取り返しのつかない混乱をもたらしつつある。
- 実際、アクティブ・ラーニングの典型とされる実践例を見ても、到底、充実した授業となりえていない。
- 充実した授業をつくり出すためには、何よりも教材研究が必要であり、教師にとっても子どもにとっても意外感を感じられる授業構成になるまで、教材研究を深めるべきだ。
- キーワードは「意外性」と「ストーリー性」であり、特定の授業方法ではありえない。

文献
大石慎三郎（1977）『江戸時代』中公新書.
速水融（2001）『歴史人口学で見た日本』文春新書.

第 10 章

「主体的・対話的で深い学び」の計り知れない困難
―見失われた可能性を求めて―

松下　良平

　今次改訂の学習指導要領では、すべての学校種で「主体的・対話的で深い学び」の導入が求められている。その学びは何を目指しているのか。そもそも主体的・対話的で深い学びとはどのようなものなのか。それは今日の学校で本当に実現可能なのだろうか。

　これらの問題については、中教審答申「幼稚園、小学校、中学校、高等学校及び特別支援学校の学習指導要領等の改善及び必要な方策等について」（2016年12月21日）で詳しく解説されているし、それ以降も多くの人が活発に議論し、教育実践を試みている。しかしながら、この学びが進む道にはいくつもの落とし穴や危険な罠が待ち受けているといわざるをえない。しかも各人が細心の注意を払えば避けられるようなものではなく、よく踏み固められた道を道標に従ってみんなと一緒に進んだら、目的地とは全然違うところに向かっていた、という類のものが多いのだ。本章で試みるのは、主体的・対話的で深い学びが抱えているそのような困難の一端を解明することである。これらの困難を放置しておくと、この学びは大きな禍根を残す可能性がある。そこで最後に、そこから抜け出すための手がかりも提示してみたい。

1.「主体的・対話的で深い学び」の目的と骨格

　主体的・対話的で深い学びは、20世紀末から近未来にかけて起こりつつある大きな社会状況の変化に対応しようとしている。ごく簡潔にいえば、第1に

第 10 章 「主体的・対話的で深い学び」の計り知れない困難

産業構造の変化への対応である。知識・情報の更新やテクノロジーのイノベーションが絶えず求められる知識基盤社会で「生きる力」を培うことである。とりわけ、仕事をめぐる AI（人工知能）との競争が今後激しさを増すと考えられる中で、人間にしかない能力を身につけることである。第 2 に、仕事の中身や労働環境の絶えざる変化、および労働力・人材のグローバルな移動に対応できるように、汎用性のある能力やスキルを身につけることである。第 3 に、国民国家の揺らぎや経済の低成長や少子高齢化などが進む中で、未知の社会的諸問題に関与し解決できる政治的主体（市民）や、心身ともに健康な人間を育成することである。

　先の中教審答申が、このような社会変化を念頭に置き、それに対応するために「主体的・対話的で深い学び」の導入を説いたとき、当の学びの目的は大きく二層構造になっていた。(1) 上記のような社会状況の変化が要請する人間のあり方、および (2) そのような人間に求められる「資質・能力」である。

　(1) これからの社会で求められる人間のあり方が具体的に述べられているのは、たとえば「人工知能」等との対比で人間の「強み」が指摘された次の箇所である。「人間は、感性を豊かに働かせながら、どのような未来を創っていくのか、どのように社会や人生をよりよいものにしていくのかという目的を自ら考えだすことができる。多様なコンテクストが複雑に入り交じった環境の中でも、場面や状況を理解して自ら目的を設定し、その目的に応じて必要な情報を見出し、情報を基に深く理解して自分の考えをまとめたり、相手にふさわしい表現を工夫したり、答えのない課題に対して、多様な他者と協働しながら目的に応じた納得解を見出したりすることができるという強みを持っている」。この「強み」を活かしていくためには、「直面する様々な変化を柔軟に受け止め、感性を豊かに働かせながら．どのような未来を創っていくのか、どのように社会や人生をよりよいものにしていくのかを考え、主体的に学び続けて自ら能力を引き出し、自分なりに試行錯誤したり、多様な他者と協働したりして、新たな価値を生み出していくために必要な力を身に付け、子供たち一人一人が、予測できない変化に受け身で対処するのではなく、主体的に向き合って関わり合い、その過程を通して、自らの可能性を発揮し、よりよい社会と幸福な人生の創り手となっていけるようにすることが重要である」(pp. 10-11)。

(2) 一方、教育が実際に目指す目的は、「資質・能力の3つの柱」として括られ、以下のように3種に分類される（pp. 28-31）。

（ⅰ）「何を理解しているか、何ができるか」に関する「生きて働く「知識・技能」の習得」。
（ⅱ）「理解していること・できることをどう使うか」に関する「未知の状況にも対応できる「思考力・判断力・表現力等」の育成」。
（ⅲ）「どのように社会・世界と関わり、よりよい人生を送るか」に関する「学びを人生や社会に生かそうとする「学びに向かう力・人間性等」の涵養」。

(3) このような「資質・能力」を身につけるための「主体的・対話的で深い学び」は、「学びの過程」や「授業改善の視点」として位置づけられている。つまり、一つの実態としての学びではなく、あくまでも授業づくりや授業理解のための準拠枠組みにほかならない。そのため、この学びはさらに以下の3つの学びに分節化される（pp. 49-50）。

①学ぶことに興味や関心を持ち、自己のキャリア形成の方向性と関連付けながら、見通しを持って粘り強く取り組み、自己の学習活動を振り返って次につなげる「主体的な学び」。
②子供同士の協働、教職員や地域の人との対話、先哲の考え方を手掛かりに考えること等を通じ、自己の考えを広げ深める「対話的な学び」。
③習得・活用・探究という学びの過程の中で、各教科等の特質に応じた「見方・考え方」を働かせながら、知識を相互に関連付けてより深く理解したり、情報を精査して考えを形成したり、問題を見いだして解決策を考えたり、思いや考えを基に創造したりすることに向かう「深い学び」。

こうして、①～③の学びを組み合わせて「主体的・対話的で深い学び」を実現することを通じて、(ⅰ)～(ⅲ)の「資質・能力」の「習得」「育成」「涵養」が可能になり、その結果として(1)の目的が達成されて、これからの経済・政治状況の変化に対応できるという想定がなされている。

2．教育のインパール作戦か

すでにこの時点で、この筋書きにはいくつか疑問が湧いてくる。

第1に、(2)で挙げた3つの「資質・能力」が何を指すのかはっきりしない。学校教育法第30条第2項に規定されている目標とほぼ同じ中身であり、抽象的な法律用語を超えていないばかりか、「学びに向かう力・人間性等」は法律用語（「主体的に学習に取り組む態度」）以上に茫漠としている。「生きて働く「知識・技能」」が「資質・能力」の1つであるという見方もわかりにくい。コンテンツとコンピテンシーを区別する観点からすれば、「生きて働く「知識・技能」」がコンピテンシーに属するとき、コンテンツとはいったい何を指すのか。教科書の知だろうか。だとすれば、「生きて働く教科書」と、「生きて働く「知識」」はどう違うのだろうか。

第2に、これらの「資質・能力」の内実が明確になったとしても、それらを身につければ本当に(1)でいう「強み」や「力」を持った人間になるのか、これも不明である。たとえば「情報を基に深く理解して自分の考えをまとめたり、相手にふさわしい表現を工夫したり」することができればAIとの競争に勝てるのか、大いに疑わしい。結局のところ、(1)の人間につながる「資質・能力」の本質とはいったい何なのか、これが不明確なのである。

第3に、これらの問題に折り重なるように、主体的・対話的で深い学びをめぐる問題がある。すなわち、(3)で挙げた3種類の学びをどのように組み合わせ結びつければ、3つの「資質・能力」がどのような筋道で身につくのか、これも不明である。国立教育政策研究所は諸外国等の先行研究を紹介しているが、それも所詮は「一つの考え方、一つの理論でしか」ないとすれば[1]、問題は戸惑う教育現場に丸投げされかねない。くわえて、「習得・活用・探究」という「学びの過程」も考慮すれば、3×3×3＝27通りの学びを視野に入れる必要があるようにも読める。さらに、目標となる「資質・能力」の獲得は「習得・育成・涵養」の3つに分けられているが、教育目標としての「習得」と「学びの過程」としての「習得」がどのような関係にあるのか、これもさっぱり不明である。

このようなわけで、これからの日本の教師は一斉に、一歩間違えば転落しかねない道をほぼ手探りで進んでいかざるをえない。子どもたちもまたどこに行き着くかわからない道を教師と共に歩むことになる。旧来の詰め込み教育に限界があることはたしかだとしても、中教審の筋書きに誤りがあれば、従来よりも悪路を歩み、かつ間違った地点に向かうことになろう。劣悪なリソース、過重な荷物、ロジスティクスの欠如といった条件の下、成功を可能にする道筋や理路が不明なまま、大きな成果を狙って国家の指針に従いながら学校教育全体が未踏の険しい道を闇雲に突き進むならば、旧日本軍のインパール作戦のような無謀な試みになり、無残な結果をもたらすことは避けられない。それがどのようにして起こりうるか、以下ではいくつかの角度から論じてみたい。

3. まじめな対応がもたらす知識の軽視

教師・学校が取る対応の中で最もありそうなのは、教育行政上の要求にまじめに応え、組織の一員としての"責任"を果たすために、3つの「資質・能力」と3つの学びを都合よく"つまみ食い"することである。たとえば、「資質・能力」と当の学びを3×3のマトリックス上で組み合わせ、9タイプの資質・能力–学びを「カリキュラム・マネジメント」を通じて各教科・各単元に適宜配置することが考えられる。もっともお手軽なのは、三つの学びそれぞれを構成している諸活動からそれほど困難なく実行できそうなものを適当に選び出し、形式主義に陥らないように注意しながら、それを授業過程に導入することで、「主体的・対話的で深い学び」を"やったことにする"対応である。授業の中で「見通し」や「振り返り」を徹底する、「子供同士の協働」や「教職員や地域の人との対話」を積極的に導入する、「見方・考え方」の自覚をたえず促す、等々の対応である。

けれども、これらのタイプの「主体的・対話的で深い学び」に従うとき、弊害ばかりが際立つことになろう。「資質・能力」「主体的・対話的で深い学び」「習得・活用・探究」を相互に関連づけた、複雑怪奇で使いものにならないマッピング表づくりや「カリキュラム・マネジメント」で教師が疲弊してしまうという問題も看過できない。だがここでは、学習者側の事情に問題を絞ろう。

まず指摘すべきは、すでに先の中教審答申が恐れていることだが、「生きて働く「知識・技能」の習得」に失敗することであり、さらには知識の習得それ自体が軽視されることである。

そもそも知識や技能はどうすれば「生きて働く」ようになるのだろうか。生きて働く知識や技能は、何か価値あるものを実際に生み出す「本物の実践」（authentic practice）に自ら関与することによって得られる。すなわち、諸分野の実践者が現に行っている対話的・協働的活動に従事する結果として身につき、その実践の遂行に必要なものとして習得される。科学的な知識であれば、一定の問いを追究する中で、諸概念や諸情報を参照しながらなされる探究（実験や調査や文献読解など）を通じて納得のゆく結論を導き出したり、そこから得られた知識を別の問題にも応用してみたりすることを通じて習得される[2]。スポーツや芸術の場合も同様であり、指導者やコーチの教え、トレーナーや同僚等の助言、競技や演奏・制作に関連する知見を参照しつつ、実際に競技や演奏等を継続していくことを通じて、生きて働く知識・技能は身につく。

同時にそれらは、実践の最中や事後に省察され、批判的評価に基づいて修正され彫琢されていくほどに、より複雑で困難な場面にうまく対応できるようになり、いっそう生きて働くものになる。

だとすると、生きて働く知識についての理論的枠組みを無視し、実践という土台を欠いたまま、対話や協働といったアクティブな活動を授業に導入しても、生きて働く知識は得られそうにない。それどころか、協働や対話をさせる（見栄えのいい形にする）ことに時間やエネルギーが割かれ、しまいには自己目的化して、知識の習得そのものがなおざりにされかねない。そこに、消費者としての身体をもった子どもたちにとって学校を楽しいところにする、不登校やいじめを減らす、といった目的も加わるとどうなるか。楽しい体験や「エデュテインメント」としての教育の要請が対話や協働を変質させてしまい、知識の習得はますます軽視されるようになろう。

手のかからないまじめな子どもたちほど、主体的・対話的で深い学び用の課題をこなし、自らが評価されるように成果を"でっち上げる"ことが自己目的化する可能性が高い。教師と同様に子どもたちもその学びを巧妙に"やりすごす"実践に従事するとき、そこで必要となる記号処理（操作）の知識や技能の

みが子どもたちにとって「生きて働く」ものとなろう。たとえていえば、漱石の本を通して読んだことがないし、読みたいとも思わないけれども、漱石の文学的特徴について説明を求められたら、要領よくパッチワークできる人間が育つということだ。

4. 情報流動化社会における知識の重要性

　情報の流動化が加速する社会において、「コンテンツ・ベースからコンピテンシー・ベースへ」といった標語が一人歩きし、「知識」より「スキル」が重視されて、「資質・能力」から知識が切り離されがちになるときもまた、知識の本質的な重要性に目が向けられなくなるおそれがある。けれども、知識軽視がもたらす弊害はことのほか大きい。

　知識基盤社会において知識は最も重要な産業基盤であり、たえず更新されなければならない材料や部品の類とみなされがちである。だがどのような社会であっても知識は、自己を取り巻く世界（他者や事物や出来事）を見通すためにまず必要である。世界について科学的知識があれば、世界の変化について一定の予期ができるし、それに応じた対応も可能になる。社会の諸制度について知識があれば、何ができるか、何をしてはならないかを見通せるし、目の前にどのような問題があるかもわかるようになる。人のことばや行動について理解するための知識があれば、他者と適切に関わることができる。このように知識とはまず何よりも、人が世界になじみ・関わっていくための足場を築いたり、世界を受け入れてそこにわが身を委ねたりするためにこそ必要なのである。

　もし知識がなければ人は、世界の有り様や動向が見通せず、自分を信じることもできないまま、無用な不安を抱え、怯えながら身を硬くして生きるしかない。確たる知識を欠いたまま、混迷し迷走する現実の中で偏った情報だけが過剰になる場合はなおさらである。そこでは人は強い不安にさいなまれ、異質な他者や考え方に怯えることになろう。その結果、不安を払拭しようとして、ますます偏った情報、わかりやすい見方、型にはまった考え方、時代の空気のようなものに飛びつき、不安が高じたときには、もっぱら感情に煽られてそれらにすがりつく可能性が高まる。すると、そのような不安をうまく利用しようと

する政治的な力が跳梁するようになり、人びとはその無慈悲な力に翻弄されて、ますます自分と世界を見失いかねない。そうなるともはや探究や問題解決どころではない。

　昨今の教育界では、知識と情報は一緒くたにされがちである。たしかに両者とも「習得」「活用」されるし、「活用」「探究」の際に道具して用いられる。けれども知識は、実践の結果としていわば身体に刻み込まれているものであり、個性的なものを含み、つねに生きて働く。後述（7節）のように、探究や活用を開始させる土台としても機能する。一方、情報は、身体化された知識を他者に伝達したり知識同士を関連づけたりできるように、記号化し脱個人化したものにほかならない。それを体系化したものが、いわゆる教科書の知である。うまく利用されるときは「生きて働く」といえるが、それ自体はデジタル化可能なデータでしかない。

　なるほど高度情報化社会では、外部化された情報へのアクセスが容易であれば、情報は絶え間なく急速に更新されていくこともあって、情報を頭の中に過剰に溜め込んでおく必要はない。けれども、一定の知識をある程度持っていなければ、そもそも人は情報を得ることや活用することの意味すらわからなくなるであろう。知識を欠くと学習意欲もまた生じないということである。情報がめまぐるしく更新されていく社会だからこそ、学びの足場となる確固とした知識の重要性は、従来以上に強調する必要があるのだ。

5.「思考力・判断力・表現力」と「学びに向かう力・人間性」の形骸化

　主体的・対話的で深い学びの形骸化やその土台の欠如は、当然のことながら「生きて働く「知識・技能」」以外の資質・能力にも及ぶ。そもそも先述（3節）の実践‒省察を積み重ねていけば、その副産物として「思考力」や「判断力」は身についていく。そのような探究の過程や成果を他者に伝える実践を積み重ねていけば、「表現力」もまた身につく。しかし、主体的・対話的で深い学びの導入が自己目的化したり、その学びが形だけになったりする場合には、いずれの力も絵に描いた餅になるであろう。よくて筋トレで身につけた筋肉

——ただし不要な部分まで強化して、かえって競技の邪魔になったり、ケガを誘発したりしかねない筋肉——や、ボディビルダーに見られる観賞用の筋肉のようなものになるということだ。見かけ倒しの力であっても世渡りにはいくらか役立つかもしれない。けれどもそれらは、多様な職業、諸学問、諸技芸、諸生活実践等の「本物の実践」に従事する人々が身につけている思考力等とは異質である。せいぜい、授業で求められる協働や対話をうまく"やりすごす"ための「思考力・判断力・表現力」でしかない。

「学びに向かう力・人間性」の形骸化はどのような形で現れるだろうか。「学びに向かう力」が社会情動的スキルに相当し[3]、「人間性」がOECD教育政策のいう「性格」（character）を意味するのであれば[4]、それらは本物の実践によって身につく性向や構えの総体だということができる。実践‐省察のサイクルを継続していく結果として形成される諸性向や、実践する意義や悦びを実感する——つまり実践の力量が向上し、実践が自己や他者に豊かな実りをもたらす——につれて得られる、よりよき実践を追求しようとする姿勢が、「学びに向かう力・人間性」として表象されるということだ。

ところが、実践を想定しないところでは、「学びに向かう力・人間性」は何らかの実体的な力やスキルとしてみなされ、多様な要素に分解される。たとえば、忍耐、自己肯定感、社交性、自信、情緒安定性、責任感等[5]である。そのうえで、一定の方法を通じて身につけるべきものとして位置づけられるようになる。たとえば、「学びに向かう力」の中の「メタ認知」は、「主体的な学び」や「自己のキャリア形成」等と関連づけながら、「見通し」への「ふり返り」を通じて獲得させるいうように。だが実践という具体的な文脈から切り離されたふり返りは、その意義を実感できないために形式化していかざるをえない。そうなると振り返りを促すほどに学習者の負担感だけが増す。このようにして「学びに向かう力」の学びが空回りすると、結局、動機づけのために自己利益や評価を積極的に活用して、これまで以上に学びを外から操作し誘導するほかなくなるであろう。

一方、「人間性」は、恣意的な解釈を多様に受け入れて、無意味化する可能性がある。その場合、「生きて働く「知識・技能」」や「思考力・判断力・表現力」がなかなか身につかないときに、「人間性」なるものの欠如のせいにされ、

教育の失敗を説明する理由として都合よく利用されることになろう。あるいは、「人間性」が道徳的態度にすりかえられる可能性もある。その場合、教育のあらゆる場面に道徳的態度の押しつけが侵入してくるであろう。

6. 異質な学習観の混同――積み上げ型と螺旋型――

　上記のような対応は、学校教育の従来型枠組みに主体的・対話的で深い学びを無理やり組み込もうとするとき、どこでも起こりうる。その学びの意義を理解していなかったり、その学びの導入よりも大事な教育的課題があると考えられていたり、多忙化のためにその学びについて学ぶ余裕がなかったりする場合である。そこで次に考えてみたいのは、その学びを積極的に受け入れようとする場合に陥る困難である。

　学校現場で教育実践のガイドとして機能するのは、「資質・能力」（目標）や「主体的・対話的で深い学び」（学びの過程・視点）よりも、従来からなじみがあり、より具体的な学びの過程を意味する「習得・活用・探究」であろう。そこで以下では、それを手がかりにまず次の二つの考え方を対比してみたい。

　A　習得→活用→探究
　B　活用→探究→習得

　この２つはつなぐと１つになるので（習得→活用→探究→習得）、同じ学習過程の切り取り方の違いのように見える。だがけっしてそうではない。

　Aは従来の学校教育の延長上にある発想である。まず知識（情報）を習得した上で、次に一定の認知的および社会情動的スキルを用いて知識を活用し、さらには探究を試みれば、その結果として「思考力・判断力・表現力等」や「学びに向かう力・人間性等」が身につき、同時に知識の理解が深まる（そして生きて働く）という考え方に立つ。いいかえれば、最初に基礎段階の受動的な学習を行い、その後にそれを用いた応用・発展段階の能動的な学習（アクティブ・ラーニング）に向かうという考え方である。それに従えば、伝統的な学校教育は受動的学習だけでよかったのに対して、今後は能動的学習も入ってくる

ので、さらに仕事が増えて学校現場は大変だ、ということになる。

　他方、Bに従えば、最初に活用（遊びや作業での知識や技能の無自覚の利用）があり、その中で問いや疑問が生まれ、それを追究することによって知識・技能が獲得される。たとえば「なぜ発砲スチロールの中では鍋の中よりも氷が溶けにくいのか」、「なぜ秋になると葉は色づくのか」といった問いから出発し、実験や調査や文献読解などを通じて、幼児から研究者までそれぞれのレベルにふさわしい知識・技能が得られ、同時に「思考力・判断力・表現力等」や「学びに向かう力・人間性等」が身につくということである。この考えに従えば、従来の学校教育とはまるで反対の発想に立たねばならず、新しい学びの導入は教師の抜本的な意識改革を必要とするので大変だ、ということになる。

　要するに、Aは積み上げ型の学習観を支持し、Bは螺旋型の学習観を支持する点で、両者は原理的に異なっている。そのため、AとBでは教科書の役割はまったく違ってくる。Aでは教科書の知は基本的に習得すべきものだが、Bでは探究や活用に際して参照すべきものにすぎず、探究や活用を通じて自ら納得した知識のみが習得される（そして生きて働く）ことになる。Aでは教科書に載っている情報と知識は、事実と概念という違いがあるだけで〈記号化・命題化された知〉としては同じだが、Bに従えば、教科書の知である情報と知識とは、〈外化された記号や命題〉と〈身体化された意味〉として明確に異なる。よって、Aの考えでは分厚い教科書は子どもたちを苦しめることになるが、Bでは一定の厚さがなければ教科書は子どもたちの探究に役立たない。

　ところが新学習指導要領は、この2つの考え方の違いについて統一的見解を持っているわけではない。文科省は、「アクティブラーニング」を「主体的・対話的で深い学び」と呼び換えることによって、AからBへの考え方の転換を図っているようにも見えるが、「活用」や「探究」の前提としての「習得」の意義を強調するときもある。同様に国立教育政策研究所の提言でも、Bが基調になっているとはいえても、この2つの考え方が明確に区別されているとまではいえない[6]。そうすると、まずここで1つの重大な問題が生じる。教科書の扱いや「カリキュラム・マネジメント」をはじめとして、原理的に異なる2つの学習観が自覚されていないと、教師と子どもたちの双方で大きな混乱が生じるということである。

第10章 「主体的・対話的で深い学び」の計り知れない困難

　そもそもBは生活の中での学びに特徴的な考え方であり、人類史の大半で人間はこれに従ってきた。一方、近代学校では当初、体系的な知の習得に大きな意義が見出された。しかし約1世紀前、産業化が進んで新中間層が出現すると、旧来の学校教育が批判され、学ぶ中身の刷新とともに、見失われたBの考え方を学校に導入しようとする思潮が登場する。いわゆる新教育である。この考え方は、学校教育に依存する社会階層が拡大し、社会までも学校化するようになるにつれて、見失われた学びの土台を求めて、ますます支持を集めていく。他方、それとは別に、情報産業化や情報の外部化が進むことによっても、Bの考え方に期待が集まるようになる。情報習得の意義が減じ、情報活用や知識探究や「学び方の学び」の意義が相対的に浮上するようになったのである。

　ところがこれらの重層的な変化は、今世紀に入った頃には、「ゆとり教育による学力軽視」として受けとめられた。だが歴史に逆行して、活用・探究を重視する考え方から習得を重視する考え方へと、振り子の動きを戻してすすむわけにはいかない。そのため、習得と活用・探究の「いずれも大事」という総花的な方策が採られるようになった。Aの考え方の登場である。

　しかし、その代償として失われたものは大きい。知識習得と活用・探究のいずれが基本なのか、それらは相互にどのような関係にあるのか、問われなくなったからである。AとBはつなげれば同じとばかりに学習観の違いは無視された。その結果、カリキュラム構成や指導の原則が不明になり、知識と情報の区別も考慮されなくなった。

　そのように混乱や空洞化が進む状況で、「教育の説明責任を果たせ」という要求が強まると、皮肉にも、最低限の成果を確実に上げるためのマニュアル志向の教育や、成果が出たかのように取り繕う教育ばかりが広がっていく。このような意味の「教育の貧困化」[7]が進むところでは、子どもたちが「資質・能力」を身につけたとする何らかのエビデンスが得られたとしても、主体的・対話的で深い学びが当初目指していた創造性や責任感に満ちた人間（1節（1））は到底育ちそうにない。

7. 活用や探究を可能にするもの──記号処理から出会いへ──

　ＡとＢの背後にある学習観の混同を回避できたとしても、その先にはさらに深刻な問題が待ち受けている。ＡとＢの考え方の両方に大きな盲点があるからだ。いずれの場合でも、「学びに向かう力・人間性等」が働けば活用や探究はなされると想定されている。しかし現実はそう単純ではない。
　まずはＡに従い、習得した知識（情報）が活用されるケースを考えてみよう。たとえば、割合などの知識やネット等で商品価格を調べる技能を活用して、X という商品の値段を比較する場面である。①最も安い商品を選べという問題であれば、習得した当の知識や技能は比較的容易に活用されよう。実際の場面で問われたら、情報の見落としや計算間違いに気をつけるくらいでよい。だが、②当の問題を机上の問題として位置づけ、思考過程の説明まで求められると、活用の難易度はかなりアップする。一方、以下で述べるように、③問題が限定されていない実際の場面では、当の知識や技能はしばしば活用されなくなる。
　まず、できるだけ安い物を買おうと思わなければ、価格を比較する気が起こらない。安いものよりも、かわいいもの、流行のもの、みんなが欲しがっているもの、みんなと違うもの、あまり目立たないもの、等が欲しいのであれば、上記の知識や技能を持っていても、有効活用されることはない。できるだけ早く・手軽に商品を手に入れたい場合も、値段が高すぎないことを確かめるだけで十分である。タマゴや牛乳を買う場合であれば、お店によって値段は違うとしても差が小さいので、いちいち値段を調べるほうがよほど面倒だという人も少なくないであろう。もっと複雑なケースもある。たとえばパソコンの購入であれば、同一の X について、X と X_1（カスタマイズされているためにやや高い X）が比較され、X より X_1 が選ばれることはよくある。値段の安さよりもアフターケアの質が大事、という人もいよう。エシカル（倫理的）な商品を優先する人なら、単に値段の安さで商品を選ぶことはむしろ道徳的に非難すべきと考えるであろう。選択の自由が大きく、選択の基準も多様だと、もはや選ぶこと自体が面倒くさい、という人も出てくるかもしれない。

このように、知識の習得とその活用の間のギャップは、知識を用いるスキルではなくコンテクスト次第で、容易に埋められたり、逆に広くて深い裂け目になったりする。上記の例で説明すれば、①のように状況の定義が明確で、問題が限定されている場合（Xが一義的な存在であり、それをだれもが手に入れようと思い、かつ目的を得るコストを最小限にすることだけが追求される場合）には、具体的な物に促されて解き方が直観的に理解できる場面ほど、活用は容易である。だが②具体的な場面から離れたところで、問題を解くことと、問題を解く過程をモニターしつつ言語・記号で表現することが同時に求められる場合には、活用はかなり困難になる。さらに③状況理解に制約がなく、問題が多様な理解に開かれている場合には、習得している知識や技能は時に当たり前のように活用されなくなる。ケーキのカロリーがどれほど高いかを正確に知り、ダイエットをしたいと切実に思っていても、友人たちとの楽しい語らいの最中についケーキに手が出てしまうのも、基本的にはこれと同じだといえる。多様な価値・知識・情報が複雑に渦巻き、たえず変動する生きた状況では、状況理解が変容し、問題が再定義されると、これまでなじんでいた知識や技能が活用されなくなるほうがむしろ理に適っていることもあるのだ。

次に、Aの考え方に従って、情報の習得から探究が起こるケースを考えてみよう。情報を得ることが探究を引き起こす場合はたしかにある。上記の例をここでも用いると、価格の比較対照を試み、そこでわかった情報から、「価格をこんなに引き下げられるとは、仕入れの仕方や商品の流通経路をどのように工夫しているのだろう」とか、「価格がこんなに安いと働き手は低賃金を強いられ、非正規雇用が増えるだけでなく、内需が逼迫し、デフレ経済から脱却できなくなって、社会に大きな不安や混乱をもたらすのではないか」といった問いが誘発される場合である。しかし考えればすぐわかるが、このような問いは一定の知識を有していなければ起こらない。製造コストと商品価格、内需、デフレ、等々、経済の初歩的な知識を持っていることが必要なのである。しかも、情報を単に記憶しているだけでは無力であり、それらをある程度わがもの、つまり知識として身につけていなければ、このような疑問は生じえない。

こうしてみると、探究が起こるためには少なくとも2つの条件が満たされなければならないことがわかる。1つは、生活知や素朴概念をはじめとして、何

らかの生きて働く知識をすでに身につけていることである。生きて働くものとしての知識は、「前理解」というべきものによって支えられている。前理解は必ずしも言語化・記号化されている必要はない。その中核部はむしろ暗黙知や身体知といった非明示的な知識である。前理解に支えられたものとしての知識は、予期や見通しを可能にする（4節）。だからこそ、探究には知識が先行する。というのも、その予期や見通しとして働く知識が揺り動かされ、不確かになることによって探究は始まるからである。いまの例では、理解しがたい情報に出会い、自分の常識が不明になったからこそ、探究は誘発されたということだ。

　というわけで、もう1つの条件は、自己知を揺るがすものとの出会いである。一般的には、異他的な他者、未知の出来事、見知らぬ事物、なじみのない場所と出会い、自らの既有知識が揺さぶられ、破れ、宙づりにされたときに、驚き、憤り、痛み、悲哀、歓喜、感激といったパトス（情念＝受動）の中から問いが生まれ、探究は開始されると考えられている。だが、この種の体験だけが自己知を揺るがすわけではない。今述べたように、ことばや映像・画像などの情報との出会いもまた、その可能性を秘めている。次々と問いを発する幼い子どもたちと同様に、記号として処理しようとするのではなく出会おうとするときには、情報もまたパトスを掻き立て、探究を誘発しうるのである。

　ただし、探究の持続のためには別の条件も必要になる。まずは問いの強度である。前理解の深さと揺らぎの程度が、問いの強度を左右する。さらに、他者や事物との対話を通じてその問いを探究者が意味あるものとして受けとめ、他者や事物への応答責任を引き受けることも必要になる。だからこそ、体験のその場限りの面白さや驚きだけでは探究はなかなか始まらない一方で、ごく微細な情報との出会いがしばしば専門家を深く持続的な探究に誘うのである。

　情報は、学習者の前理解のパトス的次元に作用してはじめて活用や探究に結びつく。つまり、前理解にとって意味ある（役立つ）道具として受けとめられたときに情報は活用される。また、生活知・素朴概念や専門知を支える前理解が揺るがされたときに情報は探究を誘発し、その後の他者や事物との対話が探究を継続させる。この基本原則は、いうまでもなくBの考えも免れることはできない。こうしてBにも疑問を突きつけることができる。とってつけたような一時の活用だけで探究が始まるのか（むしろ活用は活用にとどまるのが一般

的ではないのか)、言語・記号といった知的道具なしに前理解は深く豊かになるのか、Ｂのどこに問いの深化を促し、探究を継続させる契機が組み込まれているのか、等々。「はいまわる経験主義」を思い起こすまでもなく、Ｂの考えもまた大きな限界を抱えているといわざるをえないのである。

8. 学びのコンテクストを耕す

　主体的・対話的で深い学びの行く手にはいくつもの困難や落とし穴が待ち受けている。しかし、その学びの実現を諦めるのは早計である。実現への道もまたたしかに存在するといえるからである。しかも意外に手近なところに。
　これまでの議論を踏まえれば、Ａの考えに従う限り、当の学びの所期の目的(１節(１))は果たされそうにない。そもそもＡの考えでは、人間の学びは、〈知識(内容)＋スキル(方法)＝活用・探究〉という図式に従う点でＡＩの学習と同じである。ＡＩは、得られた情報を瞬時に一切の淀みもなく、所定の目的のために活用＝処理する。ビッグデータであっても即座に処理して、人間が発見できそうにない未知の知を探し当てる。情報と活用・探究の間はまさしくシームレスなのである。それに対して人間は、習得した知識(情報)を活用・探究するための認知スキルを教えても、なかなかうまくいかない。そのため、社会情動的スキルも教え、「学びに向かう力・人間性」なるものも育成する必要がある、とＡでは考えられているのである。
　しかし人間の場合は、前節で示唆したように、習得と活用や探究のギャップの背後にあるのは、実に多様な認知的・価値的・情動的な要因や条件であり、しかもそれらは事例ごとに異なる。それを「学びに向かう力」のせいにするのは、最近の若者がお金を使いたがらないのは、若者の中に「お金を使おうとする力」が備わっていないからだというようなものである。何の説明にもなっていないばかりか、大きく的を外しており、ただ滑稽というしかない。ましてや当のギャップを埋めるために、「優しさや思いやり」(前掲中教審答申,31頁)を求め、授業時間の確保や授業計画等の履行を徹底させるとすれば、噴飯を通り越して、正気を疑いたくなる。もちろんそこでは、当のギャップを自己統制のスキル等を用いて埋めるよう求めることは時に暴力になる——たとえば倫理的

商品を選びたい人に経済合理性を追求する知識・技能の活用ばかりを求める場合――ことなど、まったく自覚されていない。

　習得と活用・探究の間のギャップは、状況理解・問題理解の変化や前理解の狭さ・浅さだけでなく、前理解の偏りから生じるときもある。この偏りは、各人の環境や経験の共約不可能な多様さを反映している。だとすれば、前理解の偏りがもたらす活用や探究の困難こそが、人間固有の創造の可能性を秘めているといえる。たとえば価格の安い物を選ぶための知識や技能を活用する気が起こらないことの中に、新たな知や生き方の可能性がひそんでいる。その可能性を追究することこそが、人間の行う「主体的・対話的で深い学び」の本来のあり方ではなかろうか。

　一方、Bの考え方にも限界があった。けれども、そこで支持されている螺旋型の学びは、一定の条件・環境の中に埋め込んだ上で〈活用・探究→習得〉として再定義すれば活かすことができる。その際大切なのは、活用や探究がなされ継続するためのコンテクストを学びの土台とみなし、そのコンテクストを活性化することである[8]。新しい情報が活用に値する道具として受けとめられるように、また他者や出来事や事実との出会いが問いを生み出すように、まずは前理解を丁寧に育むことである。とくに乳幼児期には身体知や生活知をしっかり根づかせ、成長に伴ってその前理解に言語・記号を織り込んでいき、広く浅くで構わないのでその自己知を徐々に拡張していくことである。さらには、問いに応答し合う共同体にいざなって、探究の継続を促すことである。

　そのために必要なのは、一定の文化的世界の中を動き回ることである。すなわち、実際に行動して、あるいはテクスト＝本を読むことを通じて、見知らぬ人や物と出会い、未知の場所に出向くことであり、あるいは同じ人・物や場所と絶えず出会い直すことである。とりわけ、その過程で生じた自らの問いについて自分の頭で考え、それを自分のことばで書いてまとめ、人と議論を交わしながら自らの考えを改め深めていくことは、学びのコンテクストを豊かに育むことにつながるであろう。その過程でICT等のテクノロジーを用いれば、その操作技能は効率的に習得できるだろうし、情報処理に長けながらも学習を記号処理に還元する考え方に陥らなくてすむであろう。

　きちんと耕した肥沃な土壌に深くしっかり根が張ると、あとは必要なときに

手をかけるだけで植物は勝手に育っていく。同様に、学びのコンテクストという下地が豊かに耕されていれば、主体的・対話的で深い学びは人間の本性に根差した学びとして、きっかけさえあれば自然に促されるであろう。そこで必要なのは、相互に応答し合う共同体および探究のよきモデルであり、さらには自己知を揺り動かしてくれる人や事物や出来事や情報との出会いである。

　主体的・対話的で深い学びは、その土台がしっかりしていれば、特別なメソッドやプログラムがなくても可能である。しかしその土台を欠けば、学びを促すための仕掛けがどれほど入念であっても、実を結ばないであろう。

【まとめ】

- 「主体的・対話的で深い学び」の理論枠組みには不明な点が多く、それだけでも教育現場にさまざまな混乱をもたらす可能性がある。
- 「主体的・対話的で深い学び」の土台になる「本物の実践」を無視し、学びの形や体裁ばかりを整えようとすると、その学びはいずれの「資質・能力」についても形骸化するであろう。とりわけ危惧されるのは「「生きて働く」知識」が身につかないことや知識の軽視であるが、それが現実になったら失われるものは大きい。
- 今日の日本の教育では2つの学習観（積み上げ型と螺旋型）が混在しているが、その整理がなされていないことも、「主体的・対話的で深い学び」を混乱させる要因になる。
- 主流派である積み上げ型の学習観は、人間固有の学びの有り様を踏まえていないために、作為的に設定された場合にしか活用や探究を可能にしない。よって、未知の状況に対応できる人間の育成にはつながっていかない。一方、螺旋型の学習観は修正すれば活かせるが、学びのコンテクストとしての「知識」の重要性に気づいていない点では限界を持っている。「主体的・対話的で深い学び」を実現するためには、前理解に支えられた知識を豊かに身につけた上で、自己の知識を揺り動かす出会いの機会を持つことが必要である。

注

1) 国立教育政策研究所（2016）『資質・能力―理論編―』東洋館出版社、p. 232。
2) 中教審答申にも同様の指摘はある（p. 29）。だが、問いの追究は「基礎的・基本的な知識を着実に習得しながら、既存の知識と関連付けたり組み合わせたりしていく」記号処理としてみなされる（本章6、7節も参照のこと）。
3) 経済協力開発機構（OECD）編、ベネッセ教育総合研究所企画・制作（2018）『社会情動的スキル―学びに向かう力―』（無藤隆・秋田喜代美監訳）明石書店、p. 219。
4) 文部科学省「2030年に向けた教育の在り方に関する第2回日本・OECD政策対話（報告）」2015年7月22日（http://www.mext.go.jp/b_menu/shigi/chukyo/chukyo3/053/siryo/__icsFiles/afielfile/2015/08/04/1360597_6_1.pdf）。
5) 経済協力開発機構（OECD）編、前掲書、pp. 19-23。
6) 国立教育政策研究所、前掲書。
7) 松下良平（2019）「国民国家と日本の教育・教育学―変容の中の展望―」森田尚人・松浦良充編『いま、教育と教育学を問い直す―教育哲学は何を究明し、何を展望するか―』東信堂。
8) 新井紀子は、子どもたちの読解力の低さを考慮すれば、アクティブ・ラーニングはほとんど無理だと主張する（新井紀子（2018）『AI vs. 教科書が読めない子どもたち』東洋経済新報社、特に、p. 234以下）。新井自身は考慮していない（むしろ意図的に排除している）が、読解力は多様な文化的コンテクストによって支えられている。だとすれば、学びのコンテクストを豊かにすることは（教科書）読解力を促す土壌にもなろう。もっとも、本章での議論に従えば、文字が読めなくても身体知が豊かであれば、活用や探究はかなりの程度可能である。たとえば近代以前の技芸の学びがそうだったのではなかろうか。

第Ⅲ部

自律的なカリキュラムの開発とマネジメント

第11章

教育課程政策の中でのカリキュラム・マネジメント
―― 政策的提起をくみかえる視点 ――

山崎　雄介

　2017年に幼稚園教育要領、小学校・中学校および特別支援学校幼稚部～中学部学習指導要領、2018年に高等学校・特別支援学校高等部学習指導要領が公示された。そこでは、幼稚園も含めて「カリキュラム・マネジメント」が重要なキーワードとなっている。本章を含む第Ⅲ部では、こうした政策動向を意識しつつ、教師たちによる自律的なカリキュラム・マネジメント、とくにその「カリキュラム開発」としての側面をどう充実させるかを、実践者からの提起を含めて探っていく。

　本章ではまず、1節～4節で、第Ⅲ部の導入として、カリキュラム・マネジメントをめぐる理論的・政策的動向を跡づけた上で、5節では、筆者自身の「現場」である群馬大学教職大学院（教育学研究科教職リーダー専攻）における「課題研究」の事例を通して、政策的提起を子どもたち、教師たちにとって有益な教育実践へとくみかえていく視点を提示したい。

1. 日本におけるカリキュラム・マネジメントの展開

(1) 前史 ――「管理」の対象としてのカリキュラム ――

　Management という語を英和辞典で引くと、訳語としては「経営」とともに「管理」が出てくる。では、カリキュラム・マネジメントにおける「マネジメント」はそのどちらなのだろうか（以下、本節は主に山崎, 2018による）。

　「学校経営の近代化論」で高名な伊藤（1981）は、「経営体の政策決定、生

産・販売・財務・組織および執行等についての終局的機能」を「経営」、「経営によってきめられた範囲内における政策執行に関する職能」を「管理」と呼んで区別し、教育課程については「管理」の語を用いていた（p. 22、傍点引用者）。つまり、伊藤の枠組では、「終局的機能」はあくまで学校経営の側にあり、教育課程はそれに従属する管理の対象だというわけである。

　もちろん実際は、学校現場等では「教育課程経営」なる語も用いられていた。とはいえ、実態としては、学習指導要領の「法的拘束力」の強力さもあり、教育委員会への届出にむけて授業時数等の枠組を整える「管理」と、実際の「教育実践」との総和から区別される「経営」は、おおかたの学校現場ではほぼ不在であったし、それで格別の支障が意識されていたわけではなかった。

(2) カリキュラム・マネジメントへの注目
―――「カリキュラム開発」と「目標管理」―――

　こうした状況はしかし、1998年（小・中学校）・99年（高校および盲・聾・養護学校）版学習指導要領の実施過程で変容し、カリキュラム・マネジメントという概念やその実践が急速に学校現場に浸透していく。そこでのカリキュラム・マネジメントとしては、大きくは2つの側面が想定されていた。

　第1に、カリキュラム開発という側面である。同学習指導要領や、中央教育審議会（1998）において、「特色ある学校づくり」が提唱されたことに加えて、2000年前後から、都市部を中心に「学校選択制」が導入され、他校と区別される自校のセールスポイントとして、カリキュラム開発の重要性に注目が集まった。政策的には、たとえば、新設された「総合的な学習の時間」（以下「総合」）をはじめとした特色あるカリキュラム開発の指導者養成のための、「カリキュラム・マネジメント研修」が、独立行政法人教員研修センターで2004年度から開始された（近年の同研修の模様は田村ほか（編）, 2016, pp. 174-177参照）。

　ただし、学校選択制自体は、導入時の関心の高さに反し、2012年の文科省調査によれば、小・中学校とも、物理的に可能性のある自治体数の15%前後での実施となっている。その意味では、カリキュラム開発とそれによる他校との差別化という側面は、限定的な局面での浸透にとどまった。一方で、この時

期に一定の広がりをみせたカリキュラム開発的なとりくみとしては、「カリキュラム管理室」等のスペースを設置して物理的に、あるいは校内のサーバを利用してデータレベルで教材・教具を共有するというものが挙げられる。

　これに対し、カリキュラム・マネジメントの第2の、目標管理という側面の浸透を強力に後押ししたのが、2002年の学校設置基準新設（小・中学校）および改訂（幼稚園、高校）により努力義務として導入され、2007年の学校教育法・同施行規則改訂により義務化された学校の「自己評価」（以下、「学校関係者評価」も含め「学校評価」と総称）である。文部科学省「学校評価ガイドライン」（初版2006年）や各種文献において、PDCA（Plan-Do-Check-Action）サイクルによるカリキュラムおよび教育活動全般の改善が呼号されたのである。

　ここで一定の確立を見た「学校評価型カリキュラム・マネジメント」の枠組みにあっては、check＝評価の指標が、各種学力テストや年1〜2回行われる児童生徒、保護者へのアンケート項目にほぼ収斂し、それがPlan＝教育計画を強力に規定することとなった。結果として、Do＝教育実践、Action＝実践の改善への手だても、こうした評価項目や計画に縛られることとなった。さらに、中央教育審議会（2008a；2008b）で、教育（課程）行政のPDCAサイクルと学校のそれとの連結が呼号されるに及んで、その傾向は一層強まった。

　以上のような政策動向を、先に引いた伊藤の指摘との関連で振り返っておくならば、1998・99年版、さらに2008・09年版学習指導要領の下でのカリキュラム・マネジメントは、学校に対し、自らが進むべき方向性についての決定権など、経営上の終局的機能は実質的には付与されないままでの、管理の精緻化・洗練であったといわざるをえない。その必然的帰結として、カリキュラム開発という側面は、一般的な学校現場では後景に退くことになった。

2. カリキュラム・マネジメント導入初期の対抗的実践

　前節で述べた政策動向の中でも、PDCAサイクルによる目標管理に自足しない、カリキュラム開発の側面で創造性を発揮した実践ももちろん存在した。ここではそうしたものから1つだけ紹介しておく。

　山﨑（2007）ら奈良市立朱雀小学校の教師たちは、2002年度から、子どもた

ちの学力、体力に関する自前の調査データに基づき、自校のカリキュラムの根本的な見直しを行った。そこでの基本方向は、「『豊かで自由なあそび』『聴き合い伝え合う学び』の創造。そして、それを保障する『子どもたちの居場所づくり（①時間的②空間的③人間関係的)』」（山﨑, 2007, p. 6）であった。ここで注目されるのは、「あそび」が「学び」の前に置かれていることである。山﨑自身の言を引いておこう。

　子ども論議の結果、朱雀小学校の子どもたちにとって必要なものは、「英語」でも「コンピュータ」でも「百ます計算」でもなく、「自由な遊び」だ！　というのが、私たちの「大胆な」結論だった。自己判断・自己決定力や表現力、コミュニケーション力が弱いのも、体力がついていないのも、幼いころからの豊かな遊び体験が不足しており、いまもその環境が貧しいからではないか。「子どもは遊びのなかで育つ」という意見が多く出されたのである。／子どもたちに豊かな遊びを保障するために、私たちは一つの決断をした。それは、毎週木曜日のそうじをなくし、ロング昼休み（45分間）を実現したのである（山﨑, 2007, p. 6）。

　この「ロング昼休み」では、クラフト系の遊びを中心とした「ら・ぽうる1」、集団ゲーム、コミュニケーションゲームを中心とした「ら・ぽうる2」の活動が展開され、前者では子どもたちが運営スタッフとして起用された。
　また、「学び」についても、まず「授業で使用したプリントや教材／教具のデータベース化」によって教師同士がたがいに自らの授業を開きあい、さらには、研究授業ではない、通常の授業の相互参観へと取り組みは展開していった。
　これらに加え、自然と触れ合う学び・遊び・憩いの場であるとともに、維持・管理も含めた地域連携の場としての学校ビオトープも含め、この時期に開発されたカリキュラムや教育資源は、現在も発展的に継承されている（同校「平成30年度学校ビジョン」参照）。

3. 2017・18年版学習指導要領等におけるカリキュラム・マネジメント

（1）カリキュラム・マネジメントの「再定義」

2017・18年版学習指導要領は、カリキュラム・マネジメントを、以下3点などを通して「教育課程に基づき組織的かつ計画的に各学校の教育活動の質の向上を図っていくこと」と再定義し、各学校がこれに努めることを求めている。

①教育の目的や目標の実現に必要な教育の内容等を教科等横断的な視点で組み立てていくこと
②教育課程の実施状況を評価してその改善を図っていくこと
③教育課程の実施に必要な人的又は物的体制を確保するとともにその改善を図っていくこと　　　　　　　　　　　　　　　　　（番号は引用者による）

従来のカリキュラム・マネジメントはこれらのうち②に偏していたが、「社会に開かれた教育課程」、とくにこれからの社会で必要とされる教科横断的な「資質・能力」育成の観点から①の、「コミュニティ・スクール」の拡大や「地域学校協働活動」の推進などとの関連で③の重要性が増すというわけである。

こうした再定義には、本章1で述べてきた従来のカリキュラム・マネジメントの展開過程が、もっぱら目標管理に帰着していたことへの一定の反省がうかがえる。その限りでは、一定の前進という評価ができそうにも思われる。しかし、近年の教育界の動向と併せて見たとき、事はそう単純ではない。

たとえば①「教科等横断的な教育内容の組み立て」については、近年の「小中連携」の強調との関連で、自治体レベルで各教科等の「系統表」が作成されることも増えているが、実際の授業づくりへの活用については、必ずしも順調ではない。その原因はさまざまであるが、学習指導要領自体の「系統性」の妥当性を批判的に問う回路（第14章参照）を欠いていることは重要な要因である。

また、2008・09年版学習指導要領の下でも、個別的には、たとえば国語科の話し合い活動と学級活動のとの関連づけなどがすでに実施されている。しかし一方で、インクルーシブ教育（第13章参照）の本格的実施の中で、通常学級

と、特別支援学級や日本語教室とを行き来する子どもも増加しており、そうした子どもが、関連づけられた学習活動の一方に不参加のため困難を感じるというケースも生じており、工夫が求められている。

また③「必要な人的又は物的体制の確保・改善」については、学習指導要領総則では文言として明示されてはいないが、同解説や中央教育審議会（2016）などでは地域、近隣校等の外部のリソースも含めることとされている。これについては、豊かなリソースが地域に存在する場合に教育実践を発展させる可能性が開かれることはいうまでもない（事例として第12章参照）が、逆に、地域社会の困難を学校に無際限に背負わせることに帰結する懸念も多分にある。

たとえば、2014年8月の閣議決定「子供の貧困対策に関する大綱」は、学校を子どもの貧困対策の「プラットフォーム」と位置づけ、中央教育審議会（2015）は、学校を「地方創生」の「核」と規定している。こうした、なし崩しといわざるをえない（さらにいえば、教職員の「働き方改革」とは逆行しかねない）無際限な役割拡大の下で、学校と地域とがいかなる関係を取り結ぶかについては、一枚岩の「解決策」はありえないだろう。

ところで、カリキュラムという概念には、それに沿って学びが進行すべき「計画」という側面と、計画に沿った学びの過程での学習者の個別の経験や、それらの経験の総体としての「学びの履歴」という側面が含まれている（佐藤, 1996）。さらに、1950年代末から60年代にかけての「教育の現代化」、すなわち、自然科学の急速な発展に性急にカリキュラムを対応させる動向が深刻な副作用を生じさせたことへの反省として、学習者の経験に独自の意義を認め、そこから計画およびその目標を問い直すというカリキュラム開発・評価方法が、「羅生門的アプローチ」として提案されてもいる（文部省, 1975, pp. 49-57）。

カリキュラム・マネジメントの3側面に引きつけていえば、①・③をめぐる上述の動向——端的にいえば「計画」の肥大化・複雑化——をふまえた上で、あらためて②、つまりはカリキュラムの、学びの「経験」「履歴」という側面の評価および改善のあり方が厳しく問われているのである。

(2) 「資質・能力」の強調と法的拘束力の強化

中央教育審議会（2016）は、学習指導要領に含まれるべき内容として、①何

第11章　教育課程政策の中でのカリキュラム・マネジメント

ができるようになるか、②何を学ぶか、③どのように学ぶか、④子ども一人ひとりの発達をどのように支援するか、⑤何が身についたか、⑥実施するために何が必要か、の6点を挙げている（p. 21）。このうち、とくに①・③について、1つの方向性を強力に打ち出していることが2017・18年版の特徴である。

　具体的には、しばしば「コンテンツ（内容）・ベースからコンピテンシー（資質・能力）・ベースへの転換」と象徴的に表現されるように、これからの社会において必要とされる「資質・能力」（本書第Ⅰ部参照）をカリキュラム編成の基盤に据え、しかもそれを「主体的・対話的で深い学び」（同第Ⅱ部参照）によって実現するという方向性が2017・18年版学習指導要領の基調なのである。

　しかし一方、コンテンツ＝内容についても、1958年版以降主張されてきた学習指導要領の法的拘束力が、2017・18年版ではあらためて強化されていると考えられる。中央教育審議会（2016）は、学習指導要領が「『大綱的基準』として、法規としての性格を有している」とした上で、「法規としての学習指導要領に違反すると判断される」ケースとして、以下2つを例示している（pp. 21-22, (a)(b)の符号は引用者による）。

(a)　学習指導要領等に定められた個別具体的な内容項目を行わない場合
(b)　教育の具体的な内容及び方法について学校や教員に求められるべき裁量を前提としてもなお明らかにその範囲を逸脱した場合

　この記述の主観的意図は、上のような場合以外は学習指導要領違反とはされない、したがって、「資質・能力の育成に向けては……学校や教員の裁量に基づく多様な創意工夫が前提とされているものであり、特定の目標や方法に画一化されるものではない」（p. 22）、とアピールすることである。しかし、実践的には、「許容される裁量」と「逸脱」とを区分する指標が示されていないこともあり、この2つの項目はいずれも、その逆の機能を果たすおそれが多分にある。

　まず (a) については、小学校算数の分数など、学年をまたいで内容を小出しにすること理解しづらくなっている内容について、集中的に扱う学年、最低

限に扱う学年など配分を工夫する、家庭事情が複雑な子どもがいるクラスで、道徳科の内容項目［家族愛、家庭生活の充実］の実施を見送るなど、当然許容されるべき実践的判断が学習指導要領違反とされる懸念が払拭できない。

また（b）については、上述のように、学校や教師の裁量権の範囲が明示されていない以上、何をもって違反とするかについては拡大解釈の余地が無限にある。近年の教育行政の独立性の縮小などの文脈の下では、上記の記述は、「学校や教員の裁量に基づく多様な創意工夫」を阻害する方向に機能する可能性が高い。

(3) 特例措置の拡大と国際的動向の影響

さて、しかし、現在の教育課程政策を、学習指導要領への一元化とのみ捉えるのは正しくない。学習指導要領の法的拘束力が強化される一方で、2003年度以降、「特区研究開発学校」（特区研）という形で、新教科創設、英語教育の前倒し実施など、学習指導要領の枠を一部外したカリキュラムを、しかも旧来の研究開発学校と違って期間を限定せず実施するケースが出てきている。特区研究の実践内容のうち、全国展開が可能なものは法制化されたり、2008年度発足の教育課程特例校制度に移行したりしている。

さらに、より大胆な「特例」として、国際バカロレア（IB）の普及が挙げられる。IBとは、国際バカロレア機構により、「1968年……世界の複雑さを理解して、そのことに対処できる生徒を育成し、生徒に対し、未来へ責任ある行動をとるための態度とスキルを身に付けさせるとともに、国際的に通用する大学入学資格（国際バカロレア資格）を与え、大学進学へのルートを確保することを目的として設置」（文部科学省サイトより）されたものである。

日本において、IBのディプロマ・プログラム（DP、16〜19歳対象）修了者への大学入学資格の付与は1979年から実施されてきたが、2013年6月の閣議決定「日本再興戦略――JAPAN is BACK――」が「2018年までに国内のIB認定校を200校に」という数値目標を掲げて以降、IB認定校が（前記目標とはほど遠いとはいえ）増加している。とくに注目されるのは、インターナショナルスクールだけでなく、いわゆる学校教育法「一条校」が認定され始めていることである（ごく少数ではあるが、小・中学校も含まれている）。

こうした動向が今後どう広がっていくかについては未知数の部分もあるが、とくに高校段階では、2018年版学習指導要領での地歴科や新設の理数科での「探究」科目には、DPとの一定の類似性を看取することができる。さらに、「上位」大学進学における旧来の「一条校」のプレゼンスの低下、高校の階層化のさらなる進行、中学校以下へのそれらの影響の波及といったことも考えられる。

4. カリキュラム・マネジメントをめぐる近年の動向

さて、こうした状況の中でカリキュラム・マネジメントを進めていく上で、現在どのような手法が提案されているのだろうか。

まず、上述の学校評価型カリキュラム・マネジメントのもとで広く行われてきたのは、学力、体力等の調査結果や、教師、子ども、保護者という各当事者へのアンケートなど、データに基づき改善課題を析出するものであった。

最も単純な形としては、相対的に数値が低い調査項目を改善課題と捉えるものがある。いま少し洗練されたものとしては、調査項目に「重要度」と「実現度」を設定し、両者をクロスすることで重点課題を析出する[1]もの、SWOT分析[2]など経営領域の組織改善の手法を導入するものなどがある。

さらに、個別の要素ごとの「改善」から踏み出し、諸要素間の関連を視野に入れた手法として、田村の提案する「カリキュラムマネジメント・モデル」がある（田村ほか編, 2016, pp. 36-55）。このモデルでは、学校内の教育活動に関わる要素として「（ア）教育目標の具現化」、「（イ）カリキュラムのPDCA」（うち、D＝実施部分には「単元や授業のPDCA」も含まれる）、学校内の経営活動にかかわる要素として「（ウ）組織構造」、「（エ）学校文化」、教育活動と経営活動を媒介する要素として「（オ）リーダー」、学校外の要素として「（カ）家庭・地域社会等」、「（キ）教育課程行政」の7つを想定している。さらに、要素間の関連として、（ア）の（イ）への「反映」、（イ）による（ア）の実現としての「成果」、（イ）と（ウ）、（エ）との「相互関係」、オから（イ）、（エ）、（オ）への「リーダーシップ」、（ア）〜（オ）とカとの「連携・共同」、（キ）から（ア）〜（オ）への「規定・支援」などが想定されている。

こうしたモデルによるカリキュラム・マネジメントを支援するため、「カリキュラムマネジメント・シート」やチェックシートといったツールも併せて提案されており、多くの学校で採用されている。

さらに注目されるのは、A＝カリキュラム改善の留意点として、総花的・要素羅列的な改善ではなく、「相対的に小さな行動で大きな成果を生み出せる場」、すなわち、テコの原理でいう「作用点」にあたる「レバリッジ・ポイント」（田村ほか編著, 2016, pp. 40-41）に注目する必要性を指摘していることである。すなわち、特定教科・領域等だけの改善にとどまらず、多様な領域への波及効果が期待できる改善点は何かを探ることが重要だということになる。

一方で、本章4節で述べてきたことからすれば、教育課程行政とカリキュラムのPDCAとの間、カリキュラムのPDCAと単元・授業のPDCAとの間の関係を予定調和的に捉えるべきではないといえる。前者については、教育課程行政の強調点を学校なりにくみかえるという回路（本章5節で詳述）がありえようし、後者については、単元・授業における教師の即興的判断、子どもの実態からカリキュラムへのフィードバック（第14章参照）が重要になってこよう。

加えて、具体的なカリキュラムの開発・改善を効果的に進めていけるような組織やリーダーシップ、地域連携のあり方については、学校経営分野でもさまざまに研究されている。たとえば露口（2012）は、セグメント分析による保護者のニーズ把握、授業・カリキュラム改善に資するリーダーシップのあり方など、上掲のカリキュラムマネジメント・モデルに含まれる諸要素・諸機能を具体的に考える上で参考になる。

5. 教職大学院「課題研究」でのカリキュラム開発の事例から

(1) 課題研究とは

筆者は、2008年以来、群馬大学教職大学院の学校運営コース（現在、旧・児童生徒支援コースと共に教職リーダーコースに統合）において、院生（すべて現職教員）の指導に従事してきた。とくに、従来の修士論文に相当する「課題研究」では、校内研修、教師の力量向上、特定分野のカリキュラム開発など、院生自身の設定した課題について、自らの実践を通じて解決・改善策を提案するとい

う、一種のアクション・リサーチを必須としている。本節では、筆者と故・岩澤和夫もと客員教授および木村淳一客員教授とで指導した（群馬大学教職大学院での研究指導は、研究者教員と実務家教員とのペアで行う）課題研究の事例を紹介することを通じて、カリキュラム・マネジメントの、カリキュラム開発という側面を充実させるための視点を提示したい。

(2) 政策動向を相対化する

群馬大学教職大学院に入学した現職教員は、現在のところすべて自治体からの派遣であり、管理職等から勤務実績について一定の評価を得た者である。そこから容易に推察されるように、国、県等の施策についてことさら批判的なスタンスをとっているわけではない。こうした入学者に対して、筆者らは、政策動向を相対化して見る視点を提供するようにしている。象徴的な事例を挙げておこう。

1人の院生の研究計画の指導過程において、レジュメである先行研究が引用された。その先行研究では、本田（2009）について、「『文科省のキャリア教育に関する提起を現場が正しく受け止めておらず、そのために混乱が生じている』と本田が主張している」と解釈されていた。

そこで、本田（2009）の当該箇所をゼミで共に読み、彼女の主張は、混乱の責任はあくまで、学校現場にではなく、キャリア教育に関する一連の政策文書の「若者の進路選択や働き方、生き方に関するあらゆる理想を含みこむようなその無限定さ」（p. 157）、つまりは政策自体に内在するということである旨を確認した。

こうした「あらゆる理想を含みこむ」、「無限定な」総花的提起は、近年、キャリア教育にとどまらず、教育政策全般の顕著な特徴といってよいものである。そこで筆者は、自身のゼミ生に対してだけでなく、必修科目の受講者（つまりは院生全員）に対し、政策の総花的性格と、その実践に向けては、自校の状況に応じて重点化する必要性があることを強調している。そのことを通じて、旧来の指定研究や学校研究紀要、あるいは学習指導要領改訂期の実践にありがちな「文科省の政策的提起を無批判に前提として、それと自らの現場との乖離を自己責任として引き受ける」といった思考様式からの脱却を促している。

ただしそのことは、政策動向を機械的に拒絶するということではない。政策的提起が必ずしも適切に応答し得ていない社会状況、子どもの状況に対して、自身の研究・実践を通じてどのように応答するのかという問いを、実践者である院生自身と、その指導にあたる筆者らが引き受けるということなのである。

(3) 政策課題を自校の文脈に引き寄せる

1998・99年版学習指導要領の目玉として導入された総合だが、その後の政策の転換により、2008・09年版では早くも時数が削減されることになった。さらに、特区研発、教育課程特例校制度などが適用された自治体では、新教科等の時数捻出のソースとして総合が充てられるケースも多い。

たとえば新井（2015）、田中（2018）の勤務校（小学校）はいずれも、自治体が教育課程特例校制度により全学年で英語教育を実施しており、その時数捻出のため、総合の年間時数が削減されていた。そこで、両者とも、「内容の時数削減に合わせた内容の間引きではない、新たなカリキュラムの構築」を念頭に置き、前者はキャリア教育、後者はESD（Education for Sustainable Development、持続可能な開発のための教育）を軸にした総合カリキュラムの再編に取り組んだ。

新井（2015）で特徴的であったのが、総合を通じた子どもたちの成長のための「しかけ」として、能力のリストではなく、時々の学習者の望ましい「姿」、イメージを設定したことである。具体的には、担当する6年生について、修学旅行に新たに組み込まれたキッザニア東京での「体験者」、2回行われた「生き方教室」（地域の職業人の講話を6ブース用意し、児童は移動して各自3つの講話を聴くというもの）の第1回での「学習者」、第2回での「運営者」という3つの役割を想定し、これらの役割を果たすことを通じた成長を意図したカリキュラム設計がなされていたのである。

田中（2018）は、自身が担当する4年生において、地元出身の文学者についての学習という自校の既存のリソースに、外部講師などの新たなそれを加えるとともに、社会科見学、環境学習などのまとめに「新聞づくり」を一貫して用いるなど、学校内外のリソースの再組織と学習活動との関連づけを多面的に行った。結果として、2学期末の標準学力テストでは、3年生時に比して国語

のスコアが上昇するという副次的な効果も生じた（時期的な問題で、田中 (2018) では言及されていないが）。

　一方、大川 (2015) は、小学校 2 年生学級担任としての実践と、進路主任としての他学年でのキャリア教育のカリキュラム開発を扱ったものである。とくに前者では、国語科の文学教材「お手紙」の発展課題としての「手紙を書く」活動と、学級活動での「係活動ありがとう集会」とを効果的に連動させた取り組み、生活科のサツマイモ栽培での近隣の高校の農業系学科との連携など、多彩な活動が展開された。

　以上の一連の実践、とくに田中、大川のそれにあっては、教科等を横断した内容の関連づけ、学校内外のリソースの確保とその教育内容との関連づけ（第 12 章参照）など、従来、目標管理の陰に隠れていたカリキュラム・マネジメントの諸側面が先駆的に具体化されている。

　加えて教訓的なのは、実践の出発点が、「カリキュラム・マネジメントを行わなければならない」という抽象的な義務感でなく、自校の具体的な課題、教師（たち）自身の「やりたい授業・教育活動」といった切実なモティーフだったことと、そこで選ばれた総合やキャリア教育という分野が、前述の田村のいうレバリッジ・ポイントとして機能していたことである。

(4) PDCA サイクルを超える

　よく「教育の成否は 10 年後、20 年後になって判明する」というが、そうした長期的な影響が、とくに小・中学校について実際に検証されることは稀である（希少な例外として村井 (1996) など）。加えて、学校評価型カリキュラム・マネジメントのもと、半年～1 年といった単位でのカリキュラム評価が通例と化しており、各学校は短期的な「成果」の立証に追われている。

　こうした状況に一石を投じるものとして、教職大学院での、中学校キャリア教育に関わる課題研究を挙げておきたい。

　千明 (2017)、武田 (2017) はそれぞれ、3 年生、2 年生の担任としてキャリア教育に取り組んだものであるが、両者の共通点として注目されるのは、卒業生への取材を、授業や「キャリア教育通信」で教材化している点である。千明 (2017) にあっては高校で学んでいる卒業生の現在の様子や今後の進路にむけ

ての取り組み、武田 (2017) にあっては、大相撲の力士を経て介護士として活躍するかつての教え子への聴き取りが教材化されている。

　これらの実践では、卒業生がカリキュラムにとってのリソースという役割を果たすとともに、それら卒業生の姿が、中学校カリキュラムの中期的成果の「評価」としても機能しうる可能性が提示されている。加えて、武田の実践での卒業生の事例は、スポーツ選手にとって不可避でありながら、とりあげられることの少ない、引退後の「第2の人生」を教材化したという点でも注目される。

(5) 学校外の環境にはたらきかける

　本章4節で紹介した田村のカリキュラムマネジメント・モデルにおいては、カリキュラムと相互作用する学校外の環境として、教育課程行政が挙げられていた。一般的に、行政と学校との関係は、前者から後者への影響としてイメージされるが、佐藤 (2016) では、逆に学校から教育行政への提起が行われている。

　佐藤の勤務校（中学校）は、いわゆる「5教科」も含め担当者が各1名であり、同一教科の教師同士での授業研究が校内では不可能であった。同様の学校が市内にほかに3校あることに注目した佐藤は、小規模校の同一教科（理科）教師同士が協働した授業研究・教材づくりを課題研究の柱として設定した。

　実践を進めるにあたっては、互いの勤務校を往き来することが必要になるため、実践開始の前年度に市・県の教育委員会と協議し、2人の教師に対して兼務発令を行ってもらうことで、人事上の課題をクリアした。

　この研究の直接の対象は授業研究、教師の資質向上であるが、学校小規模化の進行の中、勤務校を超えての同僚性の組織、教育行政への働きかけといった要素は、先に紹介したカリキュラムマネジメント・モデルにおける重要な要素・機能の具体的なあり方を実践的に示したものとして注目される。

おわりに

　松下 (2012) は、1990年代以降、子ども、学校、教師が「評価まみれ」に

なっている閉塞状況の原因、とくに「グローバル教育改革運動（GERM）」を子細に分析した上で、くだんの状況をもたらす政策が、それ自体目的合理性を欠いていることを指摘している。カリキュラム・マネジメント、とくに学校評価型のそれは、そうした状況の主犯であったともいえるだろう。

　さらに現在は、評価を通じた方向づけにとどまらず、IBなどカリキュラムそれ自体のグローバル化への圧力も高まっており、学校・教師の自律的なカリキュラム開発はますます困難の度合を高めているようにも思われる。

　しかし、2017・18年版学習指導要領での、カリキュラム開発、学校内外のリソースの活用という側面の強調を、これまで、そして現在も各地で行われている良質の実践と重ねるならば、閉塞状況を乗り越えていく手がかりも見出せるのではないだろうか。第Ⅲ部の各論文がその手がかりになれば幸いである。

【まとめ】

- 日本の学校カリキュラムには、かつては時数確保などの「管理」と、「教育実践」との総和から区別される「経営」はほぼ不在であった。しかし、1990年代末以降、「特色ある学校づくり」、「学校評価」などとの関連で「カリキュラム・マネジメント」概念が急速に普及した。
- 導入初期のカリキュラム・マネジメントは、ごく少数の例外を除き、学校評価をテコとしたPDCAサイクルの展開に偏していた。
- 2017・18年版学習指導要領ではカリキュラム・マネジメントが再定義され、「教科等横断的な教育内容の組み立て」、「教育課程の実施に必要な学校内外の人的・物的リソースの確保」という側面が強調された。これらは一定の積極性を持つ一方、近年の教育政策（学習指導要領の法的拘束力の強化の反面での特例措置の拡大など）や各地域等の状況との関係では、むしろ困難な事態を引き起こす危惧もある。
- カリキュラム・マネジメントの手法として、理論的には、旧来の学校評価型に加え、田村ら（2016）による「カリキュラムマネジメント・モデル」など、新たな手法も提案されつつある。また実践的には、教職大学院「課題研究」などを通じ、政策的提起を自校の文脈に引き寄せた、カリキュラム・マネジ

メントの「カリキュラム開発」という側面を充実させた事例が蓄積されつつある。

注
1) たとえば群馬県前橋市などでは、アンケートに際し、各項目の重要度と実現度とをそれぞれ 7、5、3、1 点の 4 段階で評価することを求め、「重要度の平均値×(8－実現度の平均値)」で「ニーズ度」を算出する手法を導入している。重要度が高く、かつ実現度が低い項目のニーズ度が高くなり、改善課題として析出されるわけである。
2) 組織にとっての内部要因を強み（Strength）、弱み（Weakness）、外部環境を機会（Opportunity）、脅威（Threat）とし、現状を分析するもの。

文献
新井健一（2015）「教師の意識的な実践を促すキャリア教育の推進―キャリア教育の視点に立った総合的な学習の時間の再構築を通して―」平成 26 年度群馬大学教職大学院課題研究報告書．
千明昭子（2017）「キャリア教育の視点からのカリキュラム改善―中学 3 年生の担任としての実践から―」平成 28 年度群馬大学教職大学院課題研究報告書．
中央教育審議会（1998）「今後の地方教育行政のあり方について（答申）」．
中央教育審議会（2008a）「幼稚園、小学校、中学校、高等学校及び特別支援学校の学習指導要領等の改善について（答申）」．
中央教育審議会（2008b）「教育振興基本計画について―『教育立国』の実現に向けて（答申）」．
中央教育審議会（2015）「新しい時代の教育や地方創生の実現に向けた学校と地域の連携・協働の在り方と今後の推進方策について（答申）」．
中央教育審議会（2016）「幼稚園、小学校、中学校、高等学校及び特別支援学校の学習指導要領等の改善及び必要な方策等について（答申）」．
本田由紀（2009）『教育の職業的意義』ちくま新書．
伊藤和衛（1981）『教育課程の目標管理入門』明治図書．
松下佳代（2012）「学校は、なぜこんなにも評価まみれなのか―教育のグローバル化と PISA の果たした役割」グループ・ディダクティカ（編）『教師になること、教師であり続けること―困難の中の希望―』勁草書房、pp. 23-45．
文部省（1975）『カリキュラム開発の課題』、大蔵省印刷局．
村井淳志（1996）『学力から意味へ』草土文化．
大川紀章（2013）「学校・家庭・地域の連携をもとに進めるキャリア教育の実践研究」平成 24 年度群馬大学教職大学院課題研究報告書．
佐藤啓文（2016）「教師の授業力を高めるための学校間連携―近隣の中学校や小

学校との連携を通して—」平成 27 年度群馬大学教職大学院課題研究報告書.
佐藤学（1996）『カリキュラムの批評』世織書房.
武田知之（2017）「中学校におけるキャリア教育の改善・充実を目指して—生徒のキャリア発達を促す教師の支援と保護者の関わりを通して—」平成 28 年度群馬大学教職大学院課題研究報告書.
田村知子、村川雅弘、吉冨芳正、西岡加名恵（編著）（2016）『カリキュラムマネジメント・ハンドブック』ぎょうせい.
田中克彦（2018）「ESD の視点でのカリキュラム・マネジメントに関する実践的研究」平成 29 年度群馬大学教職大学院課題研究報告書.
露口健司（2012）『学校組織の信頼』大学教育出版.
山﨑洋介（2007）「つくろう『私たちの学校』—朱雀小学校づくりの 5 年間—」みんなで 21 世紀の未来をひらく教育のつどい　教育研究全国集会 2007「教育課程・教科書」分科会レポート.
山﨑雄介（2018）「教育課程の経営と評価」山﨑準二（編）『教育課程　第二版』学文社、pp. 54-69.

第12章

学校現場発信のカリキュラム・マネジメントをさあ、はじめよう
――中津川市立加子母小学校総合学習「トマト大作戦の取り組み」から――

長瀬　拓也

　2017年から学習指導要領が改訂され、その中の新しい視点として、学校長を中心としたカリキュラム・マネジメントが求められている。本章では、現職教員としての問題意識を大切にしながら、具体的な実践事例として岐阜県中津川市立加子母小学校で行われた5年生の総合的な学習の時間の取り組み「トマト大作戦」を通じて，学校現場で行うことができるカリキュラム・マネジメントのあり方を提起する。

　本章ではまず，1節でカリキュラム・マネジメントの問題意識と学校現場からの提案とし，カリキュラム・マネジメントが抱える問題点とその解決策を提起する。その上で，2～5節で総合的な学習の時間の取り組みを中心とした「トマト大作戦」の実践を通じて、その具体例を提示する。

1. 問題意識と学校現場からの提案

（1）カリキュラム・マネジメントに対する学校現場の問題意識
　学習指導要領が改定、施行される中で、新しい視点の1つとして、学校の特色を生かすカリキュラム・マネジメントが求められている。
　ここで学校現場としての3つの問題意識がある。
　1つ目は、OECDの国際教員指導環境調査（TALIS2013）によれば、日本は他国と比べ、教員の勤務時間が多いことが指摘されている（文部科学省, 2014）。そうした中で、果たして新しくカリキュラムをつくり出すことができるのだろ

うか。

　2つ目は、カリキュラム・マネジメントは校長のリーダーシップが求められるといわれるが、逆に強いトップダウンの指示が降りてくることで教員や学校への過度の期待や要求から教員や学校全体が委縮し、教師自身による自主規制が行われてしまうのではないか。また、若い教員が増えつつある中で、カリキュラム・マネジメントをすることは容易ではないのではないだろうか。

　3つ目は、学習指導要領解説の中で、「各学校においては、児童や学校、地域の実態を適切に把握し、教育の目的や目標の実現に必要な教育の内容等を教科横断的な視点で組み立てていくこと」(文部科学省, 2017) とある。いままでにも地域と学校が協力して取り組んできた実践事例がたくさんある。そうした事例を改めて見直してみるとこれからの実践のよいアドバイスになるのではないだろうか。

　そこで、学校現場からの提案として、以下の3つを挙げたい。

　1つ目は、多忙化の中で、もう一度、学校現場発信でカリキュラム・マネジメントをしていく必要がある。そのために、今までの先人の実践事例を活かしながら、実践をつくりあげていきたい。たとえば、いままで各学校での総合的な学習の時間の取り組みをしてきた。そうした各学校の財産を時間的な制約がある中で、「加工修正」しながらカリキュラムをつくり出していきたい。つまり、今まで培われたカリキュラムを膨らませるようなカリキュラム・マネジメントが求められる。

　2つ目は、学校長は目の前の子どもたちのために教師の自由な発想や実践を大切にしながら、ファシリテーターとして学びを促進することがカリキュラム・マネジメントの本質であると位置づけるべきである。実践者である教師たちの連携を大切にしながら、自由に教育活動ができる環境を整えていくことが求められる。

　3つ目は、各学校が積み上げてきた今までの実践を参考にしながら、カリキュラムを組み立てていくことが大切である。公立の学校では教職員は異動していくが、地域と積み上げてきた実践については地域社会の方が詳しく、記録が残っている場合もある。各教科の実践や総合的な学習の時間をはじめとした地域社会を大切にしてきた多くの実践を参考にしながら、地域の方に相談したり、

頼ったりしながらつくっていくことが求められる。

こうした3つの提案を、ここでは、私が勤務していた中津川市立加子母小学校の総合的な学習の時間で取り組んだ「トマト大作戦」の実践の事例をもとに具体的に考えてみたい。

2.「トマト大作戦」に出会う

(1) 着任の中で感じた地域の姿と子どもたち

当時、岐阜県の公立小学校で勤務していた私は、2013年度、中津川市立加子母小学校に異動した。同校は、中津川市の最北端に位置する僻地校である。加子母といえば、寒暖の差を利用したトマトの生産地として有名である。京都の市場に出荷し、東海地方のファーストフードチェーンと専属契約も結んでいることを知った。また、地域を中心に企画運営し、地域の方が講師となる参加型授業参観「加子母教育の日」を開催するなど、地域で子どもたちを育てようとする意識が高い。

4月のはじめ、子どもたちに加子母小学校のよさについて聞くと、地域の方が学校や自分たちに関わっていることを挙げ、地域によって育てられていると自覚している子が多いことに気づかされた。

しかし、意外に感じたこともあった。担任をした5年生の子どもたちに加子母地区のトマト生産の取り組みについてたずねた。すると、加子母とトマトのつながりは意外にも詳しくは知らなかった。地域によって支えられていることは自覚していても、地域のことに深い関心や知識を持っているとはいえないのではないかと考えるようになった。

子どもたちの中には将来、この地域を出ていく子どももいる。しかし、地域に残る子も出て行く子もそれぞれが、この地域の文化や社会を守っていってほしい。子どもたちがまず、地域のよさを知り、「加子母っていいまちだな」と加子母地区に対する誇りや愛着を育てていく必要があると考えた。

(2)「5年生はトマトづくりだよ」

加子母小学校では、小中学校が地域と連携しながら総合的な学習の時間の取

り組みを行っている。その中で、5年生は私が着任する以前から加子母トマト組合青壮年部（以後、トマト組合）の方の協力を得て、トマトづくりを10年近く行ってきた。土づくりから苗植え、水やりなどの作業、そして収穫、販売に至るまでトマトづくりにかかわる活動を学んできた。

5年生の担任となり、まず渡されたのが、水やりなどのトマトづくりの簡単なセットと加子母トマト組合の方の電話番号だった。簡単なセットを渡されたとき、正直にいえば「これだけ……」。最初は、どのように進めていけばよいかイメージが湧かなかった。

さらに、トマトづくりといっても、学校農園で取り組むようなものではない。面積は約46.4平米で戸建ての家が建つほどの田畑があり、隣には農作業用の小屋まであった。さらには、毎年、トマト組合の方には多くの作業や授業に参加していただき、100本以上の苗を育て、販売ができるほどのトマトを収穫していることを聞いた。

広い田畑を見て、ますます不安になった。

正直、「面倒だな」「できるのか」といった不安や不満が先行していた。しかし、「どんどん先生の好きにやっていいよ」と学校長に声をかけてもらい、さらには「トマト組合の方の協力も得られるよ」との職員室の声に励まされ、「よしやってみるか」と思うようになった。伊奈小学校をはじめとする実践やさまざまな総合的な学習の実践を大学で学んできた身としては、この取り組みはチャンスかもしれないと思うようになってきた。この活動を通して、地域を巻き込みながら子どもたちと何か面白い総合的な学習の時間がつくりたいなとも思うようになっていた。

3.「トマト大作戦」のはじまり

(1) 子どもと一緒に楽しみながら

「トマト大作戦」と代々名前がついている5年生の総合的な学習の時間がはじまった。肥料の仕方、水のあげ方などまったくの素人である。まずは、「とりあえず、やってみよう」精神で、トマト組合の方に頼りながら自分も子どもたちと共に学ぶというスタンスで取り組んだ。

次に考えたのが、「活動だけでは終わりたくない」ということだった。ケイタ（仮名。以下同様）やメグミのように、加子母で生まれ、育った子どもたちは、トマト組合の方の話をよく聞き、一生懸命取り組んでいる。こうした子どもたちが地域を支えていくという頼もしさも覚えた。一方で、ケイタをはじめとして読むことや書くことが苦手でときどき不安そうな顔を見せる子もいた。授業には一生懸命参加しているが、理解に至らない子を何とかしてあげたい。トマト大作戦で見せるあの笑顔を何とかほかの授業に生かせないだろうかとも考えていた。

彼らは、加子母小学校、中学校を卒業すると、市の中心部の高校に進学する。前任校は中学校の教員だったこともあり、少なくとも何とか高校を卒業できるような学力をつけてやりたいという強い思いをもって着任していた。同時に、総合学習と基礎・基本的な学習は相反するものではなく、総合的に学ぶ活動を通して、基礎的な学力を上げることができるのではないかと考えていた。

そのように至った背景の1つに、長岡文雄の「〈この子〉」をとらえ、大切にするという考え（長岡, 1993）があった。子どもたちの中で苦しい子、大変な子をいつも頭に入れて実践しようと心がけてきた。この活動を通して、子どもたち全員が地域に対して主体的に関わり学び、地域に誇りを持ってほしい。同時に、この活動が総合的な学習の時間の「限定された学び」に終わるのではなく、一人ひとりの子に基礎的な力を身につけ、書くことや読むことの向上にもつながるような学びにしたい。そのためには、どんなことをしようと考えながら、子どもたちとトマト畑を見ながらよいアイデアを模索していた。つまり、この実践を通して、総合的な学習を通じて言語活動や教科の活動につなげることができないかと考えるようになっていった。

(2) 今までのトマト大作戦の取り組みを生かしながら

トマトづくりが本格的に始まった。「トマト大作戦」は10年以上加子母小学校が大切に続けてきた実践である。そのため、学校に長く勤務している先生のアドバイスをもとに、トマト組合の方と連絡をとり、活動を進めていった。

①4月〜「土づくり」から「ぼくらの学び」が始まった
「まず、最初に何をすればいいのですか」
　それが職員室で「トマト大作戦」を始めるために隣の先生に聞いた第一声だった。ベテランの先生たちから、
「土づくりだよね」
「そうそう、土づくりだよ」
と言われた。最初は正直、何をいっているかよくわからなかったが、とにかくトマト組合の方の話を聞き、取り組むことにした。
　土をつくること。それは、加子母地区のトマトづくりに欠かせない。栄養のある土壌をまずしっかりとつくることが加子母のトマトのブランドにつながっている。そこで、まず、トマト組合のリーダーの方に来ていただき、校舎近くにある加子母小トマトハウスで土づくり（畑づくり）を一から始めた。JAの方も含め、トマト組合の方総出で作業を行った。トマトハウスの雑草を抜き、耕し、肥料を入れていく。教頭や教務主任も参加してくれた。
　子どもたちに「雨が降ってきたからもう行くよ」というと、ケイタやメグミをはじめ、多くの子は「いいのかなあ」という少しさえない表情を見せた。雨が降る中で子どもたちは活動を止めたが、最後まで地域の方は働いてくださったからである。
　ここが彼らにとっての学びではないか。そう考え、ふり返りをノートに書くことにした。「書くこと」で活動に対して考える時間を持ち、それが大きな学びにつながっていると感じたからである。普段は書くことが苦手なケイタをはじめ、全員が真剣に書いていたのが印象的だった。活動のふり返りをじっくりとすることができた。
　そこで考えたのが活動に「書くこと」を位置づけることだった。
　子どもたちがトマト農家の方の思いを意識せず、やっていただいていることが当たり前になっては、探究的な学びにつながっていかない。トマトづくりに多くの人の思いや時間、努力があることを学び、感じ取れなければ、体験をしただけになり、総合的な学習の時間としても探究な学びになっているとはいいがたい。
　そう考え、子どもたちがトマトづくりに思いを込め、活動に関わったり、協

力してくれたりした方に関心や感謝を持つことができるように、「書く」活動を行うことにした。

　岩瀬直樹らの実践を参考に、毎回、体験活動を終えた直後に、活動のふり返りを書く時間を設定した（岩瀬・ちょん, 2011）。まず、ノートを裁断機で上下半分に切って書くスペースを少なくし、各負担を少なくした。その上で、活動ごとに1ページ（実際は半ページ）は書くという目標を持たせ、「活動を通して考えたこと、思ったこと」「これからがんばっていくこと、課題」「来てくださったトマト組合の方や地域の方について考えたこと」をふり返りの視点としてそれぞれ書くように指導した。

　さらに、書いたままで終わらせず、赤ペンでコメントを入れることはもちろん、子どもたちが書いた考えや活動の様子を学級通信で紹介したり、教室にトマトづくりの活動についての掲示を位置づけたりして、一人ひとりのトマトに対する思いを共有できるようにしようとした。

②5月～苗植え、水やりでトマトの苗を育てよう

　次に取り組んだのが、苗植えである。玄関前に集合し、一人ひとりに苗を4つずつ用意していただき、小さなポットに植え替えた。このときもトマト組合の方に来ていただき、手ほどきをうけながら作業を行った。「トマトに土日はない」「苗に声をかけ、毎日水の量を量りながら育てていくように」と教えてもらった。この後、定植まで一か月以上、分量を計りながら水やりをする日々が続いた。朝、学校に来たら苗をベランダに出し、水をやり、帰りの会のころに教室に戻す。その繰り返しを一か月ほど進めていった。その間に、加子母のトマトの取り組みのビデオを見たり、水やりやこれからがんばっていくことを書いたりしながら、「おいしいと言ってもらえるトマトをつくりたい」との意識を持たせようと考えた。

　しばらくすると、芽が出てきて歓声があがった。
　どんどん成長して伸びていくと、さらにまた歓声があがった。
　一人ひとり小さなポットに名前が書いた棒を入れてあるので、
「ケイタくんのが伸びてきた」
「アオイさんのも伸びてきたね」

といった声が聞こえた。ベランダに置いておいたら急に雨が降ってきてみんなで慌てて苗を教室に入れたこともあった。この月は水やりのために土日も学校に来なければいけなかったので、教務主任をはじめ、多くの先生と協力しながら進めていった。私も子どもも苗が大きくなってきて、達成感や一体感を強く感じていた。

③6月〜定植、畑で苗が大きくなった！

成長した苗をハウスの畑に定植した。このときも大勢のトマト組合の方に来ていただき、指導を受けながら取り組んだ。うまく自分の苗が定植できず、悔しい思いをした子もいた。そうしたことも含め、活動のふり返りでは、あらためて「水やりをがんばりたい」と課題を書く子もいた。

しかし、定植からは、より仕事が増えていく。学校から少し離れたトマトハウスに朝に行き、ペットボトルに水を入れてあげなくてはいけない。

途中、川から引いている水が大雨で流れなくなり、教頭に川に見に行ってもらったり、休日に何度も水をまいたりした。トマト組合の方から「ここから水を増やして」「肥料の調合はこの塩梅で」といった指示をもらいながら取り組んだ。苗は子どもたちのみならず、私の背よりも大きくなった。

④7月〜収穫、赤くなったトマトがある！

「トマトができとる（できている）！」

「赤くなった！」

子どもたちの声が一段と大きく高くなった。

夏休みに入っていく中で、初めて実ができ赤くなったときは、子どもも担任も心から喜んだ。夏になると、どんどん赤くなって実っていった。何しろ何十本も苗がある。朝、学校にくると真っ赤なトマトがどんどん増えていった。「うわあ！」とうれしそうにトマトをとる姿があった。子どもたちは、販売用や調理用以外で収穫したトマトを家に持ち帰った。育てたトマトを家族で食べたことや見せたことをうれしそうに日記などで書いたり話したりする子もいた。

一方、トマトの苗が大きくなり、間引きをしたり、葉を取ったりして栄養が行き届くように工夫が必要になった。これは思っていた以上に大変で、夏休み

に水やり当番の子と一緒に作業したこともあった。病気も出てくることがあり、心配して苗を見ることもあった。

⑤9月〜出荷場の見学と販売「新聞にも出たよ！」
　収穫したトマトはどのように出荷されていくかを見学にも出かけた。自分たちのトマトとの大きさの違いや出荷されていく量の多さについて比べ、その違いについて気づき、地域の取組にさらに関心を高めようと考えた。大きなトマトがコロコロと流れ、地域の方が仕分けをする光景を子どもたちは楽しそうに見学し、トマトが加子母地区の大切な産業であることを改めて認識することができた。
　そして、育てたトマトを販売することにした。何年も続けている活動の1つである。販売をするために、収穫したトマトの重さを量り、均等にしながらお礼の手紙と感想用紙を同封し、袋詰めにした。
　子どもたちの活動をより地域の方に知ってもらい、応援してもらうことで、自分たちの活動に自信を持って取り組めるようにしたかった。そこで、報道発表し、新聞掲載をお願いすることを考えた。学校長に相談すると、「どんどんやっていいよ」と背中を押してもらい、さらに掲載依頼の仕方も調べてもらった。
　実際に、いくつかのメディアが取り上げ、取材にも来た。子どもたちは大喜び。新聞に掲載されたことで、地域の方もさらに子どもたちの取り組みに関心を持ってくださるようになった。
　道の駅加子母で販売がスタートすると地域の方や保護者の方が大勢来てくださり、あっという間に売れてしまい、もうないのかと残念そうに帰っていく方もいた。

⑥秋、冬〜調理・消費、片づけ、そして次の学年へ
　「トマト大作戦」には、ぜひ親子活動も組み入れたいと考えていた。その理由として、地域に根ざした体験活動であり、保護者の方々の協力が必要であり、子どもたちが地域の中で学んでいくために、保護者の方もぜひ加子母のよさについて知ってほしいと考えたからである。そこで、夏の親子作業でトマトをソ

ース状にして冷凍し、授業参観でピザづくりをしていたが、この活動にアクセントをいれようと考えた。そこで、加子母地区に在住する食育リーダーやJAの方に来ていただき、保護者だけで食育について話を聞きながら、ピザづくりをする時間も設定した。その後、子どもたちと一緒にピザづくりを行った。

　積雪による破損を防ぐため、11月にはトマトハウスを片づけた。何もなくなった畑を見て、子どもたちからは「何だかさびしい」という声があった。そこで、3学期には4年生にトマト大作戦の様子を劇やクイズなどをしながら伝え、活動の引き継ぎを行った。

4.（いままでの）カリキュラム（をふくらませる）マネジメント

(1) 感謝を伝える「書く」活動を入れよう

　いままでの「トマト大作戦」のカリキュラムをふくらませるイメージで、少し違った実践をしたいと考えた。

　それは、体験したことを通して、自分たちに携わった方への思いを高め、考えを深める指導のアイデアである。そこで考えたのが、「お礼の手紙を書く」活動である。

　それぞれの体験活動を終えた直後など、体験についての実感を強く持っているうちにお礼の手紙を書くことで、自分たちに関わった方への感謝の思いを高めるだけではなく、自分の活動を見つめようと考えた。ケイタやメグミも一生懸命書いた。思いがぎっしりこもった手紙になった。

(2) 「トマト大作戦」を各教科の教材に

　「トマト大作戦」を通して、他の教科の学習に対して意欲を持って取り組めるように自分たちのトマトづくりを教材にした授業の工夫と指導計画の見直しを行った。

　たとえば、社会科「私たちの生活と食料生産」では、食料自給率について資料を見ながら考え、地産池消の意義について学ぶために、実際にJAの方やトマト組合の方に来ていただいた。そこで、加子母のトマトの生産や消費をあげるためにはどうすればよいかについてパネルディスカッション形式で話をして

いただいた。生産の側からは土づくりにこだわり、ミネラルや新鮮さにこだわったトマトづくりの工夫、JAや販売の側からは、新製品の開発や大手ハンバーガーチェーンとの契約、京都市場への出荷など、加子母のトマトを知ってもらうための試みについて話をしてもらった。自分たちが育てたトマトを考えながら、加子母地区の取り組みを知ることで、食料生産や販売の在り方について身近な視点で学んだ。

(3) 学級通信などで体験活動の取り組みを発信

学級通信などを使って、「トマト大作戦」の様子を伝える活動を継続してきた。トマトが生長する様子や土づくり、販売などの様子を子どもたちの感想なども取り入れながら行い、子どもたちの活動に関心を持ってもらうようにした。また、授業参観後の懇談会でも、写真をスライド化して、「トマト大作戦」の様子について紹介や説明を行った。地域に関わる学習の様子を知ってもらい、親子の会話を増やしていくことで、地域に主体的に関わり、自分たちの活動に誇りを持つ子どもたちが育っていくと目指した。

5. 実践を終えて

(1) アンケート調査から

トマトハウスを片づけた後、アンケートを子どもたちにしてもらった。（調査日：2013年11月28日（木）、調査対象：5年児童23名）

印象に残った活動は何かとたずねる（複数回答あり）と、「調理・消費」は子どもたちの91%（21名）、「販売」は83%（19名）を挙げている。「栽培（整備、土づくり、トマト組合の方の話を聞く、苗植え・定植、収穫、水やりのいずれか）」を回答したのは、74%（17名）であった。

「この活動を通して加子母のトマトについて興味・関心を持ったか」「見方や考え方が変わったか」と聞くと、「この活動を通して興味や関心を持ったか」については、「とても持った」「持った」が児童の83%（23人中19人）であった。一方で見方や考え方が変わったかについては、「とてもかわった」「かわった」が74%（23人中17人）であった。「真剣になれた。トマトが好きになった。

家でもつくりたくなった」「トマトがきらいだったけど、少し大丈夫になった」「協力がたくさんできるようになった」「地域の人にふれ合ってやさしくなった」といった感想があった。

（2）子どもたちから学んだこと

　トマト大作戦を通して、子どもたちの姿から学ぶことが多かった。その一人がカナエの存在である。活動の導入として課題を設定していく場面でカナエは以下のように書いていた。

> 　早くトマトを作って送ったり食べたり、選果場を見学したいです。みんなに「おいしい」などと言ってもらうのも楽しみです。

　ここでは、「食べたい」「やってみたい」といった気持ちが中心であった。多くの子も同じ思いだったと思う。しかし、次に土作りではカナエは次のように書いた。

> 　今日のトマトの畑づくりですごいと思ったのは、トマト組合の人です。雨が降って、みんなが小屋とかハウスにはいったのに、<u>トマト組合の人たちは、一生懸命車で畑をたがやしていたからです</u>。車でやっているのは、<u>かんたんそうに見えるけど、本当はとてもむずかしい</u>と聞きました。今日も仕事を休んで来てくれてありがとうございました。（下線引用者。以下同様）

　さらに秋にトマトハウスを片づけた後、カナエは次のように書いている。

> 　トマトの学習で自分が成長したことは、<u>たくさんの人と協力できるようになった</u>ことです。トマトを作る前はあまり協力せず、一人でやっていたことが多かったけど、トマトをつくるようになったら、水やりや収穫などを班の人などとたくさん協力できるようなったと思います。<u>トマトをつくるのは難しかったけど、楽しかったです</u>。

　下線部からわかるように、カナエは、課題の設定の段階では「おいしい」トマトをつくることを楽しみにしていた。しかし、実際に土づくりを通して一緒に働く中で、トマト組合の方の姿から仕事の大変さを学んでいった。また、

日々の水やりや整備などを通じて、その大変さを痛感するようになった。こうした経験から、協力することの大切さを実感し、さらに楽しさや喜びを感じるようになったことがうかがえる。それが、「難しいけど楽しい」というコメントに象徴されている。

またアンケートにも「加子母のトマトには、つくるときたくさんの工夫と苦労があることがわかりました」と書いた子もいた。楽しさだけではなく、多くの工夫や苦労があることを学んでいることがわかる。

6. 改めて、カリキュラム・マネジメントを考える

(1) 教師も子どもも「気づき」が生まれるカリキュラム開発

カリキュラム・マネジメントをする上で、まず大切なことは、教師や学校も地域や子どもたちと共に学ぶ姿勢を持つことである。

この実践を終えてわかったことは、子どもたちが知っているようで実は知らなかった加子母のよさが、「トマト大作戦」を通じて再発見されたことだった。さらにいえば、この学習は加子母のことが「もっともっと好きになる」「やってみてこんなことを知ってさらに好きになった」というような再発見の場ではなかったのではないかということである。

今回、そうした気づきの機会を与えてくれた子どもたちにまずは感謝しないといけない。子どもたちも私自身も加子母が「もっと好きになった」と気づくことができた実践だった。

(2) 教師を育てるカリキュラム・マネジメント

カリキュラム・マネジメントは容易にできることではない。新しいものを生み出し、年間を通して継続していくことは簡単ではない。試行錯誤しながら進めていく大変な取り組みである。

今回、この実践をする前から加子母小学校には10年以上にわたって培ってきたトマト大作戦とトマトハウスがあった。総合的な学習の時間を生かして積み上げてきた財産があったからこの実践ができたといえる。そして、この実践は何よりも管理職のバックアップに支えられていた。カリキュラム・マネジメ

第12章　学校現場発信のカリキュラム・マネジメントをさあ、はじめよう

ントを教師一人ひとりに自由にさせながら、適切なアドバイスをくれる学校長や困ったときにすぐに助けてくれた教頭をはじめ、学校全体でバックアップしてくれた同僚がいたからこそ、成り立ったものだと考えている。

　トマト大作戦は計画しても自然が相手なため、うまくいかないこともあった。そのため、今回は計画を立てて進めていくというよりは、子どもたちと自然を見ながらカリキュラムを修正しながら進めていくというイメージだった。授業の進め方や単元計画といったカリキュラム・マネジメントは十分可能だったが、突然雨が降ってきて、子どもの作業を止め、地域の方にあとは任せてしまったり、苗が病気になって夏休み中、苗を切ったりするなど、予想外のこともたくさん起きた。雨が降りすぎても少なすぎてもだめで、小動物にトマトを食べられることもあった。また、販売の日が決まっていて、果たしてトマトはそのときまでにタイミングよく収穫できるのか不安だったし、実際、販売する数を多く増やせなかった。

　そのため、子どもたちが活動を通して成長していく姿を見て「こんな活動を取り入れよう」「こんな授業をしてみよう」と考え、どんどん変えていくこともあった。カリキュラムをマネジメントしていくということは、人と人とが学び合って動くので常に修正や変更が求められる。PDCAサイクルのようには簡単にはいかないものである。

　学校に来てくれる地域の方とカリキュラムをつくっていくことの調整作業はなかなか大変で、苦しいときもたくさんあった。しかし、子どもたちはトマトを育てたこと、食べたこと、売ったこと、そして書いたことを通して、加子母地区への思いは強くなった。そうした姿を見ることができ、教師としてとてもうれしかった。

　また、この実践を通して私自身、変わったことがある。

　私にとって、カリキュラムマジメントとは「今までの実践との出会いを活かし、既存のカリキュラムをふくらませて学びを深める」ことだと考えるようになった。一からつくることはなかなか難しい。しかし、既存のカリキュラムをいかに子どもたちにとって深い学びにつなげていく工夫をすることであれば、一からつくるより容易である。

　トマト大作戦は私が教師になって10年目に出会った実践だった。あのとき、

「もっと子どもたちの学びに活かせないかな」と考えていなかったら、ケイタやメグミのような一生懸命書く姿やカナエのような変容を見ることはなかったかもしれない。与えられたカリキュラムをこなすだけではなく、目の前の子どもたちのために何ができるかを考えながらつくり直したり、生み出したりしながら進めることが大切である。

また、もう1つ学んだことは、地域教材の魅力を大きく味わえたことである。地域には実践のヒントとなる物が多く存在し、それらを伝え、残している人もいる。そうした方と実践を積み上げていくことはカリキュラム・マネジメントにおいて大切な視点であると考える。

ぜひ、若い先生のみならず多くの先生には、新しい実践の機会を教師と子どもの成長の「チャンス」と捉え、地域の方の力を借りながら子どもたちと共に主体的な学びを生み出すカリキュラム・マネジメントに取り組んでほしい。

【まとめ】

- 日本は他国と比べ、教員の勤務時間が多いことが指摘されている。カリキュラム・マネジメントは校長のリーダーシップが求められるといわれるが、逆に強いトップダウンの指示が降りてくることで教員や学校への過度の期待や要求から教員や学校全体が委縮したり、負担が増したりする可能性がある。若い教員が増えつつある中で、カリキュラム・マネジメントを行うことは容易ではないことを自覚する必要がある。
- 学校長は教師の自由や発想や実践を大切にしながら、ファシリテーターとして学びを促進することがカリキュラム・マネジメントの本質であると位置づけるべきである。実践者である教師たちの連携を大切にしながら、自由に教育活動ができる環境を整えていくことが求められる。
- 地域と積み上げてきた実践については地域社会の方が詳しく、記録が残っている場合もある。各教科の実践や総合的な学習の時間をはじめとした地域社会を大切にしてきた多くの実践を参考にしながら、地域の方に相談したり、頼ったりしながらつくっていくことが求められる。
- 教師には、「いままでの実践との出会いをいかし、既存のカリキュラムをふ

くらませて学びを深める」意識が必要になる。既存のカリキュラムを子どもたちにとって深い学びにつなげていく工夫をすることであれば、一からつくるより容易である。

文献
岩瀬直樹・ちょんせいこ（2011）『よくわかる学級ファシリテーション①―かかわりスキル編―（信頼ベースのクラスをつくる）』解放出版社.
長岡文雄編（1993）『社会科教育』佛教大学通信教育部.
文部科学省（2017）『小学校学習指導要領総則』.
文部科学省（2014）「我が国の教員（前期中等教育段階）の現状と課題―国際教員指導環境調査（TALIS）の結果概要―」.

［謝辞］
　本章は、長瀬拓也（2014）「地域への誇りをもつ子を育てる総合的な時間の学習の在り方―主体的に地域と関わり学ぶことによって、地域への誇りを育む「トマト大作戦」の取組から―」（中津川市教育実践論文）を基にしている。
　加子母トマト組合青壮年部の皆さまには執筆に関して多くの協力をいただきました。また、中津川市立加子母小学校の教え子たち、教職員の皆様、保護者の皆様に心から感謝申し上げます。本当にありがとうございました。

第 13 章

インクルーシブ教育における
カリキュラム・マネジメント
——包摂と排除の視点から——

杉原　真晃

　学校教育は社会的包摂のための重要な戦略拠点でありながら、不就学・中途退学・長期欠席等の「学校に行かない子ども」への対応や他セクターとの連関等の機能不全により、学校教育が社会的排除の初期段階となることが憂慮されている（酒井, 2015）。さらにいえば、「学校に行かない子ども」だけでなく、学習についていけないため「学校に行っているが排除されている子ども」が生まれることも考えられる。本章ではこのような問題意識から、これからの社会を生きる上で必要な資質・能力を育成する主体的・対話的で深い学びを社会に開かれた教育課程として編成・改善していく「カリキュラム・マネジメント」の課題について、「包摂と排除」という視点から検討を加える。

1. 社会的包摂を目指すインクルーシブ教育

　社会的包摂を目指してインクルーシブ教育の実施が叫ばれている。
　「障害者の権利に関する条約」（2006 年 12 月採択、2008 年 5 月発効。我が国においては 2007 年 9 月署名）を受け、中央教育審議会初等中等教育分科会特別支援教育の在り方に関する特別委員会（以下、特別支援教育特別委員会）（2012）による「共生社会の形成に向けたインクルーシブ教育システム構築のための特別支援教育の推進（報告）」では、短期（「障害者の権利に関する条約」批准まで）的施策として、「就学相談・就学先決定の在り方に係る制度改革の実施、教職員の研修等の充実、当面必要な環境整備の実施。「合理的配慮」の充実のため

の取組。それらに必要な財源を確保して順次実施」が挙げられ、中長期(同条約批准後の10年間程度)的施策として、「短期の施策の進捗状況を踏まえ、追加的な環境整備や教職員の専門性向上のための方策を検討していく。最終的には、条約の理念が目指す共生社会の形成に向けてインクルーシブ教育システムを構築していくことを目指す」ことが挙げられている。

　「合理的配慮」とは、"reasonable accommodation"の訳語であり、「障害のある子どもが、他の子どもと平等に『教育を受ける権利』を享有・行使することを確保するために、学校の設置者及び学校が必要かつ適当な変更・調整を行うこと」とされている。一方で、「学校の設置者及び学校に対して、体制面、財政面において、均衡を失した又は過度の負担を課さないもの」とも記載されている。合理的配慮には、「教育内容・方法」「支援体制」「施設・設備」といった項目が挙げられており、「教育内容」には、学習上または生活上の困難を改善・克服するための配慮、学習内容の変更・調整が挙げられている。「教育方法」には、情報・コミュニケーションおよび教材の配慮、学習機会や体験の確保、心理面・健康面の配慮が挙げられている。「支援体制」には、専門性のある指導体制の整備、幼児児童生徒・教職員・保護者・地域の理解啓発を図るための配慮、災害時等の支援体制の整備が挙げられている。そして、「施設・設備」には、校内環境のバリアフリー化、発達、障害の状態および特性等に応じた指導ができる施設・設備の配慮、災害時等への対応に必要な施設・設備の配慮が挙げられている。

　学校の設置者および学校がこのような合理的配慮を行う上で、国・都道府県・市町村は法令や財政措置等をもとにした「基礎的環境整備」を行う必要がある。つまり、インクルーシブ教育は、教師の個人的な努力で実現されるものではなく、特別支援教育コーディネーターや特別支援教育支援員を核としながら、学校全体がチームとして組織的に取り組み、それを行政機関による支援が後押しするという協力システムにより実現されるものなのである。

　特別支援教育特別委員会(2012)による報告では、「障害のある子どもにも、障害があることが周囲から認識されていないものの学習上又は生活上の困難のある子どもにも、更にはすべての子どもにとっても、良い効果をもたらすことを強く期待する」と述べられており、特別な配慮を行う特別支援教育が、すべ

ての子どもにとって良い効果をもたらすインクルーシブな教育の核となることが確認されている。具体的には、障害のある子どもには、特別な教育的支援として「個別の指導計画」「個別の教育支援計画」が作成・実施される一方で、特別支援学校と幼・小・中・高等学校等との間、また、特別支援学級と通常の学級との間で「交流及び共同学習」の機会が設けられる。これにより、特別な支援が分離型教育につながらず、子どもたちが共に尊重し合いながら協働して学習・生活していく態度を育み、それにより共生社会が形成されていくという好循環が期待されているのである。2017年3月告示の幼稚園教育要領・小学校学習指導要領・中学校学習指導要領や2018年3月告示の高等学校学習指導要領(以下、新学習指導要領等)においては、このような流れを受け、同様の内容が記載されている。

同報告(2012)では、「多様で柔軟な仕組み」や「連続性のある『多様な学びの場』」が整えられる重要性についても述べられている。本書第11章で指摘されている「通常学級と特別支援や日本語教室を行き来する子ども増加しており、そうした子どもが関連づけられた学習活動の一方に不参加のため困難を感じるというケース」は、インクルーシブ教育の実現にとって、重要な課題であることがわかる。この点を含め、インクルーシブ教育に焦点をあて、新学習指導要領等の下でのカリキュラム・マネジメントに関して、いかなる課題が生じるのか、以下で検討していく。

2. インクルーシブ教育の観点から見たカリキュラム・マネジメントの課題

(1) 排除を生み出すカリキュラム・マネジメント

昨今、叫ばれているカリキュラム・マネジメントは、「カリキュラムマネジメントの中にアクティブ・ラーニングの考え方や方法も位置付けること」「アクティブ・ラーニングを推進する上でカリキュラムマネジメントを充実させること」(吉冨, 2016, p. 13)、「知識の体系であった学習指導要領を資質・能力の体系へと進化させ」(奈須, 2017, p. 26)ることに特徴がある。このような特徴を持つカリキュラム・マネジメントには、社会的排除を加速させてしまうリスクが

伴うことに留意しなければならない。

　たとえば、樋口 (2016) は、障害を持つ子どもが「『自分にとって嫌なことを我慢して活動すること』が苦手」であること、そして、障害児のアクティブ・ラーニングに関する「学びのバリア」を取り除いていくことの重要性について言及している。アクティブ・ラーニングが学習方法の前提となることにより、それが苦手な子どもは、学習内容が「わからない」だけでなく、学習活動そのものに「参加できない」という状況に追いやられてしまう。一方で、そのような子どもにはお構いなしにグループでの学習活動は進められていく。そこに学習からの排除が成立してしまう。

　インクルーシブ教育においては、これまでにも排除についての議論が重ねられてきた。たとえば、障害を持つ子どもと持たない子どもが同じ教室で共に学ぶ場合、教育的困難を抱える子どもが教室内にただ投げ込まれ放っておかれる「ダンピング」（中央教育審議会初等中等教育分科会, 2010）や「物理的にはインクルードされているとしても精神的にはエクスクルードされている」（Warnock & Norwich, 2012, p. 40）状況への反省である。このような教室内での排除が、アクティブ・ラーニングと関連づけられたカリキュラム・マネジメントの名の下で学習内容と学習方法の両側面から強化される可能性がある。インクルーシブ教育を志し、配慮を必要とする子どもが普通学級・学校に在籍することを重視したものの、それがかえって学習についていけない・仲間外れにされる子どもを生み出すとなれば、何とも悲しいことである。

　また石井 (2015) は、資質・能力が学習目標に据えられることで、「全人的な能力であればあるほど、それは生まれ落ちた家庭の初期環境に規定される側面が強くなるため、学校教育が既存の社会的・経済的格差を拡大する傾向を助長することになりかねません」(p. 9) と危惧している。さらに一木 (2008) は、2002 年の学校教育法施行令改訂に際する就学基準について、社会の環境等他者との関係性を捨象した個人の「能力」が判断基準とされたことにより、障害者間の「能力」による分断や障害児の中での能力主義が貫徹する基盤がもたらされたと指摘する。その上で、「『社会的な活動に支障をきたす』とされる子どもたちを、普通学級のあり方を捉え返すことなしに、専門的な教育に委ねることは、阻害や排除を助長することになりかねない」(pp. 182-183) と警鐘を鳴

らす。
　このように、資質・能力を基準とした学習目標の体系化に対して、学習に困難を抱える子どもがそこに到達することができなかったとき、それが子ども個人の問題・自己責任として捉えられてしまえば、学習成果の格差は広がる一方となり、排除は解消されないままとなるのである。

(2) 「特別な配慮を必要とする」子どもとは誰か
　新学習指導要領等においては「特別な配慮を必要とする」幼児・児童・生徒について、「障害のある」「海外から帰国した（日本語の習得に困難のある）」幼児・児童・生徒、および「不登校の」児童・生徒、そして、「学齢を経過した」者への配慮について記載されている。
　一方、OECD（2005）では、特別な教育的ニーズのある子どもが「カテゴリーA：医学的または神経学的損傷が原因の障害」「カテゴリーB：行動障害または情緒障害、学習困難」「カテゴリーC：社会・経済的、文化的あるいは言語的要因から一次的に生ずる不利益」という3つのカテゴリーから構成されている。文部科学省による制度的な「特別な配慮」の対象は、OECDの提示するものの一部にすぎないことがわかる。OECDによるカテゴリーを参考にするならば、特別な配慮が必要な子どもへの教育的支援は、たとえば貧困や虐待に接する子ども、移民・難民の子ども、民族的・性的等の社会的マイノリティの子ども等、さまざまな困難を抱える子どもへと拡張されていくことが望まれる。
　このような考え方は、障害の「社会モデル」という見方からすればごく当然のことといえる。障害の「社会モデル」とは、障害の要因は個人に帰属するという「医学モデル」に対し、その要因は社会に帰属するという考え方である。「障害」は社会の中での有用さにより決定されるものであり、個々人がそれぞれ発達において持つ何かしらの個人差（＝発達凸凹）が社会に適応できないため、「発達障害＝発達凸凹＋適応障害」となるのである（杉山, 2011）。「特別支援学校学習指導要領：自立活動解説書」（平成21年6月）においても、WHO（世界保健機構）によるICF（国際生活機能分類）モデルをふまえ、精神機能や視覚・聴覚などの「心身機能・身体構造」、歩行やADL（Activities of Daily

Living（日常生活動作））などの「活動」、趣味や地域活動などの「参加」といった生活機能との関連で「障害」を把握すると述べられている。このような背景から、インクルーシブ教育においては、「障害児のみを支援するのではなく、教育的困難のあるすべての子どもたちを支援する体制」（落合, 2016, p. 265）が実現されていくことが望まれるのである。文部科学省の平成24年度の調査報告によれば、通常学級に「学習面又は行動面で著しい困難を示す」児童生徒の割合について、6.5%という結果が出ている（文部科学省初等中等教育局特別支援教育課, 2012）。ここで想定されているのは、発達障害の可能性のある児童生徒であり、その中でも「著しい困難」を示すと「教師が感じている」子どもである。発達障害ではないが困難を抱える子、障害のある兄弟のいる子、ひとり親家庭の子、欠席や通級により学級での継続的な生活・学習についていけない子、困難を抱えているが教師により過小評価されてしまっている子等、学校での学習や生活に困難を抱えている子どもは決して少なくないと考えるべきである。そのような少なくない数の子どもたちに、育ちの環境の影響を受ける全人的な資質・能力が学習目標に掲げられ、その目標達成のためのアクティブ・ラーニングが導入され、その出来・不出来が子ども個人の責任としてのしかかってくるのである。そこでは、困難を抱えたまま学習に参加できない状態で排除されていく子どもが多数発生することが想像できよう。

(3) 排除を生み出す「社会に開かれた教育課程」

　カリキュラム・マネジメントが対象とするカリキュラムは、「社会に開かれた」ものとなることが求められている。カリキュラムが社会に開かれたものとなることで、「生きる場」「育つ場」としての学校が多様な人々とつながりを保ちながら学ぶことのできる場となると期待される。しかしながら、一方で、それは両刃の剣でもあるという認識が必要である。

　小国（2016）は、「地域の学校」が「地域の子ども」に対する差別と排除の装置としても機能してきたことを指摘している。そして、北村（2009）の「落ち着かない子や学習についていけない子、集団になじめない子などがさまざまなレッテルを貼られ、特別支援学級や特別支援学校へ、あるいは通級にと選別され、『インクルージョン』の名で広範囲の排除が行なわれている」という指

摘を引用しながら、学力向上策をとる学校において排除される子どもの範囲が拡大していくことを危惧している。さらには、「現代の『地域の学校』からの『障害児』の見えない『排除』は、当事者の親たちの積極的な選択によって遂行される傾向もある」（p. 175）と述べている。たとえばコミュニティ・スクールにおいて、「学校運営協議会に選出される委員が中間層以上が多い」「学校運営協議会制度が学校選択性や学力志向と整合し、保護者啓発という形をとりながら地域の人間関係を媒介にして保護者に影響を与えうる」という仲田 (2015) の指摘を引用しながら、「地域の中間層の住民と学校との連携強化によって社会的マイノリティの子どもたちの排除が促進される可能性」（p. 177）について懸念を表明している。

奈須 (2017) は「社会に開かれた教育課程」は「子どもに開かれた教育課程」にもなる必要があると述べる。その「子ども」について、特定の子どものみに開かれてはいないか、排除されている人はいないのか、排除されているとしたらその背景は何かといった点に留意する必要があるのである。それは、前項において検討したように、「特別な配慮を必要とする」子どもの範囲を拡張することにもつながるであろう。

3. 包摂を生み出すカリキュラム・マネジメント

（1）授業のユニバーサルデザイン

学校での学習における包摂を目指したものに、「授業のユニバーサルデザイン」（以下、授業UD）がある（小貫・桂, 2014）。授業UDでは、特別な支援が必要な子どもへの対応を授業に取り入れることにより通常学級の全員の子どもへの授業の質が向上されるという論理の下、社会的包摂を実現することが目指されている。そして、それを実現するために、「焦点化」「視覚化」「共有化」が重要であるとした上で、授業UDのモデル図が作成されている。このモデル図は学習活動の種類を階層化し、それぞれに想定される具体的なつまずき（バリア）とそれを取り除く工夫が描かれており、単にユニバーサルな授業づくりだけに留まらず、カリキュラムをつくる際にも有効であると考えられる。また、このような工夫をふまえたとしても、学習目標に対して子どもたち全員

第13章　インクルーシブ教育におけるカリキュラム・マネジメント

が到達することは難しいため、その問題克服のために、「全体指導の工夫」「授業内の個別指導」「授業外の個に特化した指導」という3段構えの指導が提案されている。授業 UD をカリキュラムに反映させることにより、カリキュラムからこぼれていく多様な子どもたちを1人でも多く包摂することが期待できる。

　一方、授業 UD には、いくつかの留意点が存在する。

　その1つは、授業 UD によりかえって指導が画一化してしまい、子どもの多様な内面を追求しそれらの違いを活かす授業づくりが阻害されてしまうという点である。たとえば、ユニバーサルデザインの考え方を取り入れる際に「UD チェックリスト」が導入されることがある。そのチェックリストはわかりやすく取り組みやすい一方で、チェックリストのみからは、子どもの背景にある困難にまで注目することができず、教師がこれまで大切にしてきた子どもの内面を探るという営みを軽視する可能性がある（加茂, 2018）。そして、授業 UD の原則により教室環境を改善し、子どもたちができるように行動し、つまずかないように（子どもの違いを解消していく方向で）画一的に指導していくことで、同質的な空間が教室の中に生み出されてしまう（赤木, 2017）。このような側面が前面に出てしまえば、多様な困難を抱える子どもを包摂することは実現されない。たとえば、「視覚化」「時間の構造化」の実践としてよく見られる「時間割や授業の流れの表示」に対して、自身が自閉症である東田直樹氏は、「それで落ち着くように見えても、実際はしばられているだけで、本人は全ての行動を決められている、ロボットみたいだと思うのです」「やる内容と時間が記憶に強く残り過ぎて、今やっていることがスケジュールの時間通りに行われているのかどうかが、ずっと気になって時間を確認しすぎたり、やっていることが楽しめなかったりします」（東田, 2007, pp. 136-137）と述べている。本例は授業方法の話であるが、カリキュラム・マネジメントにおいてもまた、授業 UD が形式的な画一化につながらないよう、留意していく必要がある。

　授業 UD のまた別の留意点は、「特別な配慮」が必要な社会的マイノリティと、普通学級・普通学校での学習に適応できる社会的マジョリティの関係が固定化されてしまうという点である。たとえば、「3段構えの指導」は、指導およびカリキュラムにおいて全体指導の工夫で括られる「マジョリティ」と授業

内の個別指導や授業外の個に特化した指導で括られる「マイノリティ」という見方を基盤としている。そのような見方においては、あくまでも正規のカリキュラムはマジョリティのためのものとして不変であり、マイノリティがそこに適応することのみが追求されやすくなってしまう。それでは、特別な配慮を必要とする子ども一人ひとりの特性やつまずきをかけがえのない一人の人間存在として尊重し共生しようとする傾向性を阻害し、そこに適応できない者を排除しようとする傾向性を強めてしまう。このような問題は、ケイパビリティ・アプローチ（capability：潜在能力）（Sen, 1992）が欠落していることにより起きるものといえる。ケイパビリティ・アプローチは、単に個人の潜在能力を育成していくことを目標にするのではなく、個人の潜在能力が開花するような社会環境の整備・変革を目標にすることを重視する。松下（2010）は、OECDによるキー・コンピテンシーの議論がケイパビリティ・アプローチを土台にしていることを指摘している。昨今の資質・能力育成の議論がOECDのキー・コンピテンシーを一部、参照していることからも、カリキュラム・マネジメントにおいて、ケイパビリティ・アプローチを失念してはならない。マイノリティとしての「特別な配慮を必要とする子」をマジョリティとしてのカリキュラムに適応させるという発想に、マジョリティとしてのカリキュラム自体を変革していくという発想を加えることが大切になってくるのである。

（2）学びのユニバーサルデザイン

授業UDとは異なる経緯で、カリキュラムづくりにおいて排除を生み出さないことを謳ったものに「学びのユニバーサルデザイン」（Universal Design for Leaning）（以下、UDL）がある（CAST, 2011）。UDLは、最近接発達領域、スキャフォールディング、メンター、モデリング等、脳科学、学習科学、認知心理学等の分野のさまざまな研究知見を参照している。そして、「「全員一律で対応させようとさせる（one-size-fits-all）」ようなカリキュラムに対処するための枠組み」であり、「カリキュラムが想定上の"平均域"のニーズに合わせてデザインされていると、現実の学習者の個人差に対処できません。それでは実際にはあり得ない"平均域"用の基準に合わない様々な能力や背景（成育歴や生活環境など）や意欲を持つ学習者を排除することになり、平等で公平な学習の機会

を全ての人に提供できないのです」(p.5) という考えを持っている。

　UDLにおいて「カリキュラム」は、ゴール（学習目標）、評価、教材、指導方法から構成されており、多様な学習者すべてに配慮してデザインされるものであるとされている（Rose & Meyer, 2002）。そして、UDLでは、学習者の多様なニーズに合わせて、①提示のための多様な方法の提供（学びの"what"／"何を"学ぶか：認知のネットワーク）、②行動と表出のための多様な方法の提供（学びの"how"／"どのように"学ぶか：方略のネットワーク）、③取り組みのための多様な方法の提供（学びの"why"／なぜ学ぶのか：感情のネットワーク）を保証することが大切にされている。

　UDLにおいては、ICTをはじめとしたテクノロジーが、教材や学習目標、学習方法、評価等に柔軟性を提供する。それにより、子どもの理解度や理解方法に応じて、進度を変えたり用いる教材を変更し、かつ、その手段を使用するかどうかを子ども自身が選択することが可能となる（川俣, 2014）。UDLの原則にもとづいた授業づくりについては、国語、理科、算数・数学・社会（歴史）、芸術（運動・視覚芸術・音楽）等における事例が紹介されている。さらには、ICTの活用は有用であるとはいえ、それが必要条件となっているわけではなく、ICTを使用せずともできる取り組みも紹介されている（Hall, et al., 2018）。

　一方で、UDLに対しては、子どもたちの「違い」をつなげていく視点は弱いという指摘もある（赤木, 2017）。ICTを活用したアダプティブ・ラーニング（文部科学省, 2016）の抱える課題（個別学習に向かう）にも通ずるといえるが、UDLにおいてもまた、それのみで対応する限界に自覚的になり、それ自体がスタンダード化しないように留意することが大切であろう。

　また、現在、UDLを参考にした授業実践事例は蓄積されつつあるが「カリキュラム・マネジメント」という視点からの実践事例はほとんど見られない。学校教育が社会的包摂の機能を果たせるよう、今後、カリキュラム・マネジメントの実践事例が発掘され、また挑戦されていくことが望まれる。

(3) 民主的な学びによる社会的包摂

　授業UDやUDLといった新たな概念に頼らずとも、我が国の教育実践では排除の克服を目指した取り組みが重ねられてきている。たとえば、高橋

(2015) による実践報告では、発達の遅れがあるのではないかと思われる子、漢字が苦手でノートに練習していたら途中からだんだん間違ってしまう子、バランスをとる力が弱くて平均台がなかなか渡れない子、手先の器用さや全身運動や精神面などさまざまな側面で発達的な課題を持つ子どもたちが念頭に置かれている。そこでは、具体的な名前（もちろん紙面上の仮称であろうが）を持った子どもが、時にゆったりとした時間の中で、柔軟なカリキュラムの運用の下、間違いや迷いを受け入れながら学びを進め、子ども間の「違い」が学級全体の中で位置づけられ、学級全体で学び合う姿が描かれている。

たとえば、黄色（1 m）と黄緑色と水色（120 cm）のテープのいずれか1本を「1/4 mにする」という算数の活動における裕樹くんの学びが紹介されている。そこでは、4等分した結果、学級内で25 cmと30 cmという考えが出た。裕樹くんは、120÷4＝30で30 cmだと考えていた。そして、双方の考えに対し、「どれも4等分したから、どれも正しい」という子どもが大多数であった初日に続き、翌日の算数では1/4 mに対し、「1 mを4等分した1つ分」と「何でもよい長さを4等分した1つ分」という意見が出され、お互いの意見は平行線を辿る。教科書や副教材をヒントに考える時間が設けられ、「1/4 mの4つ分は4/4 mで、1 mです」という表現を見つけた子がいて、子どもたちは25 cmが正しいと気づいていく。しかし、ある子から、「黄色が正しかったら、黄緑色と水色は何といったらいいかわからない」という意見が出され、「120 cmの4等分」は1/4ではないのかという迷いが学級内で共有される。そこで教科書の「1 Lを3等分した1つ分を1 Lの1/3といいます」を参照して、「120 cmの1/4といいます」と言い換え、120 cmは1/4 mではないけれど、お馴染の1/4という表現は使えるということがわかるという結論に至った。当初、1/4 mを30 cmと考えていた裕樹くんは、学習のまとめに「まちがう意味でいけている」と表現していた。その表現から、教師は、「3日間かけて、みんなで考えてわかった結論だからこそ、わかった！」という思い、心底わかったときのうれしさのようなものを読み取っている。

高橋（2015）は、「時間はかかるが、みんなで話し合ってよいものをつくる大事さを、子どもたちは感じたようだった。排除を克服し参加が保障された『真のインクルーシブな』教育は、これまでも学校教育で大事にされてきた民

主的な学びなのだと思う」(p. 39)と述べる。このような、柔軟な時間の運用の中で、子ども一人ひとりをしっかりと見て理解し、子ども一人ひとりの発想や学びのペースを大切にし、子ども同士で学び合うことで一人ひとりの学びを紡いでいく授業づくり・カリキュラムづくりが、学校教育が社会的排除の初期段階になるのを少しでも防ぐための要諦となるのであろう。

おわりに

　赤木（2017）は、授業 UD の問題点の検討の中で、「『考えなくなる』教師が、より増加する危険性があることである。もっとも、これは授業 UD だけの問題ではない。スタンダード化の流れや学力テストによる成績向上への圧力など、近年の学校『改革』とかけあわさった場合に、この問題が顕在化すると記述したほうが正確であろう」(p. 77)と述べる。この指摘は授業 UD だけでなくUDL においても当てはまるものであろう。「考えなくなる」とは、目の前の子どもを見る・理解することなく画一的な指導・カリキュラムを保持してしまうことにつながる。本章では、インクルーシブ教育の推進にもかかわらず排除を生み出す構造を検討してきたが、教師が考えなくなり、目の前の子どもを見たり理解しようとしたりすることなく画一的な授業・カリキュラムを保持してしまうのであれば、社会的排除は、昨今の教育改革のあらゆる側面において噴出するものであると考えるべきであろう。

　インクルーシブ教育を目指した専門家の指導による特別な配慮、授業 UD、UDL 等は、「考えなくなる」「子どもを見なくなる・理解しようとしなくなる」ために用いられてはならない。それらは、目の前の子どもを「見る」「理解する」、そしてそれをもとに「考える」ことを行いながら、民主的な学びとカリキュラムを子どもと（さらには学校の構成員や地域社会の方々と）共につくるために用いられるべきである。そうすることで、多様な子どもが柔軟に学びに包摂されていくカリキュラム・マネジメントは実現される。そして、このようなカリキュラムにより、学びに関わるすべての者が、「状況と対話する（呼びかけ－応答する）中で、他者や出来事・事物からの呼びかけを受け止めつつ、他者と協働しながら、そこに創造的に介入する（能動的に応じる）」（松下, 2016,

p.9) ような「受動・能動の呼応」を基盤とした主体的・対話的で深い学びが生み出されるのであろう。

　学びへの柔軟な包摂を生み出すカリキュラムは、単に多様な子どもたちの資質・能力を育成するだけでなく、社会的排除を生み出さない環境を回りの大人がつくり出そうとする傾向性をも生む。さらには、子どもたちが学校において社会的に排除されない・しない経験を積み、自身が大人になったときに、より生きやすいインクルーシブな社会を構築していくという回路に開かれていく。この回路の生成は、経済市場において活躍できる人材育成を目指すことが重視されていく学校教育、そしてそのような機能を学校に求める社会を変容させるチャンスとなる。そのような変容がもたらされないとすれば、学校および社会システムから排除される子どもは（そして大人も）ますます増えるであろう。そこで排除されるのは、「わたし」なのかもしれない。教師、学校管理職、各種専門家、教育委員会・教育長、首長、教育にかかるメディア関係者、そして地域の市民等、すべての人が、自らが置かれた立場においてインクルーシブな教育・社会の構築のためにできることを精一杯に努めることが、「わたし」が包摂されることにつながり、「あなた」もまた包摂されることにつながるのである。もちろん、このようなカリキュラム・マネジメントは一朝一夕に実践可能なものではない。しかしながら、「千里の道も一歩から」である。教育に携わる者として、「チームとしての学校」や「学校と地域の連携・協働」を通して、そのようなカリキュラム・マネジメントをぜひ追求していきたい。

【まとめ】

- アクティブ・ラーニングという学習方法や、全人的な資質・能力の育成が学習者個人の責任として評価されるという状況により、困難を抱える多くの子どもを排除してしまうという問題が生じる。
- 新学習指導要領等における「特別な配慮を必要とする」子どもの射程は、世界的な動向に比べ狭い定義であり、多様な「困難を抱える」子どもへと拡張されていく必要がある。
- 社会に開かれた教育課程は、ある特定の地域住民のニーズに偏重することも

第13章　インクルーシブ教育におけるカリキュラム・マネジメント

あり、そこで排除されている子どもやその背景に留意する必要がある。
- 授業UDやUDLにおいても、画一的な指導・カリキュラムになり、排除を生み出すおそれがある。一人ひとりの状況・違いを大切にしながら、それを紡いでいく民主的な学びを実現させようとすることが、カリキュラム・マネジメントにおける包摂を生み出す要諦となる。

文献

赤木和重（2017）「ユニバーサルデザインの授業づくり再考」『教育』第853巻, pp. 73-80.

CAST（2011）*Universal Design for Learning Guidelines version 2.0.* Wakefield, MA: Author.（日本語版翻訳：金子晴恵 バーンズ亀山静子）

中央教育審議会初等中等教育分科会特別支援教育の在り方に関する特別委員会（2012）「共生社会の形成に向けたインクルーシブ教育システム構築のための特別支援教育の推進（報告）」(http://www.mext.go.jp/b_menu/shingi/chukyo/chukyo3/044/attach/1321669.htm)

中央教育審議会初等中等教育分科会（2010）「特別支援教育の在り方に関する特別委員会における論点整理（委員長試案）」(http://www.mext.go.jp/b_menu/shingi/chukyo/chukyo3/044/attach/1298956.htm)

Hall, T.E., Meyer, A. & Rose, D.H（2018）『UDL 学びのユニバーサルデザイン—クラス全員の学びを変える授業アプローチ—』（バーンズ亀山静子訳）東洋館出版社.

東田直樹（2007）『自閉症の僕が跳びはねる理由—会話できない中学生がつづる内なる心—』エスコアール.

樋口一宗（2016）「障害児のアクティブ・ラーニング」『教育と医学』第64巻第10号, pp. 843-851.

石井英真（2015）『今求められる学力と学びとは—コンピテンシー・ベースのカリキュラムの光と影—』日本標準.

一木玲子（2008）「特別支援教育における包摂と排除」嶺井正也・国祐道広編『公教育における包摂と排除』八月書館, pp. 167-193.

加茂勇（2018）「スタンダード化するユニバーサルデザイン」『教育』第872巻, pp. 45-51.

川俣智路（2014）「国内外の『ユニバーサルデザイン教育』の実践」柘植雅義編『ユニバーサルデザインの視点を活かした指導と学級づくり』金子書房, pp. 8-19.

北村小夜（2009）「統合をめざさない「交流及び共同学習」は分際の弁への強要—改訂小学校学習指導要領は障害児とどうかかわるのか—」『福祉労働』第

122 巻, pp. 52-61.
小国喜弘（2016）「地域と学校の再編―「障害児」の排除と包摂に着目して―」佐藤学・秋田喜代美・志水宏吉・小玉重夫・北村友人編『岩波講座 教育 変革への展望6 学校のポリティクス』岩波書店, pp. 161-187.
小貫悟・桂聖（2014）『授業のユニバーサルデザイン入門―どの子も楽しく「わかる・できる」授業のつくり方―』東洋館出版社.
松下佳代（2010）「〈新しい能力〉概念と教育」松下佳代編著『〈新しい能力〉は教育を変えるか―学力・リテラシー・コンピテンシー―』ミネルヴァ書房, pp. 1-41.
松下良平（2016）「学習思想史の中のアクティブ・ラーニング―能動と受動のもつれを解きほぐす―」『近代教育フォーラム』第25巻, pp. 1-15.
文部科学省（2016）「教育の情報化について―現状と課題（2020年代に向けた教育の情報化に関する懇談会 第1回文部科学省資料）―」(http://www.mext.go.jp/component/a_menu/education/detail/__icsFiles/afieldfile/2016/04/08/1069516_03_1.pdf)
文部科学省初等中等教育局特別支援教育課（2012）「通常の学級に在籍する発達障害の可能性のある特別な教育的支援を必要とする児童生徒に関する調査結果について」.
仲田康一（2015）『コミュニティ・スクールのポリティクス―学校運営協議会における保護者の位置―』勁草書房.
奈須正裕（2017）『「資質・能力」と学びのメカニズム』東洋館出版社.
OECD（2005）*Equity in Education: Student with Disabilities, Learning Difficulties and Disadvantages.*
落合俊郎（2016）「発達障害からみる現代の教育と発達論」佐藤学・秋田喜代美・志水宏吉・小玉重夫・北村友人編『岩波講座 教育 変革への展望3―変容する子どもの関係―』岩波書店, pp. 243-277.
Rose, D. H., Meyer, A. (ed.)（2002）*A practical reader in Universal Design for Learning.* Cambridge, MA: Harvard Education Press.
酒井朗（2015）「教育における排除と包摂」『教育社会学研究』第96巻, pp. 5-24.
杉山登志郎（2011）『発達障害のいま』講談社現代新書.
Sen, A. K.（1992）（池本幸生・野上裕生・佐藤仁訳）『不平等の再検討』岩波書店.
高橋翔吾（2015）「通常学級における排除の克服、参加の保障の実践」『障害者問題研究』第43巻（1）, pp. 34-39.
Warnock, M., Norwich, B.（Terzi, L. ed.）（2012）『イギリス 特別なニーズ教育の新たな視点―2005年ウォーノック論文とその後の反響―』（宮内久絵・青柳まゆみ・鳥山由子訳）ジアース教育新社.
吉冨芳正（2016）「資質・能力の育成を実現するカリキュラムマネジメント―次

第13章　インクルーシブ教育におけるカリキュラム・マネジメント

の時代の教育になぜ不可欠なのか―」田村知子・村川雅弘・吉冨芳正・西岡加名恵編著『カリキュラムマネジメントハンドブック』ぎょうせい, pp. 2-19.

第 14 章

子ども理解から始まるカリキュラム・マネジメント

石垣　雅也

　カリキュラム・マネジメント。また新しい横文字？　多忙を極める学校において、カリキュラム・マネジメントという政策的な要請は、時数・内容等の学習指導要領のやりくりを現場に丸投げか、というネガティブな感覚にならなくもない。

　中教審の論点整理（2015）ではカリキュラム・マネジメントは「子供の姿」に基づき「PDCAサイクルを確立」することを各学校の教育課程編成に求めている。カリキュラム・マネジメントが政策的要請であっても「子供の姿」を各学校・教師が積極的に把握し、それがマネジメントの方針となれば、各学校で創造的な教育実践の展開が可能となる。しかし、実際には「子供の姿」は全国学力・学習状況調査の結果として表される数値と同一視され、その数値の改善と対策に各学校が追われている現状がないとはいえないだろう。

　そこで、本章第1節では調査結果と「子供の姿」の同一視や混同、学校スタンダードなどによる授業の形式化がどのように子どもの学習の事実を排除していくのかについて、2節・3節では子どもの学習場面や生活場面から「子どもの姿」を捉えていく子ども理解の実際について、4節では子ども理解をベースにした単元レベルでのカリキュラム・マネジメントについて、いずれも事例を通じて論じていく。

第 14 章　子ども理解から始まるカリキュラム・マネジメント

1．PDCA サイクルの陥穽

(1)「子供の姿」を起点とした PDCA が排除する子どもの学習の事実

　小学校においては、2017 年版学習指導要領では、総則において「カリキュラム・マネジメント」が位置づけられた。中教審教育課程企画特別部会の論点整理では、カリキュラム・マネジメントに 3 つの側面があるとされている（本書第 11 章参照）。第 2 の「教育内容の質の向上に向けて、子供たちの姿や地域の現状等に関する調査や各種データに基づき、教育課程を編成し、実施し、評価して、改善を図る一連の PDCA サイクルを確立すること」は、主に学校評価を通じてすでに実施されている。「子供たちの姿」や「調査や各種データ」が起点となる PDCA サイクルが、学校現場において子どもと教師の新たな困難を生み出している一例を紹介する。

　2013 年度全国学力・学習状況調査から、授業の冒頭で目標（めあて・ねらい）を示す活動と、授業の最後に学習したことについてふり返る活動を行ったかどうかの調査項目が追加された。このころから教育委員会主催の研修や校内研究において、「授業の始めに「めあて」を示しているか、黒板にめあてが書かれているか、今日の授業を振り返ってまとめができているか」という授業形式ができているかどうかが、授業改善の視点として強調されるようになった（本書第 8 章参照）。

　以下は私たちが県内の教員たちと実施している自主的な研究会で報告された事例である[1]。ある小学校では「め・じ・と・ま」という合言葉によって、授業スタイルの形式化が進められ、共通理解・共通実践されている。「め」は授業の初めにめあて（今日の授業の課題）をしめす。「じ」は自分の考えを書く。「と」は友達の考えを聞いて話し合う（黒板にはクラスの子どもたちの考えが書かれる）。「ま」は 1 時間の授業のまとめ。授業終了後のノートが、項目ごとにまとめて書かれていると復習がしやすいとして、1 時間の授業を形式化することとなった。それは、校内研修や校内の学力向上に関する部会、特別支援の部会等を通して共通理解され、「学力向上」や子どもへのわかりやすさという名目で推奨され共通実践として進められているということであった。

研究会の例会で、ノートが書けなくて困っている子を担任している先生の報告があった。その子のノートには、「めあて」と「まとめ」だけが、マスに収まらない、整わない文字で書かれていた。その子のノートの文字からは書字困難がうかがえた。その子の1時間の様子を担任の先生にたずねてみた。めあては書いたけど、自分の考えは書けず、そのまま机に突っ伏してしまった。授業時間の終了にあたって、「せめてまとめだけでも書こう」と担任の先生は促し、なんとか、まとめだけは必死で書いたということであった。

　この子の苦しい姿は容易に想像できた。そのノートを持参した担任に、「めあてやまとめというノートのスタイルにこだわらず、要点を短く書き写すなどの配慮はできないか」と聞いてみた。すると、学校でノート指導の形式が統一され、それに取り組むことが学力向上の部会で決められており、取り組まねばならない。めあての書いていない黒板やノートが管理職や、学力向上の部会の先生たちの目に止まると、「なぜ書いていないのか」と問われ指導を受ける。「めあてとまとめを書かないでいいとは言いがたい。子どもがそれを書かないのは教師の指導力のなさとみなされる」という返答であった。その子のノートを参加者で見ていきながら、この子はかなり書くことに困難を抱えているというその子の「学習の事実」を確かめ合い、共有していった。その中でこの担任の先生は、「こんなに書くことがしんどくて、めあてとまとめだけ書いても、それって社会科の学習になっているんですかね」と自問を始めた。

　授業の課題を明確にし、自分の考えを持って友達と話し合い、授業の最後にふり返るという授業形式そのものを否定するわけではない。しかし、授業形式が重視され、目の前の子どもの「学習の事実」が置き去りにされることが起こるのはなぜだろうか。この学校では学習状況調査の結果で「授業の冒頭で目標（めあて・ねらい）を示す活動と、授業の最後に学習したことについてふり返る活動を行ったかどうか」という調査項目の数値が学校質問紙、児童質問紙が共に低かったことから、校内研究において「授業の冒頭で目標（めあて・ねらい）を示す活動と、授業の最後に学習したことについてふり返る活動」を行う授業改善とノート指導が、重点項目として決められていったということであった。

　ここにPDCAサイクルの陥穽がある。計画としてのP（プラン）の達成度合

いだけがチェックされ評価されるということである。この事例でいえば、めあてをノートに書いているかどうかだけがチェックされ評価されるということである。めあてを書くことが授業改善のプランとなると、めあてを書いているかどうかがチェック項目となり、黒板やノートにそれが書かれているかどうかのみが評価される。調査から導かれた結果とそれへの改善策の達成度合が、目の前の子どもの「学習の事実」に取って代わるという本末転倒な事態を生むということである。中教審答申「幼稚園、小学校、中学校、高等学校及び特別支援学校の学習指導要領等の改善及び必要な方策等について」(2018) が危惧している「これら(学習方法や指導方法)の工夫や改善が、ともすると本来の目的を見失い、特定の学習や指導の『型』に拘泥する事態」そのものだといえるだろう。目の前の子どもがめあてとまとめを書くことしか授業に参加できていないのに、その子の主体的・対話的で深い学びはありえない。学力調査から導かれる結果のみが「子供の姿」として独り歩きを始めると、目の前の子どもの「学習の事実」は存在しないことにされてしまう。

(2) 子どもの学習の事実から見える教育内容と子どもの発達との齟齬

もう1つPDCAサイクルの陥穽について事例を通して触れておきたい。

K先生は、小学校2年生の担任。2008年に学習指導要領が変わって、とくに算数でつまずく子どもが増えているように感じていたという。「それは、2年生4月の単元『時間と時刻』です。ある時刻の何時間後・何分後(あるいは前)の時刻や、経過した時間を求める学習なのですが、わかる子はわかる、わからない子は具体物を使っても教材を工夫してもわからない、といった状態でした。しかも5月の家庭訪問で、困っていた子のおうちで『うちの子、あの勉強、ぜんぜんわかっていませんねえ。』『どうしたらいいですか?』と言われることが多く、『私自身困っています』なんて言えず、『難しいですよねえ。学校でも繰り返し復習していきますから』と答えるのが精一杯でした」。

このK先生の困り感の解消は2つの道筋が考えられる。1つは、教材教具の工夫をもとにした授業改善。もう1つは、子どもとカリキュラムの関係の見直しである。しかし、前者についてはK先生自身がさんざん取り組んできたのに成果が上がっていないことからすると、後者の道筋に行き着かざるをえな

い。時計は子どもの生活に身近なものとして存在する（デジタル時計にしか触れてきていない子どもには、身近ではないが）ので、ほとんどの子どもが時計を見て、何時何分と読むことはできている。一方で、時間や時刻は10進法に加え、12進法、60進法が混在して表される。子どもがつまずくのはそれに起因している。子どもの生活経験にはあっているかもしれないが、何分前、何分後、何時間前、何時間後、さらには午前と午後まで含まれるとなると、子どもの発達段階にあってないのではないか。2年生の4月といえば7歳になったばかりの子どもと8歳になったばかりの子が集団の中に混在する。そのなかで、12進法、60進法を、計算を伴って学ばせることに困難さがあるのである。研究会の中でK先生は「これってあんまりしつこくやりすぎても、このタイミングでわからない子にはやればやるほど、混乱していくよ」という低学年の指導経験豊富な教師の言葉に少し安心したという。

　カリキュラム・マネジメントにおいては、教育課程の編成、改善の手順の一つとして、「（ウ）改善案をつくり，実施する。」ことが求められているが、学習指導要領の枠を超える裁量は教師には与えられていない。大田（2017）は、学習指導要領自体が暗算と筆算のうち暗算を先行させる「暗算主義」をとっており、「［暗算主義・筆算主義］どちらの立場をとるか決めなくても、2位数の加減算を教える学年を1学年だけにまとめさえすれば、暗算先行でも筆算先行でも教えることができるのであるが、学習指導要領はあえてこれを2学年に分けて実質暗算先行の指導を強制して」いると指摘する。大田の挙げた例でいえば、暗算先行指導を改善するということが改善案としては採用され難いということになる。つまりカリキュラム・マネジメントにおけるPDCAサイクルの陥穽のもう1つは、改善案として採用される案と採用されない案が、前提として選別されているということが挙げられる。

2. カリキュラム・マネジメントの起点としての「子ども理解」

（1）学習の事実と子ども理解

　カリキュラム・マネジメントの3つの側面で示されている「子供の姿」では全国学力・学習状況調査とその結果がイメージされる。この調査結果は、その

学校の「子供たちの姿」としての平均的な傾向である。これらは時間をかけて分析され、計画的な改善策が構想される。もう一方で私たち教師は、授業中、子どもの反応や、子どものノート、単元ごとの評価テストなどさまざまな子どもの学習の事実を「子どもの姿」として把握してきた。子どもの声を聴き、子どもにたずねる。そのような営みを通して、授業をつくったり、すでに始まった単元を修正したりしながら授業をつくる。いわば、即興的な PDCA サイクルといえるかもしれない。

調査データに抽象化された実態把握された「子供の姿」の理解と、本章でいう「子どもの姿」や「学習の事実」との相違は、カリキュラム・マネジメントの第1の側面として総則の挙げる「教育の目的や目標の実現に必要な教育の内容等を教科等横断的な視点で組み立てていくこと」の具体的なあり方にも関わってくる。総則は、当然のことながら学習指導要領での各教科の内容とその「系統性」を前提としているが、子どもの声を聴きながら授業をつくっていく中では、そうした「系統性」自体が不断に問い直されていく必要がある。本章では、こうした「子ども理解にもとづく授業づくり、カリキュラム・マネジメント」のあり方を、事例を通じて実践的に提起する。

(2) 学習の事実としての子どものつまずき

これまで当たり前のように続けてきた私たち教師の仕事。そこには教師がつかんできた子どもの姿がある。それらは「子供の姿」に関するデータのように数値化されてはいないし、数値化に馴染むようなものでもない。しかしそれらは、教師個人の経験や、教師の集団的経験の中に蓄積され、たしかに存在するものである。そのような蓄積の総体としての子どもの姿と、目の前の子どもの「学習の事実」とを対話的に往還しながらその子を理解していくことを、さしあたり本稿では「子ども理解」と呼ぶことにする。とくに本章では、「学習の事実」の1つとして「子どものつまずき」に注目した事例を紹介する。

算数に苦手意識を持っているチャチャ。4年生の1学期のこと。授業中、わからないことがあると「はぁ？」と、首を傾けて訴えてくる。チャチャがそういうと、何がわからない？ どこまでわかる？ もう一回説明しようか？ と言って応えてきた。チャチャさんにわかるように教えるということが、他の子

どもにもわかるように教えるということと大きく重なっていたので、チャチャの「はぁ？」という表現を受け止めてきた。

2学期、割り算の筆算の学習。「たてる・かける・ひく・おろす」の「ひく」のところで、チャチャはいつも指を使って計算をしていた。計算ドリルや、計算プリントでの間違いはほとんどが、引き算での間違い、それも繰り下がりのある引き算の間違いだった。チャチャさんには、「だいじょうぶ。割り算の仕方はわかっているから、引き算のところだけなんとかしよう。割り算苦手だと思わなくてもいいよ」と励ました。

文部科学省の「通常学級に在籍する発達障害の可能性のある特別な教育的支援を必要とする児童生徒に関する調査」(2012年)では、発達に遅れはないが学習上の困難を示す子どもの割合は4.5％となっている。4年生で二けた引く一桁の繰り下がりのある引き算（1年生の内容）でつまずいているということは学習上の大きな困難である。チャチャさんへの指導を考える上で、次の3つのことに対しての見通しが必要だと考えた。

①「そのつまずきは通常学級の担任の支援で解消されていくのか、そうでないのか。」
②「通常学級担任の支援で解消されるとすれば、どんな支援・指導によってそれは可能になるのか」
③「通常学級の支援で解消されないとすれば、どんな特別な支援が必要になるのか」

これまでも復習プリントとして、1、2年生の学習内容のプリントをチャチャさんは自主学習の課題として取り組んできたが、それでも指を使う状況は変わらなかった。プリントやドリルの学習では解消しなかったことから、他の方法を考える必要性を感じていた。チャチャさんには「ちょっと待ってな。なにか、できるようになるいい方法がないか、先生考えるし、ちょっと時間頂戴な」と言い、これまでわかっていることを整理した。

・割り算筆算のアルゴリズムは理解できている

第14章 子ども理解から始まるカリキュラム・マネジメント

- 九九表を使っているが、最近はちらっと見る程度になってきた
- 商を立てる位置や、空位のゼロでつまずいているわけではない
- 10の補数でつまずいているのだろう

そこで、「チャチャさんが頭の中で、10にいくつたりないのかがパッとわかれば、二桁引く一桁の繰り下がりのある引き算はできるんじゃないか」と考えた。ちょうどクラスには繰り下がりのある引き算を間違える子どもがほかにもいたので、ちょっとしたゲームをした。

　　T:「(掛け声調で) いくつ足したら10になるかな？」手拍子
　　T:「3」　C:「7」　全員:手拍子　T:「8」　C:「2」
　　途中からは、子ども同士で全員:手拍子　C:「9」　C:「1」

というように、一桁の数を1人が言って、もう1人がそれに足すと10になる数を言うという遊びをした。10の補数が理解できているかの確認だったが、チャチャはそこでつまずいていた。私が前で4と言うと6と一斉に返す子どもたちの中で、チャチャさんは「え？　なんで、みんなそんなんできるの？？」という顔で、不安そうに周りを見回している。チャチャさんわからへん？　と訊くと「うん。全然わからへん」と答えた。

放課後の職員室で、低学年を長く担任している1年生担任の先生や、子どもの読み書きや、計算のつまずきや指導に詳しい特別支援学級の担任の先生に相談した。相談といっても、職員室のちょっとしたスペースでの立ち話である。10の補数の指導って、どうやったらいいですか？　とたずねると、一年担任の先生が「6と○で10っていうのを、プリントとか、呼びかけみたいにしてちょっと遊び的にするとかそういうことしてるなあ」応えてくれた。私が「プリントや文字や記号じゃない方法ありませんかね。もっと、感覚的にっていうか」と続けると、支援学級担任の先生が「おはじきつかったら？」と言っておはじきを10個持ってきた。「あぁそれな」と1年担任の先生が言った。

10個のおはじきを両手に持ち、手の中で左右にわけて、片方の手を開く。開いた手に6個のおはじきがあった。こっち（閉じた手）はいくつと聞く「4つ」と一年担任の先生が答えた。ひとしきり盛り上がった後「これだと、指つ

かって計算できないし、これやってみたら？」と支援学級の先生が言い、「そうそう！　こういうこと‼」と私が言い、「忘れてたわ。あの子に今度これやってみよう」と1年担任の先生が言った。ちょっとした教材研究の時間のようになった。次の日、おはじきをかりて、チャチャさんといっしょにやってみた。休み時間や、給食準備の待ち時間に遊んでいるうちに方法はわかったようだったので、「チャチャさん、これ、今日の自主学習ね」と言っておはじきを渡した。数日後、チャチャがおはじきを返しに来た。

チャ：「先生、もうできるようになったからこれ返す。」
私：「できるようになったんやったら、チャチャ引き算もうできるなぁ。」
チャ：「え⁉　ひきざんは無理」
そこで、紙に 14－8＝ と書き、
私：「チャチャ。おはじきでやったら、これは？（と言って8を指さす。）」
チャ：「2！」
チャチャは満面の笑みで答えた。
私：「そうやんな（笑）できるやん。じゃあ、その2に4たしたら？」
チャ：「6。」と即答し「それがどうしたん？」という表情で私を見る。
私：「チャチャ。14－8の答えは？」
チャ：「（しばらく考えて）6……あ！　6⁉」と驚いたように言った。
私：「うん。そうやで、6やん。この8はおはじきゲーム。その答えにこの4足したらそれが答え。」
チャ：「えー⁉　それでいいの⁉」
私：「うん。それでいい。じゃあ、次やってみよう！」

3問くらいでチャチャさんは指をまったく使わずにすらすらと計算していった。繰り下がりのある引き算を、指をまったく使わずにすらすらと計算できるようになっていったチャチャさんはこんな作文を書いた。

第14章　子ども理解から始まるカリキュラム・マネジメント

> 下校の時、2くみのマユミさんを待っている時、先生によばれた。その時私はおこられるのかな？　と思っていた。でもちがうかった。先生は私におはじきをかしてくれた。最初は何に使うのかわからなかった。そしたら、先生がお手本を見せてくれた。そのおはじきは、算数に使うものだった。それで、わたしは先生のやつを見て、これやったら私にもできると思っていたけど、じっさいにやってみたらけっこうむずかしかった。先生がおはじきをかしてくれた。わたしは帰っている時も、おはじき毎日やっていたらもしかしたらできるかもって思った。私は毎日やっていた。じょじょにできるようになった。めちゃくちゃうれしかった。もっと続けていたら、ゆびをつかわんとできるようになっていた。その時はちょっとできた時よりもうれしかった。学校へ行って先生にできるようになったことを言った。先生が「やってみて」って言った。きんちょうした。私は無事成功した。先生が「引き算は？」といった。その時私はびっくとした。だって、引き算練習してなかったから。先生が引き算のやり方を教えてくれた。意外とかんたんだった。そして、わたしは引き算も指を使わずできた。その時の私の気持ちは、これでみんなといっしょや。うれしいー。やったー。
> （チャチャ）

　チャチャさんが、毎日、家でやっていく中で、なんとなく10の補数をつかんでいったこと。「できるようになった」と言いに来たチャチャさんに、「じゃあ1回やってみて」と言ったり、「引き算もうできるなあ」と言われたりしたときの「不安」。「みんなと同じようにできるようになった」うれしさ。そんなことが、作文用紙の裏まで書かれた文章と絵に表されていた。
　子ども一人ひとりの、つまずきは、評価テストの結果だけでなく、日常の学習の中こそ把握されるものである。それは割り算が苦手、割り算に課題があるなどといった領域別の傾向や、学級、学年、学校単位の傾向としての理解では把握しきれないものである。一人ひとりの子どものつまずきの事実に目を向けると、そこから改善策や、新たな指導の計画が構想されていく。この事例の子どもの場合、調査や評価テストでは「割り算が苦手（できない）」となってしまうが、実際は10の補数でつまずいていた。それは割り算の授業の指導改善

のみで解決されるものでなく、1年生の繰り上がり繰り下がりのある計算の学習指導や教材等を見直さなければならないということになる。

この事例では4年生での回復指導として実施した、おはじきを使った10の補数の学習であるが、これを1年生の計算指導に導入するというカリキュラムの改善も考えられる。こうしたことを「子ども理解から始まるカリキュラム・マネジメント」として提案したい。

3. 教科横断的で、生活の姿を通した「子ども理解」
―― 学びの履歴の視点から ――

論点整理における3つの視点の1「各教科等の教育内容を相互の関係で捉え、学校の教育目標を踏まえた教科横断的な視点で、その目標の達成に必要な教育の内容を組織的に配列していくこと」に見られるように、カリキュラム・マネジメントの指すカリキュラムは計画としてのカリキュラムの意味合いが強い。一方でカリキュラムには学習者の「学びの経験の総体」という側面もある[2]。本節では、ある教科で見られる「子どもの姿」と、他の教科や生活場面の姿と関連させてとらえる子ども理解の実際について、事例を通して紹介したい。

(1) 学習感想の書かせ方

ここで紹介するのは、「新しい計算を考えよう［わり算］」(東京書籍「新しい算数3年上」pp. 38-50) の単元で私が取り組んだ実践である。「子ども理解」の手がかりは「学習感想」である。1時間の授業の最後に、子どもが算数ノートに「今日の学習のふり返り」として書く時間を設けた。おおむね3分から5分という、1行17マスのノート（うち15マス分を使用）の3行程度がかけるであろうと思われる時間を充てている。

ただし分量はこちらからは指定せず、子どもからの「どれくらい書いたらいい？」という問いには、「書きたいことを、書けるだけ書いたらいいよ」と返した。授業後は、子どものノートを回収し全員分の感想を一覧表に打ち込んだ。一覧表には、1時間ごとの感想を打ち込む欄と単元の評価テストの得点欄、単元評価テストの1学期分の合計得点を打ち込む欄を作成した。一覧表にしたのは、感想に個人内での共通点や変化があるのかないのかなどを知るためである。

第14章　子ども理解から始まるカリキュラム・マネジメント

　学習感想は、算数の時間以外にも取り組んでおり「わかったこと、できたこと」を「！」で表し、「わからなかったこと、むずかしかったこと」を「？」で表している。それを用いて書くように指示しつつも、その2つの視点に限定するのではなく、それ以外のふり返りも書ける余地が生まれるように、さらに以下のような指示をした。1つは、「わかったこと、できたことのほかにも「！」で表せそうなことがあればそれを書いてもいいよ」という指示。もう1つは「わからなかったこと、むずかしかったことのほかにも「？」で表せそうなことがあれば、それを書いてもいいよ」という指示である。それにより、「うれしかったって「！」で書いていい？」「できるかなぁって心配なことは「？」で書いていい？」など、子どもの側から学習感想に書きたいことの内容を拡張していくような要求があがった。

　子どもの理解度を測るのではなく、その子自身がその授業をどう捉えているかということを理解することが目的としたので、このような子どもの声を受け入れた。そして、「！」や「？」を書くことがふり返りを書く時間であることを子どもたちと確かめた。

　子どもの感想へのコメントを書いたり、文字や文章表記のまちがいを訂正したりはしない。この1時間の授業をふり返った中でどのような思いや願いを持ったかを教師が理解し、その後の指導に生かすためである。文字、文章表記の間違いがあっても、それを理解する上では何ら支障はないからである。子どもの書いた文章が読み取れなかったときには、その子どもに「これってどういうこと？」とたずね、口頭で説明をしたことを記録したり、本人が書き直したいといった場合にのみ書き直しをさせたりした。

(2) 他の時間や、他の教科のその子の様子と重ねて学習感想を読む

　子どもの書いた感想は、まず書かれていることをそのまま読むことからはじめ、次にその時間の学習場面以外の子どもの姿と重ね合わせてみる。

　第1時間目の感想からそのことを紹介したい。指導書の第1時間目の指導細案には「p.38の絵を提示し、焼きそばとジュースの分け方の違いを話題として取り上げ、自由な話し合いなどをしながら、わり算への興味・関心を高めるようにする」とある。体の大きさに応じて分けられた焼きそばと、均等な分量

で分けられたジュースの絵を見ながら「分ける」ということについて、子どもたちの生活経験に即して考える場面である。均等に分ける、つまり等分除の割り算の学習をしていく。

　コウイチくんの感想には「ことばでかくのはむずかしかったけど、絵を見てかんがえたらかんたんでした。」と書いてあった。漢字を書くことや、話を聞くことが少し苦手で、私からは「コウイチさん！　聞いていますか？」とよく注意される子であった。この感想を読んで、国語の授業でのコウイチくんの様子が思い出された。コウイチくんは、よく発言する子であったが、本文からわかることよりも挿絵や写真からわかることをもとに発言することが多かったことが思い返された。これ以降、コウイチくんへの指示はできるだけ視覚的なものを補ったり、あとで見返すことができるようなカードや掲示物を用意したりすることができた。その子の書いた感想と、その時間の学習の様子と、それ以外の時間や場面での様子とを重ね合わせることで、総体としてのその子理解が深まってくる。

　算数の時間のめあてに対してのふり返りを書かせるのでは、その1時間でその子がその時間の学習内容をわかったかどうかが見えてくるだけである。授業の中の子ども理解は、子どもの学習感想は書かれたものをまずそのまま受け止め、その子のその授業の中の姿や他の教科の授業の姿と照らし合わせることで深めていくのである。

(3) 学習に困難さを抱える子どもの感想から

　学習内容の定着が難しい子どもがクラスに数名いる。単元末の評価テストの得点が下位層の子どもの学習感想を紹介したい。ナミさんは第1時間目の感想で「わりざんが大すきになったよ」と書き、評価テスト前の第9時間目の感想で「算数がきらいだったけど、すきになって、わり算をだいすきになりました」と書いている。ナミさんは算数に苦手さを感じていたので、単元の初めの時間には机間支援のタイミングでは必ず机のそばに行き、困っていることがないか、わかりにくいことはないかを確かめたり声をかけたりしてきた。

　ナミさんの感想に「すきになった」「楽しかった」と書かれているときは、学習内容の理解にかかわらず、1時間の中での声掛けの回数が多かったときで

あることが多い。それは算数以外の教科でも共通する特徴であった。

　2日ほど学校を休んでいた、モエさんも第9時間目の授業では「きょうわりさんをしました。わりざんは、はじめはむずかしかったけど、わかったからうれしいです」と書いている。モエさんは第8時間目の授業では「きょうわり算をしました。きょうはできたと思うけど、あしたはだめだと思います」と書いていた。授業が終わったあと「どこが明日はだめだと思う？」とモエさんに訊くと「休んでいたところが問題に出てきたらわからないからだめだと思う」と応えたので、その内容を9時間目の授業中に少し触れ、机間支援のタイミングで少し指導した。

　2人とも算数は1年生のときから苦手で、掛け算の九九、繰り下がりの引き算に困難さがまだ残っている。そのことから考えれば、わり算という新しい計算の学習は「大すき」で「わかったからうれしい」と実感しているが、九九が定着していないことが評価テストでのわり算の計算の間違いにつながってしまっている。記憶し、それが定着することに困難のある一定数の子どもたちにとっては、記憶し、定着していることが前提で進められていく学習内容を含む授業は、その子たちにとっては非常に苦しい時間である。子どもたちには、再学習の時間と場、さらには教具レベルでの配慮などが保障される必要がある。

(4) 算数の時間以外の生活場面とつないで子ども理解を深める

　シンイチくんのノートには、消して書き直しをしている跡がたくさん残っていた。しかし練習問題や考え方など書かれていることはほぼ正解であり、学習内容を十分理解した内容であった。しかし、シンイチくんの感想には、「こんらんした」「わけがわからなくなった」という言葉が書かれていた。その時間の練習問題や、これまでの単元テストの結果などからも満点に近い点数を取っている。

　シンイチくんは、日常生活のさまざまな場面で、○○していいですか？　△△は、どうすればいいですか？　と担任に対してたずねてくることがとても多い子だった。このノートの感想を見ながら、こんな会話をした。

　私：「できてるのに、こんらんしたの？」

シ：「うーん。できてるねんけどなぁ。なんか心配やねん。すぐ心配になるねん」
私：「じゃあ、いつもいろいろ聞きに来るときは、わからなくてきいてるっていうより、心配だから聞きにくるの？」
シ：「うん。心配やねん。」

　心配やねんと言ったときのシンイチくんはちょっと照れたような表情だった。
　その後、シンイチくんが何かをたずねてくるときは「うん。だいじょうぶやで」と、質問の最後に答えるようした。すると、「先生ちょっと心配あるねんけど聞いてくれる？」とたずねてくるようになってきた。できる／できない、だけでは測れない子どもの不安や迷い、混乱、喜びや嬉しさといった心的状況が学習感想を通して見えてくる。カリキュラム・マネジメントでは「各教科等の教育内容を相互的に捉え」たり「教科横断的な視点」で教育内容を配列していくことが求められているが、これと同じように、学習の主体としての子どもの姿も、各教科等での子どもの姿を相互的、横断的に捉えることで、主体としての子どもを総体として捉える「子ども理解」を起点としたカリキュラム・マネジメントが可能になってくるのである。

4.「子ども理解」とカリキュラム・マネジメント

　言語活動の充実、アクティブ・ラーニングの視点からの授業づくり、など子どもの言語活動、表現活動の活性化を図る教育指導と活動が強く求められることとなる2017年版学習指導要領。本節ではその要請にも応えつつ、3節までで述べてきた「子ども理解」をもとにした単元レベルのカリキュラム・マネジメントの事例として、最近国語科で増えている「プレゼンテーション単元」（私が勝手にそう呼んでいる、新聞やポスターなどをつくったり、○○を紹介したりするような単元）の事例をとりあげる。

（1）プレゼン単元をカリキュラム・マネジメントする
　教科書の挿絵の子どもたちは、ケンカしたり揉めごとを起こしたりすること

もなく、テレビのニュース番組や、企画をプレゼンテーションする事業者のように語っている。先に挙げた研究会に参加している若い先生がこんなことを言った。「プレゼン単元って、できる子とできない子の差が激しいんですよね。物語文だとそれなりにみんなが書いてあることに対して思ったことを言っていいというか、あまり差がない感じなんですけど、こういう単元は、パッとイメージできる子とそうでない子の差が激しくて……」

　できる子とできない子の差が激しいという声は職員室でもよく聞かれる。教科書の中で想定されている子どもは、レディネスが一定水準に達していることが推測される。しかし、教室の中の子どもたちのレディネスは多様である。

　新聞を例にとってみよう。小学生新聞を購読している子と、新聞を見たことがない子。家に新聞はないが、新聞を使って事件を紹介するようなニュースショーのワンシーンを見たことがある子。新聞というと、委員会活動や学級活動で子どもがつくった新聞が「新聞」である子。新聞についてのレディネスがこのように多様である教室で新聞づくりに取り組めばどうなるか。その差は教科書教材をそのまま指導書通りに指導するだけでは、そう簡単には埋まらない。それが「差が激しい」の内実である。子どもたちの家庭環境や、生活経験に大きく左右される学習内容が増加しているように思われる。

　先の教師の感想は、このような単元で子どもたちの間にこんなにも差が生まれることに悩み、迷う、誠実な苦しみである。私たちはこの苦しみをその学習会の中で「教師のつまずき」と名づけた。教師がつまずく内容は、教師の指導力だけではなく、教科書やカリキュラムと子どもの不調和にもある。研究会では小学4年生を担任していたメンバーが3人いたので、東京書籍国語科4年下の「目的や形式に合わせて書こう」の授業づくりにチャレンジしてみた。この単元はポスターの一部に相応しい文章を選んで当てはめるということが教科書教材の主たるねらいである。これは、岡本（1985）のいう「二次的ことば」における「聞き手の抽象化」という言葉の発達の課題にあたる。この発達課題を押さえた上で、私たちはポスターをつくるというところまで活動を広げるという単元レベルのカリキュラム・マネジメントに取り組んだ。

　子どもたちにとって「ポスターをつくろう」といったとき、子どもたちはどのようなものをポスターとしてイメージするのか。そのことをまず出し合った。

標語のようなポスター、イベントの案内のポスター、啓発のポスターなど、さまざまな目的でつくられた掲示物が子どもたちにはポスターとしてイメージされた。そしてそのうちのどれを子どもが思い浮かべるかは、子どもごとに異なるだろうと予想をした。次に教科書のポスターを見た。「教科書で紹介されるポスターは啓発用のポスターに分類されるものだろうか」「言語情報がとても多い。これって、保健室の前に貼ってある保健ニュースみたいな物だな」「これをポスターだと言ったら、イベント案内をイメージした子どものイメージとはあまりに掛け離れるよなぁ」……このような会話の中で、子どもたちが学習に入る前提の条件をまず整えることの大切さを確かめていった。授業ではまず第1時で校内に掲示されている、子どもがポスターとイメージするようなものを子どもたちと分類していき、標語型のポスターを除いた「イベント紹介型のポスター」「啓発型のポスター」から子どもたちがどちらかを選択してポスターをつくることとした。「イベント紹介型のポスター」の場合は、架空のイベントを自分でつくってよいこととした。その中で割り付けを考え、それに相応しい文章を考えるという教科書のめあてにも沿いながら授業を展開していくこととした。

(2) プリン王国へようこそ

「おれ、新聞読んだことないし、新聞なんかつくれない！」。1学期の新聞づくりの授業で言ったカイくん。2学期「討論会をしよう」の授業では、テレビ番組の形式を真似して意気揚々と取り組んでいる子がいる中、「オレ、そんなテレビ見たことないし」と怒っていた。3学期、ポスターづくりの授業。カイくんは「国語なのに、新聞とか絵を描くとか、そんなのはきらいだ」とカイくんは言う。それでもカイくんにポスターって見たことあるやろ？ とたずねると、「あれやろ、はやね・はやおき・朝ごはんって、おにぎりの絵が書いてあるやつやろ」と答えた。カイくんのポスターのイメージは、絵がほとんどのものである。この状態でポスターづくりをすれば、カイくんは絵といくつかの単語を書いて「できた！」と言う姿がイメージできた。ポスターづくりの条件に、架空のイベントでもいいという条件を入れたのは、空想の世界で〇〇ワールドをつくって自由帳に描いたり、ごっこ遊びをしたりするのが大好きなカイくん

第14章　子ども理解から始まるカリキュラム・マネジメント

の日常の姿があったからだ。架空のイベント紹介でもよいという説明を聞いてカイくんがやってきた。

　カ：「先生、あのな、プリン王国の案内ポスターでもいい？」
　私：「プリン王国って何？」
　カ「プリンが食べたいだけ食べられ国が出てくるねん。ええところやろ。」
　私：「うん。めっちゃいいね。先生もそこに行きたい。」
　私：「プリンはどこから出てくるの？」
　カ：「カイの家の前の道を歩いていたら、目の前にボタンが現れて、それを押したらプリンが出てくるねん。」
　私：「わかった。先生はカイくんの、あの自由帳に書いているのを知っているから、今話してくれたことでもわかるけど、カイくんのことを知らない人にも、どこでそのイベントはあるのかとか、そのボタンはどこにあるのかとか、あの黒板のお知らせポスターみたいに……」
　カ：「あー！　わかった！」

と言った。このやりとりで「二次的ことば」における、「聞き手の抽象化」（岡本，1985）が求められていることを感覚的に理解したカイくんは、最後まで話を聞かずに自分の席へ戻り、ポスターづくりに取り組み始めた。カイくんのとなりでは1学期には新聞を完成できなかったヒロくんも熱心につくっている。できあがった2人のポスターは、カイくんのポスターは「プリン王国に行ってみませんか」ヒロくんのポスターは、「チャーハン王国へ行ってみませんか」。新聞づくりのときには、わからへん。でけへん。もういやや。を連発していた2人が、笑い声をあげながら、ポスターをつくり上げていた。その姿に、周囲の男の子たちが2人の席の回りへ集まってくる。「めっちゃおもしろそうやなぁ。」「おれもそういうのにしたらよかったわ」と、学習で注目されることの少ない2人が、大きな注目を集めていた。

　「びわ湖は大切」「ゴミをへらそう」という啓発ポスターをつくっている女子2人がそれに興味を示しながらも、遠巻きに見ている。カイくんと同じグループになったとき、「カイくんが○○してくれない！」「遊んでないでいっしょに

やってよ!!」と注意をしても聞いてくれないカイくんに手を焼いていたアミさん。集まって騒いでいる男子のようにカイくんのポスターを見たかったのだろう。アミさんは、「先生、前みたいに、みんなのポスター展示会しようよ」と提案してきた。展示会の時間。カイくんとヒロくんは、アミさんのポスターの前で「やっぱ、アミのポスターはちがうなぁ」「かしこい子のポスターやな」とうなっていた。アミさんたちは、真っ先にカイくん・ヒロくんのポスターの元へ行き、「プリン王国めっちゃ楽しそう！」と笑いあっていた。

(3) 子ども理解から始めることの意味

「アミのポスターはちがうなぁ」と言ったカイくん。カイくんは何を「ちがう」と感じたのか。「かしこい子のポスターやなぁ」と言ったヒロくん。ヒロくんは何を「かしこい」と感じたのか。学習活動を通して交流し、感想を述べ合うにとどまらずに、感じたことをさらに言語化していくという点においては不十分さのある実践であったが、この事例を通して、子ども理解から始めることの意味について、2点まとめておきたい。

まず、教室の中の子どもたちの学びの履歴は、教室の外の子どもの生活経験や家庭の文化資本なども含み込んで存在する以上、「子ども理解」抜きのカリキュラム・マネジメントはありえないということである。カイくんの「おれ新聞なんか読んだことないし！」という言葉や、「ポスターってあれやろ、はやね・はや起きのおにぎりの絵がかいてあるやつやろ」という言葉を手がかりに、その子の学びの履歴の総体をイメージすることが、「カリキュラム・マネジメント」につながる「子ども理解」なのである。

もう1つは、子どもを発達の主体として理解し、その子の発達課題を捉え、単元のねらいを明確にするということである。コンテンツからコンピテンシーへといわれる学習指導要領の転換をふまえれば、「教科書を教えるのではなく、教科書で教える」と言い表されてきたことは重要な意味を持つことになる。この事例でいえば、「二次的ことば」における「聞き手の抽象化」という言語発達の課題を単元計画の中心に据えたことによって、ポスターづくりという活動はそのねらいがより明確になった。研究会では、この教科書の内容を変更することが許容されなかったメンバーの事例も報告されたが「教科書を教える」こ

第14章　子ども理解から始まるカリキュラム・マネジメント

とへの拘泥を超えていくためには、学習内容と発達課題の調和をはかることが、カリキュラム・マネジメントとして、求められる。

おわりに

本章では「子ども理解から始まるカリキュラム・マネジメント」として、子ども理解の実際と単元レベルのマネジメントとしてのカリキュラム・マネジメントの一例を紹介した。職場の同僚たちや職場外の自主的な研究会に参加する教員仲間との間で、子どものノートやプリントなどから見える子どもの学習の事実をもとに話したり議論したりし、それらをもとに、ちょっと工夫してやってみた、という事例である。

このように子どもの事実を寄せ合って、子ども理解を深め合うことこそが、カリキュラム・マネジメントの主体として求められる教師の専門的な力量ではないだろうか。目の前の子どもが示す「学習の事実」をつかむ力、それをもとに学び合う教師集団・同僚性を育んでいくことも、「子ども理解から始まるカリキュラム・マネジメント」の鍵となる。

【まとめ】

- 調査結果から導かれる「子供の姿」から始まるPDCAサイクルには、改善策としての指導方法が、教室の子どもたちの「学習の事実」を排除する危険性がある。
- 教室の「子どもの学習の事実」の1つである「子どものつまずき」に着目することで「子ども理解から始まるカリキュラム・マネジメント」が可能となる。
- 子どもの学びの履歴や発達的課題、生活経験など総体としての「子ども理解」が授業、単元計画などの問い直しの契機となり、「絶えざる教育計画の問い直しを生む、カリキュラム・マネジメント」の起点となる。

第Ⅲ部　自律的なカリキュラムの開発とマネジメント

注
1) 「子どものつまずき、教師のつまずき研究会」(2013年度より)。2016年度より「授業の中の子ども理解と教育実践研究会」に改称。毎月の例会には10名前後が参加)。
2) カリキュラムの用語については、山崎雄介 (2000)「戦後日本のカリキュラムの『探究の履歴』」グループ・ディダクティカ編『学びのためのカリキュラム論』勁草書房刊を参照した。

文献
中央教育審議会教育課程特別部会 (2015)「論点整理」.
中央教育審議会 (2018)「幼稚園、小学校、中学校、高等学校及び特別支援学校の学習指導要領等の改善及び必要な方策等について (答申)」.
岡本夏木 (1985)『ことばと発達』岩波新書.
大田邦郎 (2017)「数学を教えるのか、数学を通して教えるのか」日本教育学会編『教育方法46　学習指導要領の改定に関する教育方法学的検討』図書文化.

人名索引

【ア行】

アイソン（Eison, J. A.）　*8*
安彦忠彦　*94*
新井紀子　*190*
有田和正　*137*
アンダーソン（Anderson, J. R.）　*67, 70*
石井英真　*97, 101, 102*
石戸谷浩美　*47, 54*
伊藤和衛　*193-195, 208*
稲垣忠彦　*138*
今井むつみ　*35*
岩澤和夫　*203*
岩瀬直樹　*216*
ウィギンズ（Wiggins, G.）　*9, 10, 52, 53, 128, 133, 135*
ヴィゴツキー（Vygotsky, L. S.）　*145*
宇佐美寛　*147*
牛山栄世　*101*
エリクソン（Erickson, H. L.）　*9*
エンゲストローム（Engeström, Y.）　*105*
大江千里　*121-132*
大後戸一樹　*65*
大田邦郎　*246*
落合俊郎　*231, 240*

【カ行】

カーネマン（Kahneman, D.）　*89*
桂聖　*232, 240*
岸学　*84*
木村淳一　*203*
草分京子　*142*
久保田淳　*124*
グリーン（Greene, J.）　*91*
コールバーグ（Kohlberg, L.）　*90*

小国喜弘　*231*
小貫悟　*232*

【サ行】

佐藤学　*12, 198*
白井孝拓　*102, 103, 106, 108-112*
杉山登志郎　*230, 240*
ソシュール（Saussure, F.）　*36, 37, 43*

【タ行】

田島充士　*107*
田尻悟郎　*148*
田中昌弥　*111*
田村学　*99, 100*
田村知子　*194, 195, 198, 199, 201, 202, 205-207*
手島勝朗　*137*
遠西昭寿　*109*

【ナ行】

長岡文雄　*214*
奈須正裕　*4, 84*
ノーウィック（Norwich, B.）　*229, 240*

【ハ行】

ハイト（Haidt, J.）　*89*
長谷川真里　*95*
林竹二　*146*
広井良典　*56*
ファデル（Fadel, C.）　*19, 20, 83-85, 94*
福田恒康　*109*
藤原定家　*122*
ブルーム（Bloom, P.）　*89, 90*
ホール（Hall, T. E.）　*235*
ボンウェル（Bonwell, C. C.）　*8*
本田由紀　*93, 95, 203*

263

人名索引

【マ行】

マイヤー（Meyer, A.）　　235, 239
マクタイ（McTighe, J.）　　9, 10, 128, 133, 135
正岡子規　　121-132
松下佳代　　4, 8, 9, 17, 105, 134, 206
松下良平　　95, 96
村上公也　　145

【ヤ行】

山﨑洋介　　195, 196

【ラ行】

リンド（Lind, G.）　　87, 88
ローズ（Rose, D. H.）　　235

【ワ行】

ワーノック（Warnock, M.）　　229

事項索引

【数字】

21世紀型コンピテンシー　　9, 13
21世紀型能力　　83, 88, 94
2次元モデル　　11
3次元モデル　　10, 11

【A—Z】

AI（人工知能）　　173, 175, 187, 190
CCR → カリキュラム・リデザインセンター
CCRフレームワーク　　20
CIERモデル　　17, 22
IB → 国際バカロレア
ICT　　162
KSA（Knowledge, Skills, Attitudes）　　19
Moral Competence Test　　87, 96
Moral Competency　　87
moral competency　　87
OECD　　180, 210
OECD Education 2030フレームワーク　　21
OECD-DeSeCo　　13
PDCA（Plan-Do-Check-Action）　　201, 202
PDCAサイクル　　195, 201, 202, 205, 207, 242-247
PISA　　19
TALIS（OECD国際教員指導環境調査）　　210
UDL　　237, 239

【ア行】

アクティブ・ラーニング　　i-iv, 3-13, 22, 156-162, 169, 171, 181
意外性　　156, 159, 161, 168, 169, 171
生きて働く「知識・技能」　　174-182, 186, 189
生きる力　　173
伊那小学校　　213
インクルーシブ（な）教育　　197, 226, 228, 229, 231, 236-238
インクルーシブな社会　　238
歌よみに与ふる書　　122
運動技能　　63-68, 70, 74, 76
永続的理解　　10, 44, 52

【カ行】

外化　　17, 18, 23, 105, 106, 109, 114
概念転換　　109
概念変化　　106, 107, 111-114
学習観　　102, 103, 111, 181-184
学習感覚　　252-256
学習サイクル　　104, 105, 114
学習指導要領　　i-iv, 3-6, 11, 23, 42, 60-64, 75, 157, 172, 182, 245, 246
学力の3要素　　3-6, 19, 20, 84
学校教育法　　175, 195, 200
学校評価　　195, 207
学校評価型カリキュラム・マネジメント　　195, 201, 205, 207
カリキュラム開発　　193-195, 198, 202-208
カリキュラム・マネジメント　　176, 181, 193-198, 201-207, 210, 228, 235-239, 242-247, 252, 256, 257, 260, 261
カリキュラムマネジメント・モデル　　201, 202, 206, 207
カリキュラム・リデザインセンター（Center for Curriculum Redesign: CCR）　　19, 20, 83, 92

265

事項索引

〈借りもの〉から〈我がもの〉へ　18, 23
考え、議論する道徳　82
キー・コンピテンシー　13, 22, 23, 234
技術的な過程　60, 67
キャリア教育　203-205
キャリア教育のカリキュラム開発　205
教育課程経営　194
教育課程特例校制度　200, 204
教育的困難　231
教育内容　120, 146
　教育内容研究　120
教育の貧困化　183
教員免許状更新講習　156, 158, 169
教科書　161, 162, 168, 170, 175, 179, 182, 190
教材研究　156, 163, 166, 168, 171
教職大学院　193, 202-207
ケイパビリティ　234
言語活動　26, 27, 34, 37
原理と一般化　10, 16, 52-54
高度情報化社会　179
合理的配慮　226, 227
国際バカロレア（IB）　200, 207
国立教育政策研究所　6, 175, 182
古今和歌集　121
子どものつまずき　247, 251
個別的スキル　i, 9-11, 44, 47
コンテンツ　7, 175, 199
〈コンテンツ（内容）vs.コンピテンシー（資質・能力）〉という二項対立　9, 22
コンピテンシー　7, 9, 21, 23, 44, 78, 83, 86, 87, 90-95, 175, 178, 199
コンピテンス　7
コンフリクト　17, 18, 22, 23, 105

【サ行】

再文脈化　iv, 107, 114
先廻りリサーチ　156, 160, 163, 168
思考ツール　99, 101, 114
思考力・判断力・表現力　iii, 5, 7
　19-23, 61-65, 68, 74-76, 79, 81, 174, 179-182
自己観察　65, 68, 70
資質・能力　iii, iv, 3-9, 19-22, 26-34, 37, 42, 43, 98-101, 197, 199
　「資質・能力」の入れ子構造　7
　資質・能力の3つの柱　iii, iv, 3-8, 19-23, 50, 51, 174
事実的知識　i, 9-12, 16, 44, 47
実物教材　164
社会情動的スキル　180, 181, 187
社会的合意技能　63, 65, 73-76
社会的な見方・考え方　45, 46
社会に開かれた教育課程　197, 231, 232, 238
習得・活用・探究　4, 174-176, 181
授業UD　233, 237, 239
授業の目標　146
授業のユニバーサルデザイン　232
授業を前提とした内容に関する知識（pedagogical content knowledge）　134
主体的・対話的で深い学び　i, iii, iv, 3-6, 15, 17, 22, 82, 119, 120, 134, 172, 199
主体的な学び　4, 5, 127, 132, 174
受動・能動の呼応　238
受動的な学習　181
新教育　183
ストーリー性　156, 159, 169-171
スポーツの競争　71, 72
スポーツのルール　73
性格　180
世界を切り分ける力　35-38
全国学力・学習状況調査　19, 242, 243, 246
全米研究評議会（National Research Council: NRC）　8
前理解　186-188
総合的な学習（の時間）　97-103, 108-114, 194, 204, 205, 210
組織的な過程　60, 67, 71

事項索引

【タ行】

体験目標　　62, 63
対話的な学び　　4, 127, 132, 174
他者観察　　65, 68, 70
探究　　97-114, 177-189
知識基盤社会　　173, 178
知識と情報　　179, 183
知の構造　　9, 10, 16, 23, 52, 53, 57
中央教育審議会（中教審）　　4-6, 20, 21, 31, 61-63, 157, 158, 242, 243, 245
積み上げ型の学習観　　181, 182, 189
出会い　　101, 102, 184, 186-189
ディープ・アクティブラーニング　　8, 13, 17
ディープ・ラーニング　　ii, 8
転移可能な概念　　10, 16, 44-47
到達目標　　62, 63, 75
塔短歌会　　124
道徳科　　78-83, 86, 87, 93, 94, 200
道徳性　　78-95
道徳的思考スキル　　88-92
道徳的態度　　181
道徳的実践意欲と態度　　86-88, 92
道徳的心情　　79, 86-92
道徳的知識　　90-94
道徳的判断力　　79, 81, 86-88, 90, 92
特別な配慮　　230-234, 237, 238
特別の教科である道徳　　79
特区研究開発学校（特区研発）　　200, 204

【ナ行】

内化　　17, 18, 23, 105, 106, 109, 114
人間性　　iii, 5, 19, 20, 78, 79, 83-87, 92-95, 180
人間性教育　　84
認識の結束性　　125
認識の重層性　　125
認知技能　　67, 68
能動的な学習　　181

【ハ行】

排除　　226-239
はいまわる経験主義　　187
発達凸凹　　230
パトス　　186
パフォーマンス課題　　54
パフォーマンス評価　　52, 53
汎用的スキル　　8, 97, 101, 113
品性教育　　84
ファシリテーター　　211, 224
深い学習　　i, 9, 46, 50
深い関与　　ii, 9, 46, 134
深い学び　　i, ii, 4-9, 12-17, 23, 47, 99, 101, 125, 132, 174
深い理解　　i, 9, 15, 46, 52, 53
複雑なプロセス　　10, 16, 44, 47
ふり返り　　15
文化的実践　　102, 103, 109, 114
文化内容　　146
文脈　　97, 100-110, 113, 114
方向目標　　62, 63, 75
包摂　　226, 232-239
法的拘束力　　194, 198-200, 207
本質的な問い　　52, 53, 128
本物の実践　　130, 177, 180, 189

【マ行】

学びに向かう力・人間性　　5, 9, 20, 61-63, 67, 75, 81, 174, 175, 179-184, 187
学びの三位一体論　　12
学びのユニバーサルデザイン　　234
学びの履歴　　198, 252
見方・考え方　　ii, iii, 4, 26-31, 35-37, 39, 42, 43, 62
民主的な学び　　236-239
めあて　　15, 137, 146
　めあての「逆算」設計　　152
　めあての「自分化」　　152
　めあての可視化　　152

267

事項索引

メタ学習　　　19, 20, 83-86, 92, 95
メタ認知　　　20, 21, 36, 37, 42, 91, 180
目標管理　　　194-197, 205

【ラ行】

螺旋型の学習観　　　181, 182, 188, 189

リフレクション　　　17, 18, 23

【ワ行】

〈わかったつもり〉から〈わかり直し〉へ　18
ワンマンショー（の授業）　　　158-161

執筆者紹介 （掲載順）

松下佳代（まつした　かよ）［まえがき，第1章］
1960年生，京都大学大学院教育学研究科博士後期課程学修認定退学
現在　京都大学高等教育研究開発推進センター教授，博士（教育学）
『対話型論証による学びのデザイン―学校で身につけてほしいたった一つのこと―』（勁草書房，2021）他

松崎正治（まつざき　まさはる）［第2章］
1958年生，神戸大学大学院文化学研究科博士課程単位取得退学
現在　同志社女子大学現代社会学部教授，学術博士
「〈資質・能力〉の形成と〈教科の本質〉：国語」（日本教育方法学会編『教育方法46　学習指導要領の改定に関する教育方法学的検討』図書文化，2017，所収）他

鋒山泰弘（ほこやま　やすひろ）［第3章］
1958年生，京都大学大学院教育学研究科博士後期課程学修認定退学
現在　追手門学院大学心理学部教授
『現代教育の基礎理論』（共編著，ミネルヴァ書房，2018）他

木原成一郎（きはら　せいいちろう）［第4章］
1958年生，京都大学大学院教育学研究科博士後期課程学修認定退学
現在　広島大学大学院人間社会科学研究科教授，博士（教育学）
『体育授業の目標と評価』（編著，広島大学出版会，2014）他

中西紘士（なかにし　ひろし）［第4章］
1978年生，広島大学大学院教育学研究科博士課程前期修了
現在　環太平洋大学次世代教育学部准教授
「『はね動作』の習得のための教材の順序構造化に関する研究」（『体育学研究』62巻2号，2017）他

荒木寿友（あらき　かずとも）［第5章］
1972年生，京都大学大学院教育学研究科博士後期課程修了
現在　立命館大学大学院教職研究科（教職大学院）教授，博士（教育学）
『ゼロから学べる道徳科授業づくり』（明治図書，2017）他

吉永紀子（よしなが　のりこ）［第6章］
1975年生，京都大学大学院教育学研究科博士後期課程学修認定退学
現在　同志社女子大学現代社会学部准教授
「授業研究と教師としての発達―観を編み直す学びに向けて―」（田中耕治編『戦後日本教育方法論史（上）カリキュラムと授業をめぐる理論的系譜』ミネルヴァ書房，2017，所

収）他

藤原　顕（ふじわら　あきら）［第 7 章］
　　1959 年生，神戸大学大学院文化学研究科博士課程単位取得退学
　　現在　福山市立大学教育学部教授
　　「教師の実践知研究の動向と課題―ナラティヴ・アプローチを中心に―」（日本教育方法学会編『教育方法 44　教育のグローバル化と道徳の「特別教科」化』図書文化社，2015，所収）他

荻原　伸（おぎはら　しん）［第 7 章］
　　1970 年生，神戸大学大学院教育学研究科修士課程修了
　　現在　鳥取県立鳥取東高等学校教諭
　　「杉原一司のめざめ―『メトード』前夜―」（塔短歌会編『塔』通巻 753 号，2017）他

森脇健夫（もりわき　たけお）［第 8 章］
　　1956 年生，東京大学大学院教育学研究科博士課程中退
　　三重大学大学院教育学研究科教職高度化専攻（教職大学院）教授
　　『授業づくりと学びの創造』（共著，学文社，2011）他

村井淳志（むらい　あつし）［第 9 章］
　　1958 年生，東京都立大学大学院人文科学研究科博士後期課程単位取得退学
　　現在　金沢大学人間社会学域学校教育学類教授
　　『勘定奉行　荻原重秀の生涯』（集英社新書，2007）他

松下良平（まつした　りょうへい）［第 10 章］
　　1959 年生，京都大学大学院教育学研究科博士後期課程学修認定退学
　　現在　武庫川女子大学文学部教授，博士（教育学）
　　『道徳教育はホントに道徳的か？―「生きづらさ」の背景を探る―』（日本図書センター，2011）他

山崎雄介（やまざき　ゆうすけ）［第 11 章］
　　1964 年生，京都大学大学院教育学研究科博士後期課程学修認定退学
　　現在　群馬大学大学院教育学研究科教授
　　「「道徳科」をめぐる動向とそれへの対峙」（『群馬大学教育実践研究』33 号，2016）他

長瀬拓也（ながせ　たくや）［第 12 章］
　　1981 年生，岐阜大学大学院教育学研究科修士課程修了
　　現在　同志社小学校教諭
　　『社会科でまちを育てる』（東洋館出版社，2021）他

杉原真晃（すぎはら　まさあき）［第13章］
　1972年生，京都大学大学院教育学研究科博士後期課程中途退学
　現在　聖心女子大学現代教養学部教授
　「サービス・ラーニングにおける現地活動の質の向上―地域住民と大学教員による評価基準の協働的開発―」（共著，『日本教育工学会論文誌』第38巻第4号，2016）他

石垣雅也（いしがき　まさや）［第14章］
　1974年生，滋賀大学大学院教育学研究科修士課程修了
　現在　滋賀県近江八幡市立岡山小学校教諭
　『コロナ時代の教師のしごと』（共編著，旬報社，2020）他

深い学びを紡ぎだす
　　　教科と子どもの視点から

2019年1月20日　第1版第1刷発行
2021年7月10日　第1版第2刷発行

　　　　　　　編　者　グループ・ディダクティカ

　　　　　　発行者　井　村　寿　人

　　　　発行所　株式会社　勁　草　書　房
　　　　　　　　　　　　　　　けい　そう
112-0005 東京都文京区水道 2-1-1　振替 00150-2-175253
　　　　（編集）電話 03-3815-5277／FAX 03-3814-6968
　　　　（営業）電話 03-3814-6861／FAX 03-3814-6854
　　　　　　　　　　　　　　　　三秀舎・中永製本

Ⓒ GROUP DIDACTICA　2019

ISBN978-4-326-25132-2　　Printed in Japan

<出版者著作権管理機構　委託出版物>
本書の無断複製は著作権法上での例外を除き禁じられています。
複製される場合は、そのつど事前に、出版者著作権管理機構
（電話 03-5244-5088、FAX 03-5244-5089、e-mail: info@jcopy.or.jp）
の許諾を得てください。

＊落丁本・乱丁本はお取替いたします。
　　　　　https://www.keisoshobo.co.jp

編著者	書名	判型	価格
グループ・ディダクティカ編	教師になること、教師であり続けること ―困難の中の希望	四六判	2860円
グループ・ディダクティカ編	学びのための教師論	四六判	2860円
グループ・ディダクティカ編	学びのための授業論	四六判	2860円
グループ・ディダクティカ編	学びのためのカリキュラム論	オンデマンド版	3740円
松下佳代・京都大学高等教育研究開発推進センター編著	ディープ・アクティブラーニング	A5判	3300円
田口真奈・出口康夫・京都大学高等教育研究開発推進センター編著	未来の大学教員を育てる ―京大文学部・プレFDの挑戦	A5判	3520円
松下良平	知ることの力 ―心情主義の道徳教育を超えて	オンデマンド版	3300円
M.ワイマー／関田一彦・山﨑めぐみ監訳	学習者中心の教育 ―アクティブラーニングを活かす大学授業	A5判	4400円
山名淳・矢野智司編著	災害と厄災の記憶を伝える ―教育学に何ができるのか	A5判	4400円
佐藤隆之	市民を育てる学校 ―アメリカ進歩主義教育の実験	四六判	3850円
嶋口裕基	ブルーナーの「文化心理学」と教育論 ―「デューイとブルーナー」再考	A5判	9900円
鈴木悠太	教師の「専門家共同体」の形成と展開 ―アメリカ学校改革研究の系譜	A5判	7920円
久冨善之・長谷川裕・福島裕敏編著	教師の責任と教職倫理 ―経年調査にみる教員文化の変容	A5判	6050円
教育思想史学会編	教育思想事典 増補改訂版	A5判	8580円

＊表示価格は2021年7月現在。消費税10％が含まれております。